SPRACHLUPE

Ulrich Holbein

Sprachlupe

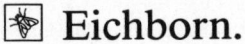 Eichborn.

Die Deutsche Bibliothek — CIP-Einheitsaufnahme

Holbein, Ulrich:
Sprachlupe / Ulrich Holbein. — Frankfurt am Main :
Eichborn, 1996
   ISBN 3-8218-3447-1

© Vito von Eichborn GmbH & Co. Verlag KG, Frankfurt am Main, September 1996
Cover: Fred Weidmann
Satz: Fuldaer Verlagsanstalt GmbH, Fulda
Druck und Bindung: Werner Söderström GmbH, Finnland
ISBN 3-8218-3447-1

Verlagsverzeichnis schickt gern:
Eichborn Verlag, Kaiserstraße 66, D-60329 Frankfurt am Main

Inhalt

Romanze in Buchtiteln

Die Dialogpartikel der folgenden Love Story (im Gegensatz zu den Regieanweisungen) setzen sich ausschließlich aus Buchtiteln zusammen, die allesamt z. Z. im Buchhandel erhältlich sind.

ER (*am Strand von Jesolo schlendernd*): Hallo, du da! Du deutsch? Wohin des Wegs?

SIE (*mit Sonnenbrille*): Nach Santa Fosca. Von Rom nach Sant Marien. – Wer bist du?

ER: Ich bin ferienreif.

SIE: Ich bin die Katrin.

ER: Ich bin David. – Was arbeitest du?

SIE: Du wirst lachen, mir geht's gut. Ich möcht' so leben können, wie ich leb. Ich lerne surfen. Ich male gerne.

ER: Du bist begabter als du ahnst.

SIE: Ich bin o.k. Du bist o.k.

ER: Ja, du bist es!

SIE: Ich liebe mich so wie ich bin. Ich liebe Männer mit Bart. Du bist mein Freund. (*mit dem Finger im Sand stochernd*): Ich bin etwas, was du nicht bist.

ER: Denn du bist da.

SIE: Ich möchte eine Blume sein.

ER: Ich liebe Blumen und dich.

SIE: Ich bin deine Pusteblume. (*im Sand zeichnend*): Ich male dir den Mond und schenk dir einen Stern.

ER: Du bist der Stern in meiner Nudelsuppe. Du bist ein Geschenk.

SIE (*plötzlich ernst*): Ich bin eine Frau.

ER: Am Anfang war die Frau.

SIE: Am Anfang waren Mann und Frau. – Ich muß unbedingt mal wieder ein paar Pfund abnehmen.

ER: Entdecke das Wunder, das du bist.

SIE: Ich und du.

ER (*sie an sich drückend*): Du bist bei mir. Ich schenk dir einen Kuß.

SIE: Ich bin du.

ER: Du bist einmalig.

SIE: Er liebt mich, er liebt mich nicht . . .

ER: Heute noch wirst du bei mir sein. (*bedeutsam*): Du bist min, ich bin din. (*Er und sie fallen in den Sand.*)

SIE (*schmusend*): I love you – ich mich auch.

ER: Du . . . du . . . ich bin so wild nach deinem Erdbeermund.

SIE: Sei still und laß dich küssen! Ohne falsche Scham. (*Knutsche-rei.*) Sehnsucht, wohin führst du mich?

ER (*ihr den Bikini öffnend*): Zum Paradies der Damen. (*markt-schreierisch*): Plötzlich oben ohne!

SIE (*stößt ihn auf einmal zurück*): Ich bin ein Mädchen, kein Com-puter! Wer streichelt denn auch Elefanten!

ER: Wann, wenn nicht jetzt?

SIE: Laß mir Zeit.

ER: Du kannst, wenn du glaubst, du kannst.

SIE: Kleine Spiele – wozu? Warum eigentlich Sexualität?

ER: Weil Politik nicht alles ist. Sei kein Frosch.

SIE (*plötzlich verwandelt*): Küß mich, ich bin eine verzauberte Geschirrspülmaschine.

ER: Ach du dicker Hund.

SIE: Nimm dir, soviel du willst, Hermann! Du sollst nicht mehr Jakob heißen. Ich spüre dich in meinem Blut.

ER (*trunken fummelnd*): Das Streichelungeheuer! Schmückende Kerben! Die lustigen Weiber von Windsor!

SIE: Ich mach's dir mexikanisch. Was ich gern tue.

ER (*für sich*): Abweichendes Verhalten! (*unten windhundartig los-rammelnd*): Die vergessene Macht des Rhythmus. (*oben tempe-ramentvoll knutschend*): Biß auf Biß!

SIE (*sich im Sand wälzend*): Oh je, Willi!

ER (*fast fertig*): Ohne Rücksicht auf Verluste!

SIE (*übertrieben ächzend*): Laß los, ich fliege! Gelöst im Orgasmus.

*

SIE (*resigniert*): Erloschenes Feuer.
ER (*luftablassend*): So fiel Königsberg.
SIE: Die Grenzen des Geschlechts.
ER (*nostalgisch*): Du hast mich heimgesucht bei Nacht.
SIE: Gurken sind besser als Männer.
ER (*prahlerisch*): Ich zähmte die Wölfin.
SIE: Du bist du. Wärst du doch in Düsseldorf geblieben!
ER (*sich eine Marlboro ansteckend*): Ich mach Schluß, weil ich dich liebe.
SIE: Du darfst nicht von mir gehen. − Wohin mit der Angst?
ER: Nach Damaskus und drei andere Dramen.
SIE (*plötzlich*): Mach's noch einmal, Schnüffler! Du bist dran, Erich!
ER: Ich bin nicht Stiller.
SIE: Ich bin nicht Ottilie.
ER: Du gehst mir auf'n Keks!
SIE (*plötzlich verzweifelt*): Ich finde mich so toll −warum bin ich noch Single? Warum dauern Ehen nicht ewig?
ER: Weil du nicht geflohen bist vor meiner Angst.
SIE: Wohin mit meiner Wut?
ER: Zum Mars und zurück.
SIE: Müssen wir hassen?
ER: Wir können es nicht lassen. − (*plötzlich mit Mitleid*): Was hat man dir, du armes Kind, getan?
SIE: −
ER: Laß uns wieder Freunde sein. Ein Kuß macht alles wieder gut.
SIE (*unbestechlich*): Mach's gut kleiner Wolf. (*Sie steht auf.*)
ER (*versöhnlich hinterher*): Kleiner Eisbär, wohin fährst du?
SIE: Zum Sambesi und quer durchs südliche Afrika.

11

ER: Wohin im Alter?

SIE: Zum Spätwerk von Max Reger.

ER (*geht nach Norden weiter*): Na tschüs denn.

SIE (*dreht sich um*): Warte, sagte Schwarte.

ER: Spätestens im November.

SIE: Du mußt nur die Laufrichtung ändern. (*Man winkt noch ein Weilchen.*)

Zwischenstationen eines Buchtitels

Eines Tages schrieb Joseph von Eichendorff eine Meistererzählung und nannte sie: »Aus dem Leben eines Taugenichts«.

Hier sah Ludwig Marcuse eine Anknüpfungsmöglichkeit und verfaßte eine sich kaum entfernende, alles umstülpende Version: »Aus dem Leben keines Taugenichts«.

Karel und Josef Čapek gingen zeitgemäßerweise vom Singular in den Plural, und schon sahen die vielen Taugenichtse von weit oben wie Ameisen aus, des Titels: »Aus dem Leben der Insekten«.

Kaum saß die verbesserte Brille auf verengtem Blick, schrumpfte das Leben auf einen halben Tag zusammen, in Claude Debussys »Nachmittag eines Fauns«.

Da kam Arno Schmidt und schuf eine schöne Synthese aus Debussy und Eichendorff: »Aus dem Leben eines Fauns«.

Nun kam Peter Handke und dörrte das Leben noch weiter aus, wischte Faun und Taugenichts beiseite – übrig blieb bloß der »Nachmittag eines Schriftstellers«.

Dann kam Lars Gustafsson und wischte alle drei beiseite, den Taugenichts, den Faun und den Schriftsteller, solange, bis nur noch der »Nachmittag eines Fliesenlegers« übrigblieb.

Da zerfiel jeder Nachmittag scheibchenweise in diverse Stunden, bei Jerry Cotton – menschlich – in die »Stunde der Mörder«, bei Christine Brückner – ornithologisch – in die »Stunde

des Rebhuhns«, bei John Kruse und Günter Eich – botanisch –
in die »Stunde der Lilie« und die »Stunde des Huflattichs«.

Und die Uhr lief immer schneller, und die Stunden zerfielen
immer scheibchenhafter in Minuten, in Dieter Kühns »Minute des
Segelfalters«, in Helmut Heißenbüttels »Minute des Negers«, in
Joseph Hayes' »Sekunde der Wahrheit«.

Das konnte nicht immer so weitergehn. Nichts gegen das Zeitalter des Atomisierens. Aber das Kleingehacktwerden des Kleinhol-
zes mußte irgendwie aufgehalten werden. Dem drohenden
»Sekundenbruchteil des Chinesen« vorgebeugt werden. Und der
kaum noch aufzuhaltenden »Nanosekunde eines Fliesenlegers«.
Und sei es, indem man alle Minuten wieder in eine größere, längst
unwiderruflich zerfallene Einheit zusammenlötete. Wenn auch
nicht gleich zum »Leben eines Rebhuhns« oder zur »Zeit des
Fasans« von Otto F. Walter, oder zu »Boris Beckers Woche der
Wahrheit« (DIE WELT, 2.11.92). Es mußte ein Martin Walser kommen. Und – statt den Nachmittagen Debussys oder Handkes
nachzulauschen – ein Buch schreiben, des Titels »Vormittag eines
Schriftstellers«.

Laudatio auf den Klappentext

Glühender Adept und leuchtende Isis laufen atmend aufeinander
zu, Leser und Lieblingsautorin – und stolpern über einen Appe-
titanreger aus Zellofanistan, der unzuständig den Weg ins Schla-
raffenland verunziert: am Klappentext kommt keiner vorbei. Erst
der Konzertführer, dann Hindemith. Kaum ein Leser, der das
Buch zu Ende liest; keiner, der den Klappentext links liegen ließe.
Erst die Brille, dann die Welt.

Solche Einwände gehen am Klappentext vorbei. Ein Buch ohne
Umschlag steht als hosenloser Körper herum, und warum soll ein
T-Shirt keine Buchstaben tragen? Bücher fachsimpeln oft nur

inkompetent herum, mümmeln und kneten ausdauernd so für sich hin, knallvoll von Durchhängern und Hefeteig – der Klappentext bringt alles auf den Punkt.

Das Sieb der Zeit mendelt VIPs gnadenlos aus. Klappentext hingegen kann spendabel und human sein: er gewährt Claqueuren Asyl im Fahrwasser der vom Applaus forcierten Ewigkeit. Keiner darf von sich selber sagen, wie epochemachend er sei, oder er hat Größenwahn; sobald aber Schwundköpfchen sekundär drauflosjubeln: »unverwechselbar«, glaubt das zwar ebenfalls keiner, aber es funktioniert.

Manche Klappentexte präsentieren eine Kostprobe aus dem vorliegenden Werk, und zack! heißt es bei der Klappentextkritik: Da wird ein Häppchen Innenleben ins Schaufenster gezerrt! Manche Dichter wollen nicht den Sandwichmann ihrer selbst machen. Dann weht ihnen eine Klappe ohne Klappentext hochtrabend voraus, und die Kunden müssen auf ein Papier ohne Lebensdaten starren, auf Platzverschwendung, Einsparmaßnahmen, fehlenden Info-Fluß. Selbst der billionste Kohl kann in der Tagesschau nicht auf seine Visitenkarte »Bundeskanzler Helmut Kohl« verzichten. Freigebliebene Laschen hingegen signalisieren: Dies Werk spricht für sich selber.

Das Schöne am Klappentext bleibt seine Abschälbarkeit. Souverän gibt er Einblick in den Qualitätskontrast zwischen unbesudelbarem Geist und kundenfreundlicher Verpackung. Mich selbst hat ein Klappentext als »verspielten Essayisten von verblüffender Gelehrsamkeit und weitgespanntem Kenntnisreichtum« denunziert, so also hat unsereins bei entsprechend verengter Brille auszusehen, doch siehe: sowas lasse ich – falls es nicht narbenfrei abblättern will – problemlos auf mir sitzen und kämpfe unverdrossen auf seiten der platonischen Idee des Klappentextes weiter. Ein Meisterwerk wird so oder so wild und bunt umstrudelt von inadäquater Außenwelt, und die färbt nun mal gern auf die Klappe ab, kann von hier aus sogar den Buchinhalt hausschwammartig durchsetzen. Ohne die Pufferzone

Klappentext wird jedes Hermeticum dem Weltklima ausgeliefert.

Lyrik, Essay, Roman gucken an keiner Stelle aus sich selber hervor; der Leser guckt zwar rein, kommt aber nie wirklich drinnen an, wohnt nur teilweise und hospitierend im Buch, bleibt in toto draußen vor der Tür: einzig der Klappentext hält eine beneidenswerte Mittlerstellung zwischen Innen und Außen, als Mond zwischen Weltraum und Globus, eine ausgleichende Zwischenwelt, weit und breit der einzige Hüter der Schwelle. Klappentextverfasser ahnen weiterhin wenig von ihrem Torhüterstatus und trommeln drauflos: »Alle mal herhören! Frisches Brötchen! Das macht ihm im deutschsprachigen Sprachraum keiner nach!«

Historische Klappentexte gaben sich vergleichsweise spröde. Der Klappentext zu Dantes Hölle rief: »Laßt, die ihr eingeht, alle Hoffnung fahren!« Der Klappentext zu Kafkas Gesetz raunte: »Versuch ruhig reinzugehen, du wirst nicht weit kommen.« Werbefritzen, bei Dante und Kafka aufhorchend, produzieren fortan nur noch attraktive Abschreckungsköder à la: »Wer schwache Nerven hat, der werfe dieses Buch sofort in die Ecke!« Und schon kommen Krisenherd-Touristen angewimmelt, also auch wieder nicht die Richtigen.

Satzzeichen und Buchstaben

Was ist der Unterschied zwischen Punkt und Komma?

Der Punkt hält sich gut beieinander, das Komma läßt sich hängen. Das Subjekt sticht entweder zu − oder wischt sich ab. Der Punkt: ein Tropfen. Das Komma: die Laufnase eines Tropfens.

Der Punkt zieht jedes Mal hinter sich die Tür zu. Peng. Das Komma − in diesem Punkt viel gemütlicher strukturiert − findet kein Ende, streut sich aus, als Brosamen aus Gretel und Hänsel, denen der Gedankenfluß hinterherläuft, Schrittchen zählend, selten stolpernd, ehe das Komma sich − außer Atem gekommen − zusammenzieht und der Leser dann doch noch ans Satzende stößt.

Der Punkt spielt sich oft als Nasenring eines Ochsen auf. Er knebelte die United States of Amerika. Zur Strafe warfen die U. S. A. drei Punkte ab und laufen nur noch als USA herum. Das Komma figuriert vergleichsweise als ein in Auflösung befindlicher Feierabend-Knebel.

Wo sich Punkt und Komma aus der Affäre ziehen wie in interpunktionsloser Lyrik wo der Zeilenbruch die Funktion der Satzzeichen übernimmt wird der Text zum Brei der sich Zeile um Zeile wenn nicht gar Seite um Seite hinzieht so amorph wie möglich frei nach Molly Blooms berühmtem inneren Monolog die hat das allen die das später aufgriffen eingebrockt diese Krümellosigkeit natürlich Krümel stören und jucken doch fehlende Interpunktion macht kaum was besser man weiß plötzlich überhaupt nicht mehr wo man stolpern einatmen und anhalten müßte tappt ziemlich dämlich im Einheitsnebel vorwärts die Tauben haben unterwegs alles restlos weggepickt und niemals niemals finden wir nach Haus einmal durfte ich das Gesicht eines erwachsenen Negers

16

streicheln das keine einzige Bartstoppel zu bieten hatte was äußerst irritierend und irgendwie falsch war mein Königreich für einen einzigen Punkt ich esse nun mal lieber Käse mit Löchern Käse ohne Löcher sind mir zu zweidimensional Löcher und Punkte bleiben unverzichtbar Lochstreifen allein hingegen sind gleichfalls keine Lösung sondern gerade die Kombination zwischen Buchstaben und Punkten usw.

Punkte und Kommas werden als Köttel von weiterhoppelnden Wörtern fallengelassen, verwandeln sich sofort in Wegmarken, wodurch sich ein System aufbaut, wohin kein Buchstabe treten darf, auf daß der Durchschuß der Partitur gewährleistet bleibe, die insgesamte Luftigkeit.

Welches ist das weiblichste Satzzeichen?

Was ist eine Frage? Eine Äußerung, auf die man eine Antwort erwartet. – *Was ist eine Antwort?* Die Entgegnung auf eine Frage. – *Welches ist das humanste Satzzeichen?* Das Fragezeichen ist das einzige Satzzeichen, das zuhören kann. – *Welches ist das philosophischste Satzzeichen?* Ebenfalls das Fragezeichen. Hinter ihm öffnet sich ein Weltraum, durch den einsame Antworten ihre Linien ziehen, links und rechts, oben und unten an der Frage vorbeisegelnd. – *Welches ist das weiblichste Satzzeichen?* Ebenfalls das Fragezeichen: obzwar nur ein Strich, zeigt es Rundungen und Charme. An geiler Linienführung wird es nur vom Notenschlüssel überboten, einer geborenen Bauchtänzerin (im achten Monat). – *Welche Berufe üben die Satzzeichen im bürgerlichen Leben aus?* Punkte und Kommas sind Ampeln und Vollzugsbeamte. Doppelpunkte und Semikolons sind ADAC-Profis für Stauregulation. Klammern sind Gefängniswärter. Das Ausrufezeichen ist Berufssoldat. Das Fragezeichen aber ist Kulturträger. – *Warum sieht das »Darum!« neben dem »Warum?« stets unbefriedigend aus?* Das

Warum malt und geigt weibliche Sehnsucht usw. hinauf in weibliche Unendlichkeit; das Darum bietet bloß männlichen Knalleffekt. – *Wie hört sich ein typischer Dialog zwischen ? und ! an?* Ungefähr so:

FRAGEZEICHEN (*steckt sich eine an*): Ich spiele eine Violinsonate von Brahms, du aber bläst immer nur Trompetensignale . . .

AUSRUFEZEICHEN: Bitte nicht rauchen!

FRAGEZEICHEN (*eingehüllt in die Ausbuchtungen und Wespentaillen seiner Schwaden*): Warum immer so brüllen?

AUSRUFEZEICHEN: Schnauze!!

FRAGEZEICHEN: Kannst du deine Stimme nicht mal ein wenig senken?

AUSRUFEZEICHEN: –

FRAGEZEICHEN: Warum antwortest du mir nie?

DUDEN: In den meisten Fällen folgt auf den Fragesatz eine entsprechende Antwort in Form eines Satzes oder eines einzelnen Wortes.

AUSRUFEZEICHEN: Schnepfe!

FRAGEZEICHEN: Weißt du nicht, daß es auch ganz andere Töne gibt?

DUDEN: Das Fragezeichen kennzeichnet jedoch auch Sätze in Frageform, auf die eine Antwort nicht erwartet wird.

AUSRUFEZEICHEN: Wenn ich nicht brülle, gibt's mich nicht!

FRAGEZEICHEN (*stimmt seine Geige*): Was hast du gegen Lyrik?

AUSRUFEZEICHEN: »Wie herrlich leuchtet mir die Natur! Wie glänzt die Sonne!! Wie lacht die Flur!!!«

FRAGEZEICHEN: Warum so hart? Was hat man dir, du armes Kind, getan? Soll ich dich mal ein wenig massieren? Hier, am Nacken? Damit du mal ein wenig biegsamer wirst, so wie ich?

AUSRUFEZEICHEN: Finger weg!! Leck mich!!! (*türenschlagend ab.*)

Wenn ! und ? den Kampf zwischen ♂ und ♀ auf den Punkt bringen, erhebt sich sofort die Frage, falls sie keinen Knebel reinbekommt: Wo sitzt der Animus des Fragezeichens? Im Milieu des

Unterleibs, wo in kosmischem Dunkel sich Spermien fragezeichenförmig vorwärtsschlängeln, mit tausend unanswered questions: »Wo werden wir ankommen?« »Wo geht's hier lang?« »Was kommt am Schluß der Reise?« »Wird sich am Schluß ein goldener Tunnel nach draußen öffnen?« »How could it happen?« »Wohin gehe ich?« »Woher komme ich?« »Was erwarte ich?« »Was erwartet uns?« Am Schlußpunkt dieser Fragen thront dann die Eizelle, als große fette, unelastische Antwort. – *Wo sitzt die Anima des Ausrufezeichens?* Auch das Fragezeichen kann penetrant werden. Oft hakt es männlich insistierend nach. – *Was tut dem Fragezeichen besonders weh?* Wenn rechts von ihm der Ausruf laut wird: »So 'ne blöde Frage!« – *Wie lautet – laut Martin Heidegger – die Leitfrage der abendländischen Philosophie?* Die Leitfrage der abendländischen Philosophie lautet – laut Martin Heidegger: Was ist das Seiende? – *Wie lauten wichtige Fragen der Gegenwart?* Etwa so:

BRESSO GMBH: Sie kennen die vier Prachtstücke von Bresso? Prima. Und Sie haben längst Ihr Lieblings-Prachtstück gefunden? Noch besser. Aber wissen Sie auch, wie die Prachtstücke von innen aussehen? Und was sie voneinander unterscheidet? Genau das ist nämlich hier die Frage.

HDI LEBENSVERSICHERUNG AG: Gerade in der heutigen Zeit der sozialpolitischen und persönlichen Unsicherheiten stürmen viele Fragen auf Sie ein: Was passiert mit den Renten? Wer versorgt meine Familie, wenn mir etwas passiert? Wie sorge ich für eine plötzliche Berufsunfähigkeit vor? Wie kann ich Steuern sparen? Wie und wo kann ich eine preiswerte Vorsorge treffen?

FRIEDRICH HEER: Warum gibt es kein Geistesleben in Deutschland?

NORBERT KLEINSPEHN: Warum sind wir so unersättlich?

MICKY REMANN: Warum sieht ein Esel wie ein Esel aus?

RONALD RIPPCHEN: Masturbierte Onan nie?

PAULUS BÖHMER: Können Wale masturbieren?

HORST BURGER: Warum warst du in der Hitlerjugend?

KONRAD LÖW: Warum fasziniert der Kommunismus?

MICHEL ZLOTOWICZ: Warum haben Kinder Angst?

PETER GRUBBE: Warum darf ich nicht sterben?

KLAUS EICKHOFF: Warum geht es uns nicht gut, wenn es uns gut geht, sondern schlecht, wenn es anderen besser geht?

JOHANNES B. BRANTSCHEN: Warum läßt der gute Gott uns leiden?

Hören sich weibliche Fragen etwas erhebender an? Leider auch bloß so hier:

ALI MITGUTSCH: Warum macht Herr Kringel nicht mit?

SUZANNE RAND: Warum kann ich dir nicht treu sein?

IMKE MEYER: Warum ist der Himmel blau?

HANNE-MARGRET BIRCKENBACH: Warum haben sie eigentlich Streit miteinander?

LENI BEHRENDT: Warum quälst du mich?

HANNELORE HEUME & ELLEN KOLLMEIER: Warum bekomme ich kein Kind?

CATHERINE DE SAIRIGNE: Warum trinken alle Kinder Milch?

MOGENS HANSEN & HERBERT OETZMANN: Warum wird Milch sauer?

Wie lautet die Frage der Fragen? Laut Robert L. Heilbronner so: »Es liegt eine Frage in der Luft, mehr gespürt als erkannt, wie ein noch unsichtbar in der Ferne sich nähernder Sturm, eine Frage, die laut zu stellen ich zögern würde, glaubte ich nicht, daß sie unausgesprochen viele Köpfe bewegt: ›Gibt es für den Menschen noch Hoffnung?‹« – *Wie lautet die unbeantwortbarste Frage des Fragezeichens?* Sie lautet vermutlich: Werde ich jemals Antwort erhalten?

Wieviel Nahrung braucht ein Doppelpunkt?

Sobald ein Punkt homosexuell das Tier mit dem doppelten Fleck spielt, entsteht der Doppelpunkt, ein Suggestivling ersten Grades. Er sperrt, Adorno und Kraus zufolge, den Mund auf: weh dem Schriftsteller, der ihn nicht nahrhaft füttert. Duden bleibt hier blind: Regel 72 sagt bloß, daß der Doppelpunkt zweckmäßig vor Sätzen stehe, die eine Zusammenfassung des Vorangegangenen oder eine Folgerung daraus enthalten. Sogar Ludwig Reiners, der Verfasser der »Deutschen Stilkunst«, ahnt nichts von jener Fütterungsregel: »Es gibt ein ausgezeichnetes Mittel, um logische Bindewörter zu ersparen und überhaupt den Satzbau zu entfetten: den Doppelpunkt.« Hier wird der Satzbau derart entfettet, daß hinterm Doppelpunkt kaum noch was kommt: bloß ein Häppchen. So werden die in der Mundhöhle vorhandenen Organe um ihre Aufgabe, Nahrung zu zerkleinern und gleitfähige Bissen herzustellen, betrogen. Fast umsonst wurde der Mund aufgesperrt: Das Erfüllungshäppchen ertrinkt im Speichel der Erwartung, unpoetischer gesagt: Die Erwartungsspannung, die von der ersten Satzhälfte aufgebaut wird und die den nahenden Doppelpunkt – den Zenit des Satzes – vorausahnen läßt, bricht exakt auf dieser Kippschwelle zusammen. Und anstatt auf der anderen Seite des Staudamms auszuschwingen, abzufließen, durchgelassen eben vom Nadelöhr Doppelpunkt, pufft die Energie des Anlaufs ins Leere bzw. sammelt sich im Klecks, der den Doppelpunkt rückwirkend zum Schließmuskel degradiert, und das nur, weil fast alle Autoren es schick und effektvoll finden, einen Halbsatz hochdynamisch auf einen Doppelpunkt zulaufen zu lassen, ohne alsdann den Aufwand des Einatmens ausbalancieren zu können. So rennen Truthähne dringlich kollernd los, um am Schluß ein verschwindendes Körnchen aufzupicken. Die hochsensible Bauernregel: »Die Erwartung verspricht mehr, als die Erfüllung halten kann« wird allerorten mit dem Tusch des Doppelpunkts übertönt, einer Sogwirkung vertraut, die Leserin und Leser in die zweite Satzhälfte reißt, obwohl dort Entscheidendes fehlt: Sog.

Selbst Profis werden von ihrer Brillanz nicht vor Doppelpunktmißbrauch bewahrt, auch Hans Magnus Enzensberger nicht: »Nicht obwohl, sondern weil sie nichts bedeutet, ist die Bild-Zeitung unentbehrlich; denn das Bedeutende, das, was wir Geschichte nennen, ist uns, in unserer Eigenschaft als Mehrheit, immer nur in einer Form entgegengetreten: als Zumutung.« Der bedeutsam zurückgezogene Schleier hat kein Dahinter; das Wörtchen im Allerheiligsten speichert und sprengt nichts, bewohnt ein klägliches Erfüllungsfeld: bleibt Zumutung. Hinter den Doppelpunkten der Bild-Zeitung hingegen wird's stets handfest. Der Adept hebt den Schleier, und voll fährt ihm Frau Welt in die Schnauze, z. B. am 15.4.94, beim Diebstahl einer Zahnbürste seitens eines pyknischen Ladendiebs in Bochum: »Personenbeschreibung: faulige Zähne.«

Über Walter Benjamin bzw. Gabriele Wohmann heißt es bei Ranicki: »Seine Tätigkeit als Berufskritiker setzte verhältnismäßig spät an: 1926.« Bzw.: »Die nächsten Bücher – der kleine Roman Abschied für länger und Theater von innen – brachte der Walter-Verlag, doch den neuen Geschichtenband, der diesmal fünfzehn Arbeiten enthält, hat wieder ein anderer Verlag publiziert: Langewiesche-Brandt.« Hier bekommen Nebenbei-Infos Deltacharakter. So wird man Opfer der Angewohnheit, ständig alles zuzuspitzen. Und keiner zählt die Spätfolgen. – Günter Kunert: »An seinen Kritiken läßt sich ablesen, was andere unter dem Jargon der Eigentlichkeit verstehen: Die Gefühle.« »Die« nicht mit d wie durchlässig, sondern mit D wie Durchblutungsstörung. Adolf Muschg: »Konservativ erscheinen Sie nun, weil Sie Ihre herzlichste Allergie denen zuwenden, die, Aufklärung, wie Sie meinen, nur simulieren, ohne ihr die Basis geben zu können, die Sie allein für tragfähig halten: persönlichen Charakter.« – Konrad Franke: »In der Jury saßen diesmal die bundesdeutschen Kritik-Heroen Jens und Kaiser, neben ihnen die Autoren Peter Härtling und Günter

Kunert, die Nachwuchs-Kritiker Klara Obermüller und Ulrich Greiner, aus Wien war Hilde Spiel, aus Kilchberg Adolf Muschg gekommen, das gastgebende Land vertraten Humbert Fink und Ernst Willner, ihrer aller Sprecher: Marcel Reich-Ranicki.« – Solch ein Brocken läßt sich bei wiederholtem Hervorwürgen sogar noch aufwerten, von den Meisterköchen H. Otten und B. König: »Zum ersten Mal würdigt sie mit dieser Verleihung einen Kritiker und Essayisten, der seit einem Vierteljahrhundert das literarische Leben in Deutschland maßgebend beeinflußt: Prof. Dr. h. c. Marcel Reich-Ranicki.« Da kann ich mich ja gleich mit dem Taschenkalender für Soldaten '94 begnügen: »Fasten heißt, sich wieder auf die Mitte konzentrieren: Gott.«

Woran erkenne ich einen Anmachtext? Die Kartoffel sitzt immer am Schluß. Die Pointe wurde zur Kennmarke: »Für das wohl kompromißloseste System der Sicherheit steht ein Name: Lufthansa.« Der Blätterwald wurde zum InfoService: »Noch immer lauert in unseren Wäldern eine Gefahr, die man auf den ersten Blick oft gar nicht erkennt: Tollwut.«

Sprachbewußte Autoren mögen das a priori gleitfähige Häppchen, das hinterm Doppelpunkt aufquillt, feinfühlig vorn im Erwartungsfeld unterbringen, wie Walter Jens: »Marcel Reich-Ranicki: Das ist ein Mann, der den Satz primo vivere deinde philosophari auf den Kopf gestellt hat.« Und schon läuft der Kometenkern dem Schweif voran, das Riesenmaul der Tiefseefratze seinem Schwundkörperchen.

Richtigen Schriftstellern wär das nie passiert – hoffentlich. Doch ach, selbst Ernst Bloch läßt sein Prinzip Hoffnung allzu knalleffektvoll auslaufen; 1600 Seiten sind auf einen Doppelpunkt mit dahinter lauerndem Markenartikel zugeströmt: »Hat er sich erfaßt und das Seine ohne Entäußerung und Entfremdung in realer Demokratie begründet, so entsteht in der Welt etwas, das allen in die Kindheit scheint und worin noch niemand war: Heimat.« Der Raum hinter dem Doppelpunkt wurde hier derart vollgestopft, das Wort Heimat dermaßen eingepfercht in die mit Monumental-Portal versehene Besenkammer, daß das bißchen Heimat da wohl nie mehr lebend rauskommt. Was sich verschmerzen ließe, wenn nicht Adorno selber einmal einen Doppelpunkt allzu geizig gefüttert hätte; mit geschlossenen Augen sei der Beleg mitgeteilt: »Die Kunst des Hörens aber, die verlangt wird und die lernen muß, wer das Werk begreifen will, ist, wie schon an gewissen Stellen der Götterdämmerung, eine des Nachhörens: des Lauschens.«

Leider hat das Tradition. Bereits Nietzsche liebte seine Leser per Doppelpunkt aufzugeilen: »Was ist jetzt die Schönheit eines Gebäudes? Dasselbe wie das schöne Gesicht einer geistlosen Frau: etwas Maskenhaftes.« Und selbst an Goethes Maximen und Reflexionen geht die Fütterungsempfehlung von Adorno und Kraus einigermaßen vorbei: »Man sieht gleich, wo die zwei notwendigsten Eigenschaften fehlen: Geist und Gewalt.«

Zum Ausgleich finden sich immer wieder recht wohlgenährte Beispiele, und sei es in Wolfram Siebecks Sommerseminar »Hauptsache Gemüse«: »Jetzt brauche ich Spinat: 2 Handvoll genügen für 4 Personen«, oder bei Walter Benjamin, der mengenmäßige Unterdosierung hinter seinen Doppelpunkten vollmundig auspendelt, mit zusammengepreßtem Inhalt: »Im Fraße nämlich kommt beides zusammen: die Maßlosigkeit des Verlangens und die Gleichförmigkeit dessen, woran es sich stillt. Fressen, das meint vor allem: Eines, mit Stumpf und Stiel.«

Wer sucht, wird immer fündig: In Werner Piepers Nasenbuch »Ene Mene Mopel – Die Nase & der Popel« findet sich, was sich nicht überall findet: ein wirklicher Leckerbissen, und der lautet so: »Wer kennt es nicht, das Objekt versteckter Begierden, die Belohnung des fleißigen Bohrfingers, den ›verdickten Nasenschleim‹, schlicht: den Popel.« Hier wird der Doppelpunkt kongenial in zwei Nasenlöcher umfunktioniert, und rund und säuberlich abgetrennt vom Organismus springt am Satzschluß die hervorgepopelte Quintessenz als Kalorienbombe hervor: der Popel.

Damit wären wir am Ende meiner Ausführungen über Doppelpunkternährung angekommen, doch halt! Da kommt ein letztes Beispiel herbeigekrümelt, aus Sloterdijks Text »Jeder Körper ist ein Fall«: »Während der Zornige selbständig schwebt und nach allen Seiten frei beweglich gedacht werden muß, ist in die Körper der Übrigen etwas Verhängnisvolles gefahren: die Schwerkraft.« Auch in diesem Fall wird der verspätete Doppelpunkt vom Satzinhalt – wie bei Piepers Popel – gerechtfertigt: die Schwerkraft hängt sich als Sandsack an den Satz; und der Strauß muß heftig drücken, bis dies dicke Ei gelegt.

Und da – noch ein Beispiel, doch hoffentlich das allerletzte: »– und schon grollte die Maschine auf, bärenhaft=gereizt; und fraß sich, schrillend & stäubend zugleich, durch die Materie: hindurch!« In diesem Satz des ins Mysterium des Doppelpunkts unsteigerbar eingeweihten Arno Schmidt staut sich der Satzfluß sägend & stäubend so lange auf, bis der Doppelpunkt als eine Hemmung der Säge im Weg steht. Am Schluß drückt man dann als Sägender etwas fester dagegen, und schon fällt das »hindurch!« als jäh wegrutschendes Scheibchen zu Boden: schööön!

Schmidt erfand sogar Doppelpunkte, die äußerst nahrhaft gefüttert werden und trotzdem darauf verzichten, ausgreifende Satzteile oder auch nur ein oder zwei Worte zu verschlingen: »Und schmetterte dann einen halbgefressenen Mohrenkopf an die Auslage=Scheiben der Lokalzeitung: !«

Semikolons Doppelmoral

Als damals in der Bio-AG das Wort semipermeabel aufkam, über-
lief's mich heiß, so, als wenn das damals schon ein Semikolon
gewesen wäre. Es sorgt zwischen zwei Zellpartnern für osmoti-
schen Austausch. Kurze Sätze wohnen Block an Block; durch
Perioden, die ein Semikolon gliedert, weht Zugluft. In weitgefä-
cherten Texten, eingehüllt in ambrosische Nacht, möchte Licht-
schein durch die Ritzen im Satzbau dringen; wo Punkte stehn, ist
der Laden dicht. Am Punkt prallt alles ab. Der Ungeist des Defi-
nitiven hängt über A und B.

Das Semikolon hingegen hilft über jeden Autor hinweggleiten,
der nichts von seiner Restluft in der Lunge merkt und deshalb ausgepumpt – mangels Atemtechnik – über einem Punkt zusam-
menbricht. Man hätte weiterströmen können, doch zack! bricht
der Langlauf ab. Semikolonmangel führt – diesseits von Span-
nungsdosierung und Druckausgleich – zu chronischer Satzbau-
verhärtung.

Komma, Punkt und Doppelpunkt sind plumpe Gemüter; Semikolons Doppelmoral hat schon manchen Biedermann irritiert: es
dreht nicht nur Sätze zueinander, die sich gewaltsam die Rücken
zukehren; es hält auch Sätze, die ineinanderfließen wollen, unge-
sellig auseinander.

1992 dachte ich oft ans Semikolon. Ich litt an der Semikolon-
Skepsis eines Briefpartners, der mir schrieb: »Sehr interessant
finde ich die Zwitterhaftigkeit, Unentschiedenheit des Semikolons. Man wird nicht in ein Satzende entlassen, wird von Satz zu
Satz weitergereicht. Das ist die Angst des Textes vor dem vorzeiti-
gen Ausstieg des Lesers, finde ich.« (Burghard Schmid, 20.12.92)
Hiermit ist der autistische Kafka, der per Semikolon ganze Stop-
and-go-Satzkolonnen bildet, als ein durchaus teilnehmerorientier-
ter und gruppenzusammenhaltender Autor entlarvt worden. (»Sie
hoben die Köpfe; halb in Rausch und Ohnmacht; sahen die Ara-
ber vor sich stehen; bekamen jetzt die Peitsche mit den Schnauzen

zu fühlen; zogen sich im Sprung zurück und liefen eine Strecke rückwärts.«)

Ein anderer Briefpartner betätigte sich geradezu als Semikolon-Gegner: »Der Strichpunkt ist nichts anderes als der Versuch, die angestrebte Abschwächung eines Punktes, die der vorausgegangene Satz zu geben nicht vermochte, nachträglich durch ein optisches Zeichen zu erzwingen oder zu suggerieren. Es gibt Ausnahmen; in der Regel kommt mir der Strichpunkt aber vor, wie wenn ein Autofahrer beim Schalten Zwischengas gibt, obwohl dies seit etwa 20 Jahren nicht einmal beim Schalten vom 2. auf den 1. Gang erforderlich ist.« (Christoph Burgauner, 27.8.92) Lesesogfetischisten mögen jedes Semikolon, zusammen mit Schmid, als Haar in der Suppe interpretieren, kurzatmige Bandwurmsatzgegner und Semikolonverächter wie Wolf Schneider – und sein Ghostwriter Rudi Ment! – mögen zusammen mit Burgauner um die Wette kutschen, ruckweise von Stolperschwelle zu Stolperschwelle; ich hingegen – ungerührt hinterherwinkend – schlage mich leidgeprüft auf die Seite der Semikolon-Nekrologen Theodor Haecker und Theodor Adorno, die weiterhin das Kreuz über all jenen machen, welche den telepathischen Subkutan-Kontakt zum Semikolon längst verloren haben.

Doch Vorsicht: Nicht, daß jetzt jemand meine Position plausibler findet als die von Burgauner, Schmid & Schneider-Ment, um von heute an pfundweise Semikolons zwischen verdauliche Häppchen zu pfählen. Ich merke jedem Semikolon sofort an, wenn es im Grunde nicht unbedingt sein muß und trotzdem dasteht; oft will nur ein Pykniker beweisen, daß er langen Atem hat. Dann wird ein semipermeables Fenster genau dort eingebaut, wo es vom Textinhalt zugeschlagen wurde.

Der Gedankenstrich — keiner trennt subtiler

Das Komma läßt beim Wandern das Merksätzchen hören: »Vergiß nicht Luft zu holen!« Das Semikolon, während es Satzteile voneinander abkoppelt, ganze Straßenzüge absperrt, zischt rüffelnd aus dem Spalt seiner Zähne hervor: »Was rennt ihr dauernd mit der Nase gegen die Scheibe?« Satzteile hocken abgeschnürt in ihrer Zelle fest, angefärbt vom Licht aus der Nachbarzelle — überbrückt vom Gedankenstrich, der sich als Balancierseil über den Isthmus zwischen nie zusammenkommende, nie gänzlich sich voneinander abseilende Königskinder legt, wenigstens als Abschleppseil zwischen Auto und Anhänger. Worte wie Projekt, ausgelutscht oder Symptomkatalog, Wendungen à la »Es ist interessant — « büßen bei Überbenutzung ihre Verwendbarkeit ein — der Gedankenstrich geht relativ resistent aus jedem Sommerschlußverkauf hervor.

»Die Heringswirtschaft — heute und gestern!« »OMO — keiner wäscht reiner!« Der profane Inhalt solcher Zeilen schadet ihrem Gedankenstrich kaum; auch hier kann er zur Schaltstelle umschlagenden Windes werden; zur Narbe eines kontrollierten Bruchs innerhalb der Gedankenführung; zur Ligatur auseinanderdriftenden Kontexts, wobei ein Zentimeter die acht Meter vollgültig vertritt, die vom Hund aus der FLEXI 8 des Herrchens hervorgezerrt werden; zur Zerreißprobe des Expanders, der die Hälften des zurückfedernden Gesamtvolumens getrennt hält. Dann wieder schwingt sich ein Gedankenstrich zu echt hamletischem Zaudern auf, wenn nicht gar zum Raptus, in welchem ein professioneller Mystiker — eingeklemmt zwischen zwei Glockenschläge — jahrhundertelang versinken kann.

Ein besonders tiefsinniger Gedankenstrich findet sich am Beginn einer Adalbert-Stifter-Erzählung: »Um zwei Uhr einer schönen Junimondnacht ging ein Kater längs des Dachfirstes und schaute in den Mond. Das eine seiner Augen, von dem Strahle des Nachtgestirnes schräg getroffen, erglänzte wie ein grüner Irrwisch, das andere war schwarz wie Küchenpech, und so glotzte er zuletzt, am Ende der Dachkante ankommend, bei einem Fenster hinein — und ich heraus.« Hier durchquert die Wäscheleine des Gedankenstrichs exakt das Stutzen des Katers vor der Scheibe, diesen wunderbaren Moment des Umschlags, in welchem die Außenperspektive äußerst unvermittelt — bzw. vermittelt eben einzig durch den Gedankenstrich — abgetauscht wird von der Innenperspektive, ein exaktes Abrutschen des allwissenden Erzählers, hinein ins eingesperrte Ich, das einerseits — vom Kater her gesehen — als dessen unverhofftes Spiegelbild auf einmal rausguckt und andererseits vielleicht auch vorher schon, bevor es als Teil der Szenerie — als unverhofftes Spiegelbild des arglosen Katers — ins Blickfeld rückte, aus diesem Fenster guckte, um die objektive Junimondnacht im Stile Stifters zu schildern.

Ein anderer tief berauschender, höchst unverzichtbarer Gedankenstrich sitzt in einem Peter-Rühmkorf-Gedicht:

»Vor uns das Meer —
und hinter uns die Waschmaschine.«

Hier wird der Gedankenstrich zum Meeresspiegel; meditativ surfen wir (wir?) drauf zu — aber da ist der Gedankenstrich schon zu Ende. Und statt weiterhin in Richtung Horizont zu segeln, hat der Autor den Kopf dermaßen unverhofft zurückgeworfen, daß auch ich als Leser ihn nicht mehr stur gradaus halten kann — auch ich werf ihn zurück ins längst Überwundene und dennoch nicht Wegdenkbare: da steht sie auf dem Strand, die Waschmaschine; die Erde hat mich wieder, und in der Trommel dreht sich meine eben noch in nonverbaler Seligkeit abgeworfene Wäsche, und ein Tropfen des ewigen Ozeans sorgt für arielgeschwängertes Waschwasser, und zähnefletschend suhle ich mich in diesem Rückfall aus Kosmischem ins irreparabel Lächerliche.

Andererseits weiß ich, daß das Totschweigen der ewigen Waschmaschine nichts geholfen hätte: Wenn der Vers bloß lauten würde: »Vor uns das Meer — und hinter uns Äonen!« oder: »Vor uns das

Meer – nie wieder zurück ans Land!« oder: »Vor uns das Meer – und Segelschiffe und Gelächter«, dann wäre die Sache ästhetisch nicht zu retten – Waschmaschine und Meer gehören zusammen wie der Wind und das Meer, von dir mich zu trennen, ja, das fällt mir so schwer! Das Meer solo wäre bloß ein kitschiges Aufatmen – ohne Ernüchterung innerhalb von Kunst keine Kunst.

Der Gedankenstrich bindet Verheißung und Realität so aneinander wie die schaumgeborene Venus, die bei Rilke – keiner reimt reiner – aus dem Meer steigt, an den toten blutenden Buckelwal gebunden wird, den eine letzte Welle der entschreitenden Venus hinterherwirft, getreu dem naturgetreuen Schema: Erst die Schaumgeburt, dann die Nachgeburt, und ohne Gedankenstrich oder Nabelschnur hängt beides nur halb so zusammengehörig aneinander.

Rühmkorf war der erste nicht, der das Mysterium des Gedankenstrichs ausbeutete. Bei Schmidt (Arno) wurde der Gedankenstrich zwar nicht gleich zum Meer, wohl aber während einer Bootsfahrt auf dem Dümmer zu typographischer Imitation eines Wasserspiegels benutzt, und zwar so: »›Im Boot, Du? Einfach irgendwo ins Schilf fahren?!‹. Sie hob nüchtern den Kopf und sah um: – ›Nee. Geht nich. Wackelt auch zu sehr.‹« Also auch hier geht die Verheißung – Coitus unter freiem Himmel im Boot – dem Dementi voran: Ein Gedankenstrich, der verwackelt, wird zum Circa-Zeichen ($= \sim$).

Nicht nur zur Veranschaulichung relativer Unendlichkeiten eignet sich der unauslotbare Gedankenstrich. Er kann sogar die Sätze derer verschönern, die ihn gedankenlos verwenden. Hier zum Beispiel aus einem Roman der DGL*: »Er griff sich an den Mund – zog aber nur ein Haar hervor.« Während dieser Romancier den Gedankenstrich einsetzt, um die Sekunde zwischen Hinfassen und Hervorziehn zu bezeichnen, wie man das halt so macht, erblicke ich per Überinterpretation in diesem Gedanken-

---

* Deutschsprachige Gegenwartsliteratur

strich das ideale Zeichen für das Haar, das zwischen Hand und Mund langgezogen wird, und gebe so der Textstelle eine Bedeutung, die sie ab sofort durchaus besitzt.

Die tiefsinnige Schönheit des Gedankenstrichs bleibt selbst zwei Etagen tiefer immer noch halbwegs erhalten. Bild-Zeitungs-Schlagzeile vom 15.4.94: »Gast erschoß Kellner — der wollte es so!« Darin der Satz: »Der Gast schoß, traf den Kellner in den Kopf — tot.« In derselben Bild: »Die Beamten durchsuchen die Wohnung — nichts.« Jedes Mal öffnet sich im Abfluß fanatisch vorwärtsströmender Worte ein Loch; Herzschlag setzt aus — anderes strömt ein, eine nonverbale Luftblase, die gleich wieder platzt, ehe der Text, aus dem ein Stück rausgestanzt wurde, über ihr zusammenschlägt.

Weitere Beispiele — vielleicht ein andermal. Nur schnell noch ein kleines unverhofftes PS: Soeben prüfe ich das Rühmkorfzitat nach und muß konstatieren, daß es ganz anders lautet:

>Vor uns das Meer und hinter uns
die Waschmaschine.«

Weit und breit keinerlei Gedankenstrich, es sei denn, man interpretiere den Moment, in welchem das Auge mitten im Enjambement eine Zeile tiefer geht, funktionell als eine Art Gedankenstrich, der dann allerdings keine Unendlichkeit mehr ausrollt. Statt dessen ragt das »uns« überbetont in den Raum hinein, obwohl sich das kollektive Subjekt zu diesem Zeitpunkt bereits langsam umgedreht haben müßte; die Waschmaschine rückt viel zu knalleffektmäßig ins Blickfeld. Es kommt durch diese Zäsur eine leichte, unnötige Aufdringlichkeit in die dadurch trotzdem kaum antastbare Stelle, anders gesagt: Ich hab mich an meinen unbewußt interpolierten Gedankenstrich schon derart gewöhnt, daß ich ihn kaum noch wegdenken kann. Für mich sitzt er nach wie vor exakt dort, wo er offiziell bis dato noch lange nicht sitzt, voraussichtlich nicht mal in der Ausgabe allerletzter Hand.

Strichjunge Bindestrich

Jedes I kann jederzeit eine römische Eins sein. Die Natur geht nun mal sehr ökonomisch vor, wie bei jenem skabrösen Requisit, das der Mann gebraucht, damit er »fortpflanze seine Rasse / Und zugleich sein Wasser lasse«. Nichts gegen Doppelnutzung, aber geht Vierfachnutzung nicht ein Spürchen zu weit? Für vier so konträre Brüder wie Minuszeichen, Trennungsstrich, Bindestrich und Gedankenstrich hält der Computer nur ein einziges Zeichen bereit, einen kurzen Strich (= −).

Das Minuszeichen gönnt einem nichts; der Trennungsstrich fungiert als Leine oder Sehne zwischen situativ-kurzfristig auseinanderrutschenden Teilen; der Bindestrich dient sich als Callboy rauf − einzig dem Gedankenstrich sollte es der Duden nicht verwehren, sich auch optisch abzuseilen von solchem Unterhaltungsmilieu. Doch der Duden hat anderes zu tun: »Muß ein mit Bindestrich geschriebenes Wort am Bindestrich getrennt werden, dann wird kein besonderer Trennungsstrich gesetzt.« Holy Bimbam! Hier wird befohlen, ein sowieso nirgendwo Vorhandenes keinesfalls in Anspruch zu nehmen. Prompt seh ich einen blinden Fleck ganz scharf vor mir und versinke zusammenschaudernd in der enharmonischen Verwechslung einer unmusikalischen Legislative.

Der Gedankenstrich − ein melancholischer Mime, der sich selbst über einem Abgrund auszieht, und obwohl die Durchquerung von Meister Eckharts Leere oder Nagarjunas Shunyata keinerlei Zeit verbraucht, flehe ich hiermit den Duden an, den Gedankenstrich künftig doppelt so lang zu machen wie den Bindestrich. (Zusatzklausel: Der Gedankenstrich darf nur dort kurz bleiben, wo er als Fluchthelfer dient, wo er Seitentriebe und Einschiebsel aus dem Hauptstrom inselhaft herausheben soll.)

Im übrigen sei es ferne von mir, dem Bindestrich irgendwie verächtlich gegenüberzustehn. Er ist oft nötig. Er tut viel Gutes. Er soll überall dort auflockernd und klärend eingreifen, wo Ei und Rühr ineinander gerührt zu werden drohen, bis vor lauter Rührerei die Worte Rührei und Rührerei kaum noch auseinander gehalten werden können. Druckerzeugnis irritiert; Druck-Erzeugnis: alles klar. Damit sich nichts bausche, müßte Bauschutt eigentlich Bau-Schutt heißen. Ohne Bindestrich springt aus der Mentholzigarette ein Stück Holz ungebührlich hervor. Mitten im Propangasservice öffnet sich eine Gasse – ewig wiehern die Blumentopferde.

Der Bindestrich hat Macht. Er kann jeden Flucht-Utensil-Bedarf zum Fluch-tuten-Silbe-darf machen – und Frau Schmalz-Jacobsen und Frau Krone-Schmalz entweder zu Bindestrich-Mädchen oder zu Binde-Strichmädchen.

Dann wieder klebt er als Kopulationsglied wildfremde Leute aneinander. In Feuilleton und Waschzettelindustrie wimmelt sinnlich-rhythmische Prosa, detailgenau-schmiegsame Sprache, absurd-monströse Szenerie. Leider können sich solche »eigenschaftswörtlichen Zusammensetzungen« (Duden!) auf Rilkes fertig-vollen Garten Eden berufen, oder des spätesten Goethes kühn-emsige Völkerschaft und edel-stummes Gebirge.

Doch manche Wörter verhalten sich bindestrichabweisend. Sie dulden keinen Pfahl in ihrem Fleisch, schmiegen freiwillig ihre Hinterteile hautkontaktfreudig ans Vorderende unpassendster Nachbargeschöpfe, wandern amphibolisch ineinander, die von Friedrich Achleitner gezüchtete Buschwindhose, die von Jan Philipp Reemtsma geprägten Versfußnoten, das von Karl Corino umgebundene Wendehalstuch, die von Micky Remann auf nächtlichem Somnamboulevard mit Uli Beckers »Pantha rei in der Tube« ausgeübte Zwerchfellatio. »Er hieß Müllermühlenstätt-ohne-Bindestrich-bitte.« (Ulrich Horstmann: »Infernodrom«, 1994, S.84) In meiner Jugendlyrik, geschrieben mit reinster Herzblutwurst, wimmelt es von wackelkontaktfreudigen Kraftwerkzeugen und Nordlichtmaschinen, Primärtriebtätern, Südfruchtwasser und Großmutterkuchen, Gängelbandwürmern, Fremdkörperbehinderung, Ansatzweisheit und Katzengoldmundgeruch. Gerold Späths »Vulvagina« schiebt ein und dieselbe Muschi ineinander;

in der »Ökolumne« streitet sich ein und derselbe virtuelle Bindestrich miteinander, ob er das Ö von der Kolumne abtrennen will,
oder das Öko von der lumne – Doppelspielraumausnutzung!

Von hier aus sieht der Bindestrich aus wie der horizontale
Stock, der das aufgesperrte Krokodilsmaul am Zusammenwach-
sen hindert, zwischen Verkuppelungsorgie und Ladenschluß-
strich. Aus seinem Milieu kommt halt der Bindestrich auch dann
nicht raus, wenn er wegbleibt.

In (und außerhalb von) Klammern

Nebengedanken, die sich – zunächst unauffällig – abzweigen,
wollen vom Schreibfluß mitgenommen werden. Doch kaum zeigt
sich pro Komma eine Einstiegsmöglichkeit, ist das Hauptpro-
gramm bereits ein Haus weiter, und nur gewaltsam kann der Sei-
tentrieb als Einschiebsel – als körpereigener Fremdkörper – sich
eindrängen, sich breitmachen, dabeisein, mitbalancieren auf der
Mono-Leine, auf die die schönste Polyphonie gezogen wird – was
balanciert denn da? Netzförmige Hirntätigkeit wird, wenn sie auf-
geschrieben werden will, auf einmal an Linearität gebunden;
daher das Gerangel zwischen x Kamelen und Zebus, die mit allen
ihren multisträhnig sich vervielfachenden Buckeln, Höckern,
Nebenbuckeln und Tochterbuckeln durch ein einziges winzig kleines Mini-Nadelöhrchen wollen, und das um jeden Preis genau
gleichzeitig, einschließlich nachgezogenem Zusatzbuckel. Denn
da, wo der Cursor gerade nicht herumzuckt, bewegt sich nichts,
und was sich nicht eifrig bewegt, das gibt es nicht. Wer im Verkehrsaufkommen siegt, darf roter Faden heißen; Verlierer werden
aus der Peristaltik dieses Fadens ausgesiebt, abgestoßen (wie
Darmzotten), zusammengepreßt (wie Autowracks), ausgelagert
(in die Senkgrube, in den Anmerkungsteil) oder wenigstens eingeklammert.

Hier haken die Gegner des Unwichtigen ein, allen voran Adorno, der Nichteingeklammertes wichtiger findet als Eingeklammertes, Wichtiges wichtiger als Unwichtiges, welchselbiges — aufgrund seiner Klammern — nicht sehr nah am Mittelpunkt sitzt, und so weit weg soll im Erste-Klasse-Zug keiner sitzen, sondern alles ganz nah am Mittelpunkt, also in Klammern Stehendes weiterhin schief angesehen werden, vierte Kaste sein, Trichinen und Tumore mitten im urgesunden Bindegewebe. Dabei stehen bisweilen die wichtigsten Sachen (Öffnungszeiten, Preise, Quellenangaben) in Klammern! (Einzig Proust erhält von Adorno eine Sondergenehmigung: Proust darf — mitten im Herzen seiner Weltliteratur — Klammern benutzen.)

In Dostojewskis (nicht Heimito von Doderers) »Dämonen« kommt eine einzelne, hochsüperbe, unersetzlich sinnvolle Einklammerung zum Zug: »Sie bat ihn, übermorgen, also Sonntag, pünktlich um zwölf Uhr zu ihr zu kommen, und riet ihm, einen seiner Freunde (in Klammern stand mein Name) mitzubringen.« (Leider wird dieses Kleinod bei Dostojewski sporadisch umschwärmt von Klammern innerhalb wörtlicher Rede, und nicht nur bei Dostojewski: »O blindes Bloch, du hast dieselbe verlassen, in Hoffnung, deinen schändlichen Begierden (die Welt zu sehen) genug zu tun.« Hat der Abenteuerliche Teutsche Simplicissimus die eingeklammerten Worte nun mitgesprochen oder weggelassen?)

Und zum Schluß (denn gleich wird das angetippte Klammer-Thema vorbeigerauscht sein) noch ein schönes Beispiel: »Die Burschen hinter dem Stall waren verschwunden. Einer unter ihnen mußte Erik gewesen sein. (Vielleicht hatten sie gerade ein Tier in einer Falle gefangen.) Ich schritt das Tal hinauf.« Diese Passage — aus »Fluß ohne Ufer« — besitzt einen Humor, der ihrem Autor — Hans Henny Jahnn — vielleicht entging. Der eingeklammerte Satz sitzt genauso in der Falle wie das vielleicht gefangene Tier. (Und kommt da nie wieder raus!)

Mein Lieblingsbuchstabe

Welcher ist es? Gleich das A? Immerhin zeigt es paradoxe Qualitäten. Akustik und Optik klaffen bei ihm auseinander wie Beinstäbe. Anatomisch sieht es unanschmiegsam aus, knauserig, vertrocknet, wadenlos, bleumourant, spinös, seelisch verödet, sehr amusisch, rundum asexuell. Phonetisch aber sperrt es den Mund hoffentlich nicht nur zum internistischen A − sobald der Spaaatel die Zunge drückt − auf, sondern zum Brunftschrei, zum tarzanösen Aaaaaaaaooo, als wäre das A nah am O, welchzweiteres rein outfitmäßig viel weniger zwiespältig ausschaut, rundum homogen − wenn nicht ödematös − durchgeformt, jedenfalls aus einem Guß. Doch hat auch das O zwei Seiten: sich einerseits zum Wohlstandsbürger aufgeblasen, um zugleich mit der Null nicht unidentisch zu sein.

Dann wieder wohnt jedem Anfang ein Ende inne: im Aleph ist angeblich die ganze Welt enthalten, einschließlich Allah, also auch das O wie Omolon (Fluß in Sibirien), im Leptosom der Pyknicus, also auch das Z wie Zölibat, die narkotisierte Schlange; also auch das S wie Serpentina, das aufgetaute Z, das b-Glissando schwarzer Tasten; also auch das B, das bei mir a priori ein paar runde weiche Steine im Brett hat, dank seines Busens, allwo jedes ausgemergelte A und H und K sich − und seine dürren Beinchen − für immer abzappeln und ausruhen könnte, weshalb jeder Adam, der A sagt, auch B wie Berta, Dolly Buster und Brigitte Bardot sagen sollte, oder E wie Eva, deren E schon deshalb mein Lieblingsbuchstabe nicht sein kann, weil es mich zu sehr ans e erinnert, diesen ominösesten, farblosesten, am öftesten rumlaufenden Buchstaben: da kann ich ja gleich dem F − dem ersten kopflastig auf Zehenspitzen stehenden Buchstaben des Alphabets − die Feigenpalme reichen: diesem E, dem untenrum das L fehlt, dieses P wie Palme, dem untenrum das B wie Banane fehlt − was ist ein B? Das D ist ein B, dem der Gürtel fehlt.

Was ist ein C? Das C ist ein spiegelverkehrtes D, ein Augenbecher, dem als Jalousie ein I fehlt – was ist ein I? Ein Ikea-Bauelement: Wenn ich A wähle, kann ich mir I – dessen Sparflammen-Odeur liegt mir aus ökologischen Gründen sehr! – gleich zweieinhalbmal leisten. Es verbraucht wenig, nimmt ständig ab, geht ständig weg: »Mus i denn, mus i denn zum Städtele hinaus?« (der einzige vorteil der kleinschreibung: die durchgehende rettung des i-punkts!)

Es sei denn, ich bevorzuge das zwittrige, bastardiöse, importierte J, dieses durch Abrutschen beim Abschreiben oder durch falsche Zahnstellung schief rauskommende I, unten weichgeworden, kein Jedermann, sondern ein Joker zwischen den gestandenen Damen und grundsoliden Herzbuben der Urlaute.

Ästhetisch so richtig durchgequirlt werde ich aber erst bei so amönen Namen wie Tlön, Markwort, Böni, Marquard, Malmö, Ötzi, Querido, Ödipussy, Quasimodo, Oevelgönne, Queequeg, Özal und Helene Ölhafen – Q und Ö sind nun mal zwei Outsider, deren löbliche Exterritorialität sie eventüll im A des Alpha nicht enthalten sein läßt, oder im Ä. Hoffentlich! (Ich suche nämlich einen Lieblingsbuchstaben, der sich dem Systemzwang des Alphabets entzieht.)

Beim Q wie beim Ö scheint es sich um ein mutiertes O zu handeln: der Querstrich im Q als Balken im Auge des O: die Ö-Pünktchen, diese homöopathischen Absprengsel, als Klammer auf der Nase des O, auf jedem Löchlein ein ö, die selbander die strömende Ursilbe Om sofort in ein näselndes Öm umlenken; abknicken.

Das O fehlt in keinem Sprachmilieu; das dekadente Ö ist in Moldawien, Peru und Michigän kaum existent: Ist es nicht a pity, daß Anglomaninnen bloß Estrogene nehmen, statt Östrogene? Sprachen ohne Ö sind dem Ö-Fan Ödland. Der Afrikanologe Al Imfeld schrieb mir hierzu: »Tatsächlich gibt es in allen Bantusprachen keine Umlaute. Vermag man u. U. noch ein ä herauszuhören, so kaum ein ö. Es gibt höchstens ein langgezogenes e oder i. Soviel für heute.« Zum Glück strotzt das Ö in China sehr zukunftsorientiert, wenn auch ohne Pünktchen. Auch das Französische kommt nur per Tiehm-Wörk von œ und u ans ö heran, und das Lateinische per Tiehm-Wörk von a und e ans schwedische ä. Der latinisierte Menzius wird Möng Dse gesprochen – und mein Lieblingschinese heißt – neben Du Fu – sowieso Pöng Möng, und meine Lieblingstürkin Ülcü Inönü. (Lieblingsfisch: Drückerfisch. Lieblingsstamm in der Mongolei: die Ölöten.) Global bin ich also mit meiner Ö-Vorliebe leider doch nicht so besonders selten, sondern stehe peu à peu mitten im bevorstehenden Zentrum des Geschehens – Asia.

Im Grunde fröne ich weniger dem Ö und dem Ü als deren weltweit kaum vorhandenen Pünktchen und anderen Krümelnatiönchen. An solches Zerbrösel-Plankton klammere ich mich, begnüge mich, sie aus dem dänischen Würstchen = Pølse herauszuhören. Immerhin reden viele Leute, wenn sie von Fisch und Wirklichkeit reden, von Füsch und Würklichkeit. Mit Mühe verkneife ich mir mein Plädoyer: »Möge doch Malheur Malör heißen! Und Wladimir und Estragon Wladimir und Östragon!« Tapfer rufe ich nie wieder aus: »Wie schöööön sähe doch die Insel Rømø aus, wenn ich sie Römö schreiben könnte!«

Vertippt

Was ist ein Realtiv – sowas ähnliches wie Realkredit, Realindex, Realkontrakt? Oder ein Mitschreibfehler? Ein Meteorologe kennt möglicherweise den Ausdruck Realtief. Realtiv ist etwas anderes, nämlich ein relativ – nicht realtiv! – häufig vorkommender Tippfehler. Und was ist eine Wasselratte? Gemeint war hoffentlich eine korrekt geschriebene Wasserratte? Sorry, es handelt sich hier um eine vertippte Wasserlatte.

Speziell dieser auf Buchstabenvertauschung basierende Tippfehler schleicht sich überall ein, schwerer auszusortieren als z. B. die LUst, die eigentlich Lust heißen wollte, eine DRuckfehlersorte, die unfreiwillig so aussieht wie der für Lutherbibeln typische Abschnittsanfang: »DArumb ist das Buch vns Christen auch nützlich – «

Je schneller einer tippt, desto öfter geht Finger Nr. 1 ein Millisekündchen langsamer von der gedrückten Taste runter, als Finger Nr. 2 Zeit braucht, die nächste Taste zu drücken, und schon steht systematisch statt fruchtbar furchtbar auf Schirm und Blatt, und – statt Karnickel und Migräne – Kanrickel, Mirgäne und Kindapping. Wer kann Schnürsenkel benutzen, ohne anschließend vom Schnüsrenkel gefaselt zu haben? Nirgendwo eine Raubkatze, aus der kein Raubbatzen würde!

Nirgenwo ein Vaterland, das zu verteidigen man noch Lust hätte, wenn es Vatelrand hieße, und nirgendwo ein Adorno, der einem nicht in der Reinschrift als Adrono unauffällig durchs Seib schlüpfte – wobei dieses Seib von mir wirklich nicht provoziert wurde, sondern auf natrülichstem Weg ganz von selbst in meinen Schriebfluß kam, nein Schreibfluß. Seib treibt als Ausschuß-Zelle mit verkorkstem Gen-Code durch den Organismus meiner Werke und wird bei erstbester Gelegneheit von einer vorbeikommenden Killerzelle als MUrks identifiziert und per Korrekturtastendruck ausgeseibt. Falls nicht, kann die Mißgeburt als kRebszelle Karriere machen, zusammen mit Mr. Unbrauchbar = Rekurt Krut, alias Rekrut Kurt.

Doch immer wieder werden zwischen den grasuam – nein gruasam! – versütmemlten Wörtern und ihrer Überzahl, all diesen Spätfolgen gestreßten Tippens, verquere Menetekel wach: Rauch wird zum Ruach (hebräisch: Hauch); Damlaig klingt verheißungsvoll nach verballhorntem Dalai Lama – eigentlich wollte ich bloß damalig gesagt haben. Und Kotflügel und kaltblütig gehn als Kotlfügel und katlbültig schier ins Axolotl- und Popocatepetlhafte über, und ad asburdum ins burnushaft Orientalische.

So gbeiert der Geist des Vertippens beglückende Zugnenbercher: Bartkartoffeln schmecken süßer als Bratkartoffeln, und wer sich mit Grammatik langweilt, die ihn für immer ins Fluidum unheilbaren Detuschunterrichts zurückwirft, braucht sich bloß zu vertippen, und schon blühen ihm – statt Pronomen – hocherektile Pornomen!

Alle Jubeljahre kommen versehentlich sogar Verbesserungen zustande: Aus Pirmasens mach Primasens! Als ich noch Holbaum hieß, ersah ich aus einem Brief, der sich an den sehr geehrten Herrn Holabum wandte, daß ich beim Absendertippen mich vetrippt haben mußte. Diesen Namen hätte ich gern in meinen Paß übernommen, doch klang er mir ein Spürchen zu humorig. Im Kompetenzbereich meiner Vernunft werden Verbesserungen nicht geduldet. Die Biologie ist da viel elastischer. Jeder Holabum kann da gleich zu jenem Reptil avancieren, das – auf nächsthöherer Evolutionsebene – aus dem Ei antiquierter Amphibien schlüpft.

Noch seltener führt auf deise Wiese die Vertuaschung zweier Buchstaben nicht zu nutzlosen Varianten, sondern zu Worten, die es sowieso gibt, also etwa die Grade zur Garde, oder das Blau des Himmels zu Balu, dem Bären aus Disneys Dschungelbuch, der ab und zu Palmen ausreißt, um seinen Juckreiz zu befriedigen. Oder das »als ich« wird zu »las ich«, und umgekehrt. Und sobald ich mir notiere, daß Ekkehart Wiederholz einen Fisch geangelt hat, hat er einen Fisch genagelt. Und sobald ich senge, segne ich. Wenn Goethe einen PC gehabt hätte, würde bis heute Faust II immer sterbend sich bemühn.

Doch alle diese zum Teil versöhnlichen Zufallstreffer, all diese Bienchen, die als summende Beinchen auf Steifmütterchen landen, können nicht darüber hinwegtrösten, daß die Vertipper eine minütlich zuschlagende Plage bleiben. Das ständige Zurückfahren und Nachbessern nervt und summiert sich zu Stunden und Jahren reinen Zeitverlusts. Nur einen minimalen Teil der hier im Text befindlichen Druckfehler habe ich stehnlassen; in WIrklichkeit sind zunächst mindestens dreimal so viele hineingeraten, und hoffentilch haut die Endreadktion noch ein paar weitere hinein.

Eine Frage an die Fachwelt: Können solche Tendenzen von zukünftiger Schreibsystemtechnik nicht irgendwie abgefangen werden?

Und ein Tip an meine Leidensgenossen: Buchstabenvertauschung geschieht bei Benutzern des Zehnfinger-Tast-Systems noch viel häufiger als beim waldrappartigen Stochern mit zwei Fingern. Das zunächst scheinbar überbotene Zweifingersyystem erweist sich so – dank seiner geringeren Fehlerquote – als insgesamt schneller als das offiziell schnellere System.

Mein Home Computer hält sich für eine Hose

»Endlich stand ich vor den drei Polizisten.« So hieß es in einem Text, den ich an »die horen« schickte. Zurück aber kamen Fahnen, in denen ich nicht in der Schillstr. 12, sondern in der Schillerstr. 12 wohnte und auf einmal behauptete: »Endlich stank ich vor den drei Polizisten.« Und neben Bienenkästen standen – statt Flieder-büsche – Fliegerbüsche. Es gibt also immer wieder Computer, die mitdenken! Zum Ausgleich für ausbleibende Rechtschreibfehler pickt er z. B. die Horen aus meinem laufenden Text, stuft sie – mangels mythologischer Vorkenntnisse – als NICHT GEFUN-DEN ein und liefert Gegenvorschläge; statt Horen bekomme ich Horror, Horde, Ohren, Hoden und Hosen vorgesetzt, und statt Schillstr. 12 – Schilfgras, Schimäre, Schimpf und schildern, und statt Herrn Turtur – Turmuhr und Tortur, und statt Döring Drink, und statt Labrador labend, labil, laborieren und Labor-baby. Zum Glück vertraue ich ihm nicht, sonst stünde bei mir am Schluß Plot oder Platte – statt Plato. Und mit Plotin habe ich seines Erachtens nur Platin, Pilotin oder Polin gemeint, und mit Mumin, Schnüferl und Bisam: Mumien, Schneefall und BASIC.

Nicht mal sein Herrchen erkennt der Computer wieder – kein Willi könnte blinder sein. Wenn ich Ulrich sage, versteht das begriffstutzigste aller Haustiere nur ulkig, und statt Holbein: holpern. Und wenn ich Herrchen sage, versteht er herrschen und Herzchen. Nicht mal sich selbst erkennt der Home Computer wieder; denn statt Home spuckt er – unverhofft gebildet – Homer aus, sowie die auch in diesem Fall prompt parat liegende Hose. Willi, der sich, als ich ihm zum ersten Mal in seinem Leben einen Spiegel vorhielt, desinteressiert wegdrehte (Gegenvorschlag: wegtreten), ist mit jedem Home Computer wahlverwandt, beide wollen keine Selbsterkenntnis treiben. Statt Gegenvorschlag kommt Gegenwart, und statt Verbesserungsvorschlag verbeugen.

Und dies alles im Willi-Tempo, der mit wehender Zunge dem Auto voraushetzt (Gegenvorschlag: voraussetzt), um dann aber als Trottel vor mir zu wedeln und einen kurzen debilen Beller (Gegenvorschläge: Böller und Keller) loszulassen, welcher da lautet: Frikadelle, obwohl ich etwas ganz anderes eingetippt (Gegenvorschläge: eingeteilt, eingegipst, eingepuppt) hatte: Frigidität. Labradore denken immer nur an das Eine; ein Home Computer kennt auch andere Kleinigkeiten, z. B. das Wort Prüderie, sobald ich vorher Brüderli eingab.

Mein Computer ist aber nicht nur schneller als Willi, zwar nicht so schnell wie Perry (Gegenvorschlag: Peru) Rhodan, doch schneller als jeder Gepard (Gegenvorschlag: gepaart), der schnellste leistungsfähigste, jeden animalischen Rekord brechende Guinness-Säuger – doch am Zielpunkt fragt keiner mehr nach seinem IQ. Dort ist er derart restlos ausgepumpt, daß er die Beute nicht mehr gegen die plump ausgeruhten Hyänen verteidigen kann, muß sich alles fortfressen lassen, genau wie der Home Computer, dessen atemberaubende Arbeitsleistungen ihm so in die Augen steigen, daß er dann Sprachlupe mit Spraydose verwechselt, und Willi mit Wild und Troja mit Trauma. Wahllos grabscht er im immanenten Lexikon herum und umgibt sich mit einem Hauch von Einfallsreichtum und Schlagfertigkeit. Eisernen Ungesichts produziert er Deformationen:

1. Worte, die durch die Wegnahme von fünf Buchstaben zu etwas anderem werden: Aus Beichtspiegel wird z. B. Beispiel.

2. Ändere drei Buchstaben, schon wird aus Klassiker glasiger, aus Asterix astrein und aus Donald Tonart.

3. Ändere zwei Buchstaben, schon wird aus jedem Waldmeister mit Rinde ein Weltmeister mit Rente, aus jeder Negerin eine Näherin, aus jedem Vati eine Vita, aus Tarzan: tanzen, und aus »kynischen« kommt – ein Kaninchen hervor. Wer die Büchse der Pandora öffnet, dem kommt Andorra entgegen.

4. Und siehe, die Macht eines einzigen Buchstabens braucht um nichts kleiner zu sein als die Macht von fünf Buchstaben: Einer zuviel, schon wird das heilig Om zur profanen Oma, und die häusliche Oma zum weitgereisten Omar. Ein Buchstabe zuwenig, schon schrumpfen Geräte zur Gräte, Trojka zu Troja, Dürer zu dürr, Breton zu Beton, und Kuno schrumpft anschwellend zur kompletten UNO. Aus a mach o, schon hast du kopiert statt kapiert. Und statt einzuteilen, enteile ich.

Im Anschluß an solchen Schönheitsoperationen – aus Pappe mach Puppe – sehen Fury und Jury, hinterfangen und hintergangen, Herder und herber noch relativ blutsverwandt aus, desgleichen Hektor und Hektar und Lektor – erst Lothar seilt sich ab; und Göttinnen und Göttingen sind so grundverschieden in Aufbau und Funktionsweise wie nur noch Beton und beten, wie Käte und Käse, wie Tom und Dom und Tod.

Wer Bürger sät, wird Würger ernten; wer mit Sunil wäscht, muß senil sein; Ariel singt Arien; ich tippe Walzer ein, und zur Verfügung stellt sich Walter. Das x braucht nur um einen Buchstaben im Alphabet weiterzurücken, schon mutiert Marx zu Mary. Aus o mach z, schon werden aus Heino oder Plato andere Welten: Heinz und Platz. Ein Taschentuch löst weltberühmte Tragödien aus, ein Merlin in Berlin fallengelassenes Krümelchen in Kobe (Gegenvorschläge: Koje und Robe) Weltbrände. Sprache und molekulare Nuancen- und Teilchenphysik sind einerlei Stiefel.

Erschrocken lege ich die Lupe beiseite, sonst geht unter ihr die

Fizzelarbeit unstoppbar (Gegenvorschlag: unstillbar) weiter: Das E braucht bloß die beiden Querbälklein des Oberkörpers zu verlieren, schon ist es ein L; oder das Querbälklein des Unterkörpers, schon ist es ein F. Aus B mach P, indem du dem B den Bauch amputierst. Hauptsache, das ü verliert nicht seine Pünktchen, und das Plus nicht seine Wirbelsäule.

Worte und Namen

Wir

Wir sollten mal drauf achten, wie oft in unseren Äußerungen das Wort »wir« vorkommt. Wir werden feststellen: oft. Unser Feingefühl wird uns sogar sagen: zu oft. Doch wir wollen nicht vorgreifen und nicht gleich am Anfang allzu selbstkritisch sein, wir wollen vorurteilsfrei an unser Thema herangehen und zunächst erst einmal ein paar Beispiele herausgreifen, aus verschiedenen Bereichen, um unsere Verwendung des Wortes »wir« einmal genauer unter die Lupe zu nehmen.

Wir brauchen nur das ZDF oder einen anderen Sender einzuschalten, schon sagt uns Kanzler Kohl oder ein anderer Politiker: »Wir eröffnen den Weg für eine umfassende Zusammenarbeit beider Staaten.« Wir, die umfassend Zusammenarbeitenden, sind offensichtlich ein anderes Wir als wir, die den Weg für diese umfassende Zusammenarbeit soeben eröffnen. Zugleich spüren wir, daß in diesem Wir Unmengen von Leuten einfach mitgerechnet werden, die gar nicht explizit zum Grundstock zählen, jedenfalls nie von der umfassenden Zusammenarbeit beider Staaten viel merken werden, kurz und gut: Wir können schon anhand dieses einen Beispiels sehen, daß ein Wir selten eine eindeutige Selbstbezeichnung und eine festlegbare Kopfzahl vorlegt. Jetzt schon möchten wir an dieser Stelle These Nr. 1 aufstellen:

Jedes Wir trägt in sich die Tendenz zur Selbstvergrößerung.

Nicht jedes Wir bleibt so unschuldig wie die Tagesschau-Absage: »Wir melden uns wieder um 0 Uhr 25 mit den Spätnachrichten«, oder wie der Spot: »Wir von Eduscho«, oder wie das Volkslied: »Wir sind zwei Musikanten und kommen aus Schwabenland«. Oder wie das Buch von Viktor Mann: »Wir waren fünf«. Doch schon bei Heinos Songzeile »Bergvagabunden sind

45

wir, ja wir!« beginnt die Sache problematisch zu werden. Würde der Heino singen: »Wir waren fünf Bergvagabunden und wollen nicht sechse sein«, so fänden wir nichts zu beanstanden. So aber kann keiner nachkontrollieren, was für Scharen da mitwandern wollen, und schon wird Heinos unschuldiger Song zum Eroberungslied, ein Aufruf zur Alpenverschandelung. Zugleich werden zwischen den Zeilen die andern abgestempelt, alle, die daheimbleiben und also nicht zu uns, ja uns gehören wollen. Hier, beim Heino wie vorher beim Kohl, befinden wir uns mitten im Schußfeld der Wir-Problematik − allerdings sollten wir, um keine voreiligen Schlüsse zu ziehen, unsere Beobachtungen anhand weiterer Beispiele kurz überprüfen.

Wir begeben uns zu diesem Zweck in die nächstbeste Buchstube und erblicken sofort etliche Titel mit Wir, 1. von Wilhelm Mensing: »Wir wollen unsere Kommunisten wiederhaben«. Sofort sehen wir unsere These bestätigt, daß jedes Wir seine Kopfzahl erhöhen will. Denn sobald wir unsere Kommunisten wiederhaben, sind wir mehr als jetzt noch. Und obwohl wir von unseren Kommunisten gelernt haben, daß wir das Besitzdenken überwinden sollen, wollen wir sie unbedingt wiederhaben. Und schon können wir unserer These eine zweite anfügen:

Jedes Wir schließt andere Wir-Einheiten aus, nämlich alle die von uns, die unsere Kommunisten keineswegs wiederhaben wollen, oder alle die von uns, die beim Heino nicht unbedingt mitwandern wollen, oder alle die von uns, die sich an einer Zusammenarbeit beider Staaten bewußt nicht beteiligen, oder alle die von uns, die in puncto Ernesto Cardenals Titel: »Wir sehen schon die Lichter« der Aufforderung, gleichfalls jetzt schon die Lichter zu sehen, nicht folgen können, sondern die statt dessen ganz andere, jedenfalls nicht die von Ernesto Cardenal gemeinten Lichter jetzt schon sehen; oder alle die von uns, die im Wir der Ursula Scheu: »Wir werden nicht als Mädchen geboren, wir werden dazu gemacht« nicht enthalten sein wollen; des weiteren − im Fall des **stern**-Titels vom 11.10.90, »Unser Essen macht uns krank«: wir, die es uns nicht krankmacht, was ja auch vorkommt; im Fall des Hans-Schwarz-Titels: »Wir werden weiterleben«: wir, denen es nicht genügt, bloß als Gattung oder bloß im Himmel weiterzuleben; im Fall des Günther-Anders-Titels, der zugriffsfreudig »Wir Eichmannsöhne« heißt: wir Eichmannenkel und Eichmannurenkel. Auch Peter Kalb schließt aus seinem Titel »Wir sind alle Ausländer« ungewollt alle Ausländer aus, obwohl er auf ihrer Seite steht; nur allen Inländern muß gesagt werden, daß auch sie Ausländer sind.

Jedes Wir zeigt Spaltungstendenz. Sie bricht offen aus im Günter-Wallraff-Titel »Wir da unten, ihr da oben«, einem fast schon dreigespaltenen Titel; ein zweigespaltener hätte gelautet: »Wir hier unten, ihr da oben.«

Wir sehen uns weiter im Buchladen um, freuen uns an unserem stimmigen Thesenpaket, das wir unentwegt erhärten könnten – falls wir es überhaupt erhärten wollen. Jedenfalls könnten wir unsere Thesen inzwischen viel präziser formulieren. Hierzu bleibt kaum Zeit, denn wir stoßen soeben auf ein Buch, das unsere Spaltungsthese unverhofft über den Haufen wirft, auf den Frühwarntitel »Wir haben nur eine Erde«. Diese Wir-Struktur nimmt uns restlos in sich hinein, uns, die wir schon arg realitätsfremd sein müssen, wenn wir behaupten wollen, daß das Boot, worin speziell wir sitzen, ein anderes Boot sei als das Boot, worin wir alle sitzen. Weshalb unsere vierte These lautet:

Es gibt ein Wir, aus dem sich niemand abseilen kann.

Doch sträubt sich in uns etwas, ausgerechnet in den Konsalik-Titel »Wir sind nur Menschen« hineingezogen zu werden. Dies Betteln um Entschuldigung, die Selbstdegradierung, die in dem »nur« steckt, mißfällt uns; wir sind immerhin Menschen, sonst können wir ja gleich Hedwig Courths-Mahler lesen: »Wir sind allzumal Sünder«, wenn nicht gar: »Wir sind alle Mörder« von Jean-Paul Sartre. Nein! So zerknirscht und selbstzerfleischerisch wollen wir Christen heutzutage nicht mehr sein, da lesen wir lieber von Theodor Landscheidt: »Wir sind Kinder des Lichts« – halt, auch

47

an diesem Titel stört uns was, obwohl er doch viel ermutigender klingt als: »Wir sind ja nichts Besonderes. Aachener Frauen erzählen Geschichte«. Wobei Selbstgenügsamkeit, die uns durch ihre Selbstironie rührt, uns, die wir z. T. durchaus was Besonderes sind, ihre Tücken haben kann, getreu wiederum unserer ersten These: auch hier wird imperatorisch die Masse all derer angemacht, die selbst dann, wenn sie nicht aus Aachen kommen, irgendwie spüren, daß auch sie nichts Besonderes sind.

»Wir sind doch nicht von gestern«: dieser Heilwig-van-der-Mehlen-Titel ärgert uns umgekehrt seiner Unbescheidenheit wegen. Er macht sich anheischig, uns dem Streß einer Gewissensprüfung zu unterwerfen: Einerseits wollen wir nicht von gestern sein, andererseits nicht in dieses wohlgemute Wir eingewickelt werden; nicht von gestern zu sein; als wenn das schon was wäre – nein, wir halten uns da raus.

Und sind anhand all dieser Beispiele hellhörig geworden. Unsere Skepsis wächst. Wir sind Individuen und wollen an dieser Stelle noch mal Kohl zitieren: »Wir Deutschen haben aus der Geschichte gelernt.« Wir möchten das nicht auf uns sitzen lassen, daß wir aus Phänomenen wie Meutenbildung, Mitläuferei, Ichverlust nichts gelernt hätten. Wir hören ein usurpatorisches Moment sogar aus so unschuldigen Titeln heraus wie: »Wir beten mit unseren Kindern«, oder: »Wir entdecken und bestimmten das Leben im Wald«, oder: »Wir fahren an die Ostsee«. Wir mißtrauen Titeln wie: »Wir werden immer größer« und beruhigen uns erst, wenn wir merken, daß sich in dem Wir kein Nationalstaat verbirgt, sondern bloß ein Internist, der dem Längenwachstum unserer Kinder nachgeht. Wir atmen auf bei Oskar Lafontaines Beteuerung: »Wir wollen keine Großmacht sein!« – zugleich möchten wir uns unsere politische Sensibilität nicht nehmen lassen, die allein in der Grammatik dieser Aussage Bevormundung wittert: Wir dürfen auch dann keine Großmacht sein wollen, wenn wir im tiefsten Inneren vielleicht doch eine sein wollen? Wir wollen ein Fettbauch sein, der sich einzurichtern hat, daß er kein Fettbauch sein will.

Wir haben ab heute unsere Unschuld verloren: das Paradies der Geborgenheit im Wir. Wir ziehen unsere Konsequenzen und werden in Zukunft etwas vorsichtiger mit dem Gebrauch des Wortes »wir« umgehen – nur wie? Wir sind nämlich dermaßen mit unserer Gewohnheit verflochten, in fast jedem Satz ein Wir einzubauen, daß uns ein solcher Abschied wohl kaum gelingen wird. Uns liegt das Wir im Blute. Wir leben nun mal nicht auf einer Robinsoninsel. Wir sind gesellschaftliche Wesen. Demzufolge vollzieht sich unser Leben bekanntlich in Gemeinschaft mit anderen, mit unserer Familie, unseren Arbeitskollegen, Mitschülern und Freunden.

Unerschütterlich klingt das ewige Wir aus unseren Kindheitstagen zu uns herauf, in den Fragen des Onkel Doktors: »Na, wie geht's uns denn heut? Haben wir unsere Medizin regelmäßig eingenommen?« Oder im Dirigat des Lehrers: »Wir wollen nun unsere Arbeitsblätter rausholen.« Oder im Drehwurm des Pfarrers: »Wir wollen gemeinsam beten.« Das methodisch-didaktische, massenbildende, militärische Fluidum solcher Ursätze lebt unverhohlen weiter in allen Wir-Sätzen, die uns seit jeher hindern, mündig zu werden: »Die Erfahrung, die wir gemacht haben, ist doch die – « Wer einen Satz so beginnt wie Richard von Weizsäcker, weiß genau, was für Erfahrungen gut für uns sind. Abweichende Erfahrung droht unser Wir zu verkleinern und damit unsere Heimat, und das will keiner von uns. Wir wollen immer wieder gesagt bekommen, was wir für eine Erfahrung gemacht haben. Wer uns nicht sagt, was wir wollen, den wählen wir nicht. In West-Papua und anderswo kämpfen Naturstämme gegeneinander; sowohl die einen wie die anderen heißen übersetzt: »Wir.«

Jedes Wir berauscht sich an Ungenauigkeit.

»Gemeinsam schaffen wir's!« verheißt uns die CDU – wir, die Unionsparteien und ihre Wähler? Nein; denn wir schaffen gemeinsam nur eins, den Wahlsieg zu erringen; mit dem gemeinsamen Schaffen wird aber doch wohl das Meistern der anstehenden Probleme gemeint sein, und das schaffen nicht nur wir, die CDU, sondern das schaffen wir gemeinsam mit den anderen Parteien: diese Gemeinsamkeit kann aber auch nicht gemeint sein, da ja dann die CDU für die Wahlgegner mitwürbe. Nun, dann werden halt neue und alte Bundesländer gemeint sein, die schaffen's gemeinsam: Nein, die auch nicht, da doch Kohl uns aufgefordert hat: »Wir müssen ein Denken überwinden, das immer noch Deutschland in ein Hüben und Drüben aufteilt.« Folglich kann nur das komplette Deutschland gemeint sein, obwohl gemeinsames Schaffen unterschiedliche Teile voraussetzt.

Wir sind an einem Punkt angekommen, an welchem eine grausame These fällig wird:

Es gibt praktisch keine Wir-Formulierung mehr, die ohne Gesichtsverlust davonkommen könnte.

Wir sind jetzt scharfgemacht, wir sehen nur noch unreflektierte Paradoxien, Aussagen voll ungewollter Implikationen, Leerlauf à la sebamed-Reklame: »Unsichtbare Gefahren bedrohen unsere Haut! Wir haben uns 3000 Jahre falsch gewaschen.« Kohl: »Wir bringen ein unsere 40jährige Erfahrung.« Beide Zeitangaben treffen auf uns nicht zu; es sei denn, wir glauben an den Dalai Lama und erkennen in den Ärschen, die sich vor 3000 Jahren falsch gewaschen haben, speziell uns wieder, die wir uns immer noch falsch waschen. Nicht genug, daß wir uns keine abweichende Erfahrung gönnen, jetzt wird unser Erfahrungsschatz auf 40 Jährchen limitiert − womit haben wir diese Horizontverengung verdient?

»Wir sehen in ihren Augen die Hoffnung«, sagte Kohl am 3.10.90: In diesem Satz stehn Millionen von Wessies Millionen von Ossies optisch gegenüber. In den Augen der einen schimmern unterschiedslos gleich große Quanten Hoffnung: die Millionen Wessies gucken nicht so genau hin. Nun werden sie vom Kanzler aufmerksam gemacht, daß in den Augen der Ossies Hoffnung zu sehen sei, und siehe, da war tatsächlich Hoffnung zu sehen, obwohl asymmetrischerweise Lothar de Maizière nicht gesagt hatte: »In unseren Augen sehen sie die Hoffnung.« Sobald Kohl das Hüben-und-Drüben-Denken überwunden haben wird, wird er uns sagen müssen: »Wir sehen in unseren Augen die Hoffnung.«*

Selbst Claudius Seidel, der im SPIEGEL vom 24.9.90 von jenem Kohl redet, »der in uns allen wohnt«, unterliegt der These:

Die objektive Unmöglichkeit der Wir-Benutzung produziert surreale Entgleisungen.

Wir geben gerne zu, daß Kohl tatsächlich auch in uns wohnt, why not? Zugleich aber sehen wir unseren Kohl rauskatapultiert werden aus unserem Wir: er nämlich bleibt der einzige von uns allen, in welchem nicht ebenso wie in uns jener Kohl wohnt, der in uns allen wohnt, außer eben im Kohl.

Sogar seriösestes Schrifttum zum Thema Massenpsychologie verbeißt sich in Sätze à la: »Wir sehen in unseren Augen die Hoffnung.« Gustave Le Bon, Sigmund Freud, Ortega y Gasset, Elias Canetti und Günther Anders stellten einhellig keine Relation zwischen dem rhetorischen Wir und den dargestellten und analysierten Massenerscheinungen her: »Wir müssen uns damit abfinden, die Herrschaft der Massen zu ertragen«, was doch entweder heißen müßte: »Die Massen müssen sich damit abfinden, ihre eigene Herrschaft zu ertragen«, oder: »Wir müssen uns damit abfinden, unsere Herrschaft über uns zu ertragen.« Zwei weitere Beispiele, die sich jeder selbst übersetzen kann, sollen uns genügen: »Wir kennen diese Massen, von denen man jetzt so viel spricht, sehr wenig« – bitte auch das »man« mit »wir« übersetzen! Und zum Schluß: »Unsere Augen sehen überall nur Mengen.« Was unsere Augen nicht so alles sehen, sobald man sie drauf stößt: mal detailliert Hoffnung in den Augen der Mengen, mal summarisch nur die Mengen.

Wir stehen nun an einem Punkt, wo wir Bilanz ziehen können.

---

* Nicht weniger buchenswert der Satz des Bürgermeisters Walter Momper bei der feierlichen Verabschiedung in West-Berlin stationierter amerikanischer Stadtkommandanten: »Wir werden niemals vergessen, daß wir auf Sie bauen konnten.« Einerlei, ob dieses Wir nur das Rathauspersonal West-Berlins umschließt, nur die West-Berliner Bevölkerung oder sogar alle Deutschen, inclusive Ost-Berliner, so stützt sich Mompers Formulierung auf die medizinisch und psychologisch nicht haltbare Voraussetzung, daß wir über eine einheitlich starke Gedächtniskraft verfügen.

51

Doch wir zögern. Wir haben bisher nur einseitiges Belegmaterial beleuchtet. Alles stammte bloß aus der Notdurft des Alltags, aus Werbung, Politik, Kirche und Pädagogik, also von Leuten, denen es bloß auf Wort und Tat ankommt, weniger auf Sprache. Es muß doch auch Geister geben, die mit dem »wir« etwas verantwortungsvoller umgehen als wir, sich jedenfalls nicht die immerhin urkomischen Unfreiwilligkeiten der bisherigen Beispiele am laufenden Band leisten. Sartre hat uns tief enttäuscht, nicht, weil er uns alle Mörder nannte – damit können wir leben –, sondern weil er als denkender Mensch den Gebrauch des Wir nicht hinterfragte. Hoffentlich war er ein Einzelfall. Wir setzen also zu einem neuen Anlauf an, wir hoffen sehr, unser garantiert stark revidierungsbedürftiges Thesenpaket baldmöglichst revidieren zu können und halten in diesem Sinne Ausschau nach seriösen Autoren, zuerst nach Dichtern, und falls diese uns auch enttäuschen sollten, nach Denkern.

Wir schlagen die Süddeutsche Zeitung vom 10.10.90 auf und bekommen dort von Milan Kundera mitgeteilt, daß uns das Leben Václav Havels durch klare Konturen beeindrucke – nein, bitte nicht! Diese suggestiv-didaktischen Töne stehen uns wirklich bis hier! Laßt uns andere anstimmen! Niemand nimmt es unserem Kundera übel, wenn er sich durch klare Konturen beeindrucken läßt, wir aber sind mittlerweile volljährig und möchten es uns vorbehalten, uns durch andere Aspekte im Leben Václav Havels beeindrucken zu lassen, wieso ausgerechnet durch klare Konturen?! Eine ungute Ahnung steigt in uns auf: daß nämlich auch unsere Dichter und Dichterinnen in Sachen Wir irgendwie Sektenführer und Parteichefs geblieben sein könnten.

Beklommen schlagen wir die Roman-Trilogie »Die Frau in den Kissen« von Brigitte Kronauer auf – und zack: »Wir verstehen die Tiere nicht.« Ach, wir Armen. Vermutlich müssen wir weit zurückgehen, ehe wir auf ein paar Dichter stoßen, die sich dem Konsens mutig verweigern. Tatsächlich! Jean Paul, im Gegensatz zu Sartre, hat meine These von der paradoxalen Dimension jeden Wir-Gebrauchs, inclusive Spaltungstendenz und Ausweitungstrieb, a priori antizipando als richtig durchschaut: »Wir etc. etc. etc. werden mit äußerstem Mißfallen den Luxus inne, der in unsern Staaten um sich frisset.«

Auch Goethe, so hoffen wir, müßte doch wohl das Verzwackte am »wir« erkannt haben, oder? Sofort stoßen wir instinktsicher auf die prachtvolle Gedichtstelle, wo Schillers Geist gewaltig fortschreitet ins Ewige des Wahren, Guten, Schönen, wobei dann hinter ihm in wesenlosem Scheine liegt, »was uns alle bändigt, das Gemeine« – uns alle, inclusive Goethe? Er nimmt sich nicht aus, er steckt mit uns in wesenlosem Scheine, nun denn, nicht alle schaffen es, sich von Gemeinem nicht bändigen zu lassen; Schiller aber schaffte es. Nur steht im selbigen Poem die arg unvergeßliche Zeile: »Denn er war unser!« Mit Ausrufezeichen! Ja, was denn nun, Herr Geheimrat? Drehte Schiller uns nun den Rücken zu oder ließ er sich zurückpfeifen, um unser zu sein und sich im wesenlosen Scheine erneut wie zu Hause zu fühlen?

Solche Einbettung ins Gemeine umgehen heutige Geisteshelden, indem sie gar nicht erst hochtrabend ins Ewige abzwitschern, sondern von Anfang an das Gemeine bändigen = Gegenwartsprobleme aufarbeiten. Unsere Wirklichkeitsnähe ermöglicht es uns, die Sache ganz untragisch zu sehen, uns nicht zu sträuben gegen die freundliche Einladung unserer Mitwelt, voll dazuzugehören – wer von uns und euch möchte unbedingt draußen vor der Tür hocken? Gerade in der Einsamkeit des Dichters, um die wir ihn nicht beneiden, ist es psychisch sehr wichtig für ihn, sich eingebunden und aufgehoben zu wissen; wir müssen das ja nicht gleich Gruppengeist oder Volkskörper nennen, wir können das auch anders nennen, z. B. Fan-Gemeinde. So wird Hermann Hesse, sobald er von Ranicki »unser lieber Steppenwolf« genannt wird, gemütlich integriert ins bürgerliche Wir, wovon sich das künstlerische Ich umsonst abzuseilen versuchte. Adorno wurde von Rolf Hochhuth »unser modischer Chef-Theoretiker« genannt.

Handke wurde von Joseph von Westphalen »einer unserer frühvergreisten Klassiker« genannt. Ranicki wurde von Eckhard Henscheid »unser Lautester« genannt. Robert Gernhardt wurde von unserem Peter Rühmkorf »unser Robert Gernhardt« genannt. Unser Günter Grass nannte seinen Oskar Matzerath in seiner »Rättin« tausendmal hintereinander »unseren Herrn Matzerath«, zielsicher so lange, bis die Gebetsmühle unseren Händen entfällt und unser Herr Matzerath als lancierter Volksheld so etabliert und unausweichlich klingt wie einstens unser Herr Zebaoth.

Keiner bleibt übrig, der nicht unser wäre; uns gehört nun mal die Welt, in der wir leben. Gleichwohl starb das Pathos, mit dem idealischer Schwung Gemeines hinter sich läßt, nicht absolut aus, sondern liegt aufbewahrt in Hans Wollschlägers Laudatio auf Arno Schmidt: »Unser war er nie« – zum Glück ohne Ausrufezeichen! Hier erfahren wir, so hart es uns auch eingehen mag, in aller Deutlichkeit, was wir immer schon fühlten, daß nämlich Schmidt auch jetzt noch lange Zeit nicht unser sein wird, ja schlimmer noch, daß er (bzw. »das Ich seines gesonderten Werks«) unser vielleicht nie mehr wird werden können. Zettels Traum ist – laut Jörg Drews – kein Buch für uns, sondern gegen uns. Da war Nietzsche spendabler und Zarathustra umgänglicher: ein Buch für alle und keinen, also wenigstens zur Hälfte unser.

Unterdessen dürfen wir uns trösten: Auch Schmidt kommt ohne das leidige Wir nicht aus. Arglos befragt, ob er nicht auch seine Kollegen lese, unseren Böll, unseren Grass, unseren Walser, und wie er sie finde, antwortete er: »We are not amused.« Bei Königin Viktoria steckte in diesem We der Volkskörper drin; bei Schmidt stecken Wieland, Cooper, Fouqué, Poe, Joyce und Schmidt drin – wir hingegen, obwohl wir doch ansonsten praktisch überall dabei sind und ohne uns gesamtgesellschaftlich nichts läuft, haben hier selbst dann keinen Zutritt, wenn auch wir in Sachen Böll nachweislich not amused sind. Reinhard Baumgart hat im TV über Ranicki gesagt, er sei keiner von uns, kein Schriftsteller: Leider erleben wir es immer wieder, daß wir von manchen von uns ausgemeindet werden, obwohl wir genauso oft »wir« sagen wie wir.

Selbst so unverdächtige Humanisten wie Hermann Hesse konstruieren sich innerhalb des großen Wir, das sie mit uns teilen, ein kleineres Wir, dem wir nur applaudieren dürfen: »Wir Dichter haben, unter anderem, die Aufgabe, das von den Menschen unserer Zeit Erlittene auszusprechen« – womit wir Dichter ungefähr folgendes aussprechen wollten: »Wir Dichter haben, unter anderem, die Aufgabe, das von uns Erlittene auszusprechen bzw. das nicht nur von uns Dichtern Erlittene, sondern auch das von anderen Leuten in unserer Zeit Erlittene.« Unser lieber Steppenwolf war gar nicht so einsam, wie er es uns gegenüber im Steppenwolf darstellt: »Wir Geistigen alle waren in der Wirklichkeit nicht zu Hause«, rechnete sich zudem einem dritten Wir zu: »Wir Jünger des Menschlichen haben vor den Nationalisten das Beruhigende voraus, daß die Sache, der wir dienen, unendlich langfristig ist und in alle Zukunft reicht.« Was leider Wasser auf die Mühlen unserer Schadenfreude gießt: Wir Dichter, Geistige & Jünger des Menschlichen haben also dieselbe Schwäche für Cliquenwirtschaft wie wir anderen, könnten also doch gleich »wir Menschen«, kurz: »wir« sagen, zumal auch wir nicht immer in der Wirklichkeit zu Hause sind, ohne deshalb gleich sehr geistig zu sein. Außerdem ist die Sache, der wir dienen, ebenfalls unendlich langfristig. Wann werden wir Dichter endlich merken, daß es kein Dach geben kann, unter dem wir zusammenfinden könnten, um uns in des Äthers sterndurchglänztem Eis, das wir längst den Engeln und den Spatzen überlassen hatten, aufs neue weihevoll zusammenzurotten, fernab und doch nicht gänzlich fern von Joseph Goebbels: »Wir Zerschossenen des Weltkrieges«?

Im Arbeitsbereich der Philosophie, da wird alles anders sein, da wird unser Geselligkeitstrieb abebben! Das zoologische Wir wird einem individualistischen Ich Platz machen, wie wir im folgenden darlegen wollen. Nicht umsonst lautet Axiom Nr. 1 eines jeden klassischen Philosophen mehr oder minder etwa so: »Ich denke, also bin ich kein Wir.« Hier sind wir richtig, hier weht eine Kühle und Massenfeindlichkeit, die uns sofort sympathisch anhaucht. Und voll Vorfreude nähern wir uns dem einsamsten aller Philosophen: den hat mittlerweile zwar auch das Schicksal ereilt, unser zu sein; damals aber noch bewegte er sich bevorzugt dort, wo kein Gemeines bändigt, in den Eiswüsten des Geistes. Nietzsches Eintritt in die Philosophiegeschichte des Okzidents markiert der Eingangssatz seines Erstlingswerks: »Wir werden viel für die ästhetische Wissenschaft gewonnen haben, wenn wir nicht nur zur logischen Einsicht, sondern –« Nein!! Das hätten wir von Friedrich Nietzsche nicht erwartet, von anderen ja, nicht von ihm! Als frühvergreister Pauker tritt er hier auf, erklärt uns sofort als nicht zurechnungsfähig, indem er uns a priori nicht zutraut, daß wir für uns selber sorgen können: Wir Döspaddel müssen es uns von diesem Schnösel überhaupt erst nahelegen lassen, daß wir für die ästhetischen Wissenschaften viel gewinnen wollen. Vielleicht wollen wir das gar nicht. Wir haben wirklich andere Sorgen. Wir gehen einer bewegten Zukunft entgegen. Wir müssen die ökologischen Probleme in den Griff bekommen. Wir müssen die europäische Einheit stärken – doch zurück zum frühen, nein, zum mittleren Nietzsche, der sich biographisch und geistig immer mehr aus der Gesellschaft, also aus dem Wir, zurückzog. Verunsichert müssen wir erkennen, daß sich der Philosoph in keine anderen Sackgassen verrennt als Kohl und alle andern: »Das Schöne enthüllt sich uns einmal – oder es enthüllt sich nicht.« Genau! Es enthüllt sich nicht! Denn falls wir dreitausend Menschen sind, denen sich z. B. die Schönheit dieser Formulierung enthüllt, so hat sie sich dreitausendmal enthüllt, statt einmal, folglich nicht enthüllt. Oder war der Aphorismus anders gemeint? Jedem von uns, und wären wir Menschen noch so viele, und wären Wiesel mit im Spiele, darf sich die Schönheit einmal pro Köpfchen enthüllen, jedem Zimmernachbarn darf sie sich zeitgleich mit uns enthüllen, nur uns selbst darf sie sich nicht dreimal hintereinander enthüllen, da wir an

Refraktärphasen gebunden sind und zur Nietzschezeit noch nicht die Multiplizität der Orgasmen für die sexologischen Wissenschaften gewonnen hatten. Fazit: Mehr als einmal enthüllt sich uns Nietzsche als einer, dessen Aphorismen vor allem dann auf uns nicht zutreffen, wenn das Wort »wir« ganz besonders stringent auf uns gerichtet wird.

Falls wir uns nach solchen Erfahrungen weiterhin für Philosophie interessieren, wofür wir unsere Hand nicht ins Feuer legen wollen, kann es uns kaum entgangen sein, jedenfalls soweit wir über Nietzsche philosophisch hinausgewachsen sind, daß das zwanzigste Jahrhundert überquillt von denkenden Köpfen, von denen etliche besten Gewissens sich als Wiedergeburten Nietzsches enthüllen. Jeder davon erbte andere Farben aus Nietzsches Palette; einzig auf das zäh verwendete Wir stürzen sich alle Betroffenen: »Wahrscheinlich wüßten wir nicht, was ein Satz ist, der nicht stimmt, wenn wir nicht wüßten, was eine Hose ist, die nicht paßt.« Dieses Sloterdijk-Gleichnis, das dank seines Hinkens in die Hose unserer Argumente paßt, könnte noch viel wahrheitsgesättigter sein, doch das unselige Wir reißt ein Loch in den Leib des Satzes, die Wahrheit läuft aus – zum Glück nicht ganz, bloß bis dorthin, wo wir uns im Hosen-Center wiederfinden und unsere Denkenergie aufgebraucht wird von Fragen wie: Sind hosentragende Frauen wirklich eloquenter als Frauen, denen Slips und Kleider passen und die also in Sloterdijks Wir nichts zu suchen haben? Und wieso wußten Laotse und Plato, obwohl sie keine Hosen trugen, ab und zu, was ein Satz sei, der nicht sitzt? Sätze, in denen das Wir haust, stimmen halt neuerdings nie so richtig – was wir Geistigen sehr begrüßen, erlaubt es uns doch immer wieder Rückschlüsse von unserem Geist, der wirlosen Sätzen ausweicht, auf unseren Körper, den die Prokrustes-Hose zwackt.

»Wir kommen zu spät fürs erste Paradies, zu früh für das zweite.« Dieser Satz, weil er auf mich zufällig zutrifft, haut mich um. Uns dagegen haut er, obwohl er auf uns vielleicht ebenso zutrifft, nicht im mindesten um. Denn 1. lassen wir uns nicht alle simultan umhauen. Wir fänden es komisch, wenn wir sukzessive, in endloser Domino-Reihe, einfach so umfallen würden. Und 2. haben wir just das Hosen-Center verlassen, um nebenan im Reisebüro IKARUS einen Flug nach Lanzarote und Kreta zu buchen: einerseits kippen überfüllte Paradiese schnell um, andererseits möchten wir im Paradies keine Singles sein. Einerseits schrecken wir vor Warteschlangen, Aufnahmekapazitäten und Zugangsnummern zurück, andererseits stemmen wir uns instinktiv gegen Paradies 1 und 2 als feste Größen, die zwar jedem von uns was zu bieten hätten, wo aber unser Ich nur am individuellen Service rumkritisieren würde. Zudem sieht es in speziell meinem Paradies einigermaßen anders aus als in unserem Paradies, dies auch dann, wenn es in speziell unserem Paradies ebenfalls ganz anders aussieht.

Hier hakt Rüdiger Safranskis Buch »Wieviel Wahrheit braucht der Mensch?«[*] ein, dessen erster Satz sich auf unseren Eintritt ins zweite Paradies bezieht: »Wir sind immer schon innen, ehe wir bemerken, daß wir innen sind.« Das wollen und können wir nicht bestreiten. Stimmt, sagen wir uns, so ungefähr ist es, wenn wir uns das so richtig überlegen. Wir suchen Beispiele, wo wir mal irgendwo innen waren, und finden Beispiele zuhauf. Ich dagegen, ich finde null Beispiele. Immer, wenn ich mal irgendwo innen war, bemerkte ich das nicht erst im Laufe meines Innenseins, sondern kraft Selbstwahrnehmung erkannte ich mein Innensein lange vor-

---

[*] »Wieviel Erde braucht der Mensch?« (Erzählung von Leo Tolstoi, ~ 1885) »Wieviel Erde braucht der Mensch?« (Fritz Vahrenholt in: DIE ZEIT, 15.5.87, S.24) »Wieviel Fläche braucht der Mensch?« (in: NZZ, 17.1.87, S.33) »Wieviel Straße braucht der Mensch?« (in: NZZ, 24.2.90, S.29) »Wieviel Arbeit braucht der Mensch?« (Klaus Sondergelt in: DIE ZEIT, 15.5.88) »Wieviel Sicherheit braucht der Mensch?« (Interdisziplinäre Veranstaltungsreihe von Universität und ETH Zürich im Sommersemester 88) »Wieviel Urlaub braucht der Mensch?« (in: Anzeige von »Psychologie heute«, Augustheft 90) »Wieviel Tourismus braucht Zürich?« (NZZ, 13.6.89) »Wieviel Arzt braucht der Mensch?« (Anzeige des Arzneimittelherstellers Nordmark) »Wieviel Ungeduld braucht der Tierschutz?« (NZZ, 12./13.2.89) »Astoria oder Wieviel Staat braucht der Mensch?« (Bühnenstücktitel des Züricher Puppentheaters) »Wie viele Kochbücher braucht der Mensch?« (ZEITschmecker Wolfram Siebeck) »Wieviel Papier verträgt der Mensch« (NZZ, 10.12.86, anläßlich von 8000 t Weihnachtsprospekten in der Schweiz) »Wieviel Raum braucht ein Beamter« (NZZ, 29.10.86) »Wieviel Betten braucht Berlin?« (DIE ZEIT, 14.2.86) »Wieviel Führung erträgt die Konkordanz?« (NZZ, 30. 9./1.10.89) »Wieviel Zensur braucht der Mensch?« (NZZ, 3.7.89, anläßlich von Brutalo-Videos) »Wieviel Marxismus braucht der Mensch?« (DIE ZEIT, 27.10.95).

her. Andere hingegen liefen derart vermauert durch die Gegend, daß sie weder vorher noch hinterher so einer Safranski-Wahrheit bedurften. Plötzlich merken wir – zwar heillos verspätet, aber wir merkens! –, daß uns die Frage, wieviel Wahrheit der Mensch brauche, nicht äußerst aufrüttelt. Wir loben uns eher den Suppenspruch: »Etwas Warmes braucht der Mensch«. Wir leiden darunter, daß wir nicht längst aus den Eiswüsten philosophischer Fragestellungen zurückgekehrt sind zu Dingen, die wir wichtiger finden.

Ich hingegen verweile gern noch ein Minütchen in den Eiswüsten philosophischer Fragestellungen, unterscheide mich nun mal von uns, die wir – verspätet – der Ansicht sind, daß die Frage, wieviel Wahrheit der Mensch brauche, uns zuliebe heißen müßte: »Wieviel Wahrheit brauchen wir?« Wir sind anders als der Mensch, zumal der Mensch, diese Anatomie-Querschnittszeichnung, garantiert viel mehr Wahrheit braucht als wir. Wir bemerken immer erst hinterher, daß wir längst draußen sind aus dem ersten Paradies und wieviel Wahrheit wir brauchen, ohne zu bemerken, daß wir sie auch vorher schon gebraucht hätten.

Wir kommen nun zu einer Denkerpersönlichkeit, die sich wie keine andere als Wiedergeburt Nietzsches profiliert hat, zu E.M. Cioran, der uns 1. durch seine klaren Konturen und 2. dadurch beeindruckt, daß er weniger als Sloterdijk an den halkyonischen Dimensionen Nietzsches als an dessen Abgründen anknüpft, ausgerechnet an wundesten Punkten. Ein bewegendes Schauspiel, wie denkende Männer sich in die Hybris des Subjekts hineinschaukeln, bloß um uns nicht dabeizuhaben. Der frühe Cioran sah, wenn er auf die Gipfel der Verzweiflung stieg, nicht nur Zarathustras Höhenluft, in der Goethe und Dante keinen Augenblick lang zu atmen gewußt hätten, sondern das komplette Weltall weit unter sich: »Und wenn ich zwischen dem Sein der Welt und meinem eigenen Dasein zu wählen hätte, würde ich jenes mitsamt seinen Gestirnen und Gesetzen beseitigen und mich erkühnen, allein durchs absolute Nichts zu schweben.«

Na endlich! Wir begrüßen aufatmend an diesem Punkt der vorliegenden Abhandlung das erste und hoffentlich nicht alleinbleibende Zitat, worin erfrischenderweise kein Wir vorkommt! Endlich sind wir es los! Endlich dürfen wir schaudernd dem absoluten Ich gegenüberstehen und den unerhörten Mut dessen bewundern, der etwas derart Asoziales so unumwunden ausspricht. Wir nehmen den Hut ab, sämtliche Hüte, und gestehen uns ein: Wir sind, neben so einen gehalten, nichts Besonderes. Immerhin müßte auch in uns ein Cioran wohnen, nicht nur ein Kohl – und umgekehrt. Jawohl, auch wir wohnen auf den Gipfeln der Verzweiflung, wo es allerdings auf derselben Seite heißt: »Sind wir denn heute glücklicher, weil sich andere für unser Wohl und unsere Aufklärung geopfert haben?« Gibt's das? Sekunden vorher die rigorose Liquidierung außerhalb von Raum und Zeit; drei Zeilen weiter ein bisserl Glücksbedürfnis und Herdentrieb mitten im sozialen Verband: wir können die Tragweite eines solchen Sturzes nur ahnen.*

Arg vom Virus gebeutelt liegen Cioran, Sloterdijk, Nietzsche, Hesse und Kohl herum, x mal kränker als ausgerechnet Marx, der mit dem »wir« meist Engels und sich meint: »Wie wir gezeigt haben –« Und wenn er doch mal auf uns zu sprechen kommt, dann unpathetisch: »Wie wir sehen werden –« oder: »Wir kennen nun die Art und Weise der Bestimmung des Werts, welcher dem Besitzer dieser eigentümlichen Ware, der Arbeitskraft, vom Geldbesitzer bezahlt wird.« Selbst im KP-Manifest, wo es doch darum

---

* Den Fauxpas des frühen Cioran könnten wir vielleicht verzeihen – wir sind da durchaus verhandlungsbereit –, wenn der späte Cioran etwas durchdachtere Disproportionen zwischen hybridem Ich und fortgewischtem Wir sich erarbeitet hätte – hat er aber nicht! »Eine Krankheit wird erst ganz unser, wenn man uns ihren Namen sagt, wenn man uns den Strick um den Hals legt –« Alles halb so schlimm: Nietzsche, eine Generation nach Marx, sah – laut Spengler – den Willen zur Macht nicht in den Streiks und der Energie des Geldes, sondern unter dem Bilde von Dolch und Gift, Cioran sieht im Zeitalter der Nasenschläuche und Katheter immer noch Galgenstricke, die man uns um einen großen Gemeinschaftshals legt: Nietzsche hinkt Marx hinterher, die Wiedergeburt Nietzsches hinkt Nietzsche hinterher, als Nachgeburt, die nicht mitkriegt, daß sie immer noch innen ist, innen im Nietzsche. Selbst Kochbücher verhalten sich distanzierter als der menschenscheue, im Wir badende Genius (»Man nehme eine Prise Salz« statt: »Wir nehmen eine Prise Salz«). Wie die Krankheit heißt, von der Cioran möchte, daß wir uns ihren Namen sagen, auf daß sie erst ganz unser werde? Sie heißt: Wir-Krankheit.

ging, uns global zusammenzutrommeln, geht das kommunistische Gespenst nicht hautnah bei uns um, sondern irgendwo weit weg in Europa, und am Schluß heißt es spröd: »Proletarier aller Länder, vereinigt euch!« statt aufmunternd: »Laßt uns Proletarier uns miteinander vereinigen!« Sich vereinigen, das sollen andere machen, ihr, nicht wir: wir, das sind andere.

Eine weitere Gestalt kommt uns in den Blick, eine nur – falls wir da niemanden übersehen haben –, die hat sich erfolgreich geweigert, mitzutun und enthüllt sich als kein Geringerer als – jawohl!! Es ist unser modischer Chef-Theoretiker, Theodor W. Adorno, unser Teddy, der gar nicht erst in die Gefahr üblicher Autoren sich begibt, derer, die gewissenhaft das Wir sich ebenfalls verkneifen wollen und statt dessen auf dem nicht viel besseren »man« reiten. Unserem Adornoüberwinder, dem frühen Hochhuth, antwortete der von diesem Überwundene brieflich: »›Unser modischer Chef-Theoretiker‹ – nach dem Zusammenhang muß ich vermuten, daß Sie damit mich meinen, obwohl ich nicht recht sehe, wer das Kollektiv sein soll, das in dem ›unser‹ steckt.« Hier hätten wir – wenn wir rechtzeitig zur Stelle gewesen wären – helfend einspringen können: Wer das Kollektiv sein soll? Das sind natürlich: wir – wer sonst? –, immer wieder wir, die wir uns 3000 Jahre lang falsch wuschen, alle Werte unumgewertet ließen und vergebens in Adornos Œuvre, das um uns und unsere Gesellschaft kreist, auf das Wörtchen »wir« warten. Das Wir, das beim frühen Adorno sich noch ab und zu findet, wuselt infektiös herüber vom frühen Bloch, ehe etwa ab 1936 Adornos Denken sich dann befreit; nur in Mitschnitten und Raubdrucken kam die erste Person Plural in unkontrollierten Momenten noch gelegentlich zum Zug; das Gesamtwerk blieb sauber. Welch Pionierleistung! Theodor W. Adorno schlug eine absolut unverhoffte Bresche in die Inflation des omnipräsenten Wir.

Doch das von Adorno niedergetretene Gras stand schleunigst wieder auf:

MAX HORKHEIMER: Wir vergessen allzu leicht, daß mit dem Fall eines mythischen Götzen – usw.

GÜNTHER ANDERS: Wir sind »maschinell infantilisiert«.

JEAN BAUDRILLARD: Wir sind am Ende der Produktion angelangt.

PETER SLOTERDIJK: Wir haben nur die Wahl zwischen einem den Anfängen »loyal« verpflichteten Pessimismus, der an Dekadenz erinnert, und einer heiteren Respektlosigkeit bei der Fortführung der ursprünglichen Aufgaben.

WOLF SCHNEIDER: Wir haben den Auftrag, dem Ansturm der professionellen Lügen mit Argwohn, Scharfblick und Stehvermögen entgegenzutreten.

NAGIB MACHFUS: Wir haben das Recht und die Pflicht, die Politiker und Wirtschaftsmanager der Industrienationen aufzufordern, sich endlich den wahren Aufgaben unseres Jahrhunderts zu stellen.

RANICKI: Wir haben das Recht und die Pflicht, dieses Buch nachdrücklich zu empfehlen.

WOLF BIERMANN: Wir haben alle unsere blinden Flecke.

ULRICH HORSTMANN: Wir Untiere wissen es längst, und wir wissen es alle.

PETER SCHNEIDER: Wir haben Fehler gemacht, wir legen ein volles Geständnis ab: Wir sind nachgiebig gewesen, wir sind anpassungsfähig gewesen, wir sind nicht radikal gewesen.

Die philosophischen Höhen der Betrachtung, auf die wir anhand der flutenden Beispiele gerissen worden sind, hätten wir uns, ehrlich gesagt, kaum zugetraut. Immerhin hegten wir schon immer eine gewisse Liebe zu den ewigen Fragen. Immer wieder mal fragten wir uns: »Wer sind wir?« Antworten prasselten auf uns ein.

ERWIN CHARGAFF: Wir sind nichts als motorisierte Neandertaler.

BHAGWAN SHREE RAJNEESH: Wir sind ein Spielfeld sexueller Energien.

LECH WALESA: Wir sind dazu da, mehr Menschlichkeit zu erreichen.

Botho Strauss: Wir sind in die Beständigkeit des sich selbst korrigierenden Systems eingelaufen.

Beck's Spitzen-Pilsener von Welt: Wir sind überall zu Hause. Auch im Detail.

Günter Kunert: Wir sind unterwegs. Die Reise ins Morgen hat begonnen.

Auch fragten wir uns des öfteren: »Was können wir wissen?«

Martin Heidegger: Wir wissen: Zarathustra ist der Lehrer der ewigen Wiederkunft und nur dieses.

Hans Henny Jahnn: Wir wissen, wessen wir uns schämen müssen.

Silvio Blatter: Wir wissen, daß wir die Welt (auch ohne Atomkrieg) zugrunde richten. Wir wissen auch warum.

United Parcel Service: Wir wissen, daß sich Europa in Zukunft verändert.

Daimler-Benz: Wir alle, genauso wie die meisten der bei uns lebenden ausländischen Mitbürger, wissen sehr gut, daß die weit überwiegende Zahl der Deutschen – und das schließt die junge Generation mit ein – alles tun will, damit sich kein ausländerfeindliches Klima ausbreitet, das den Keim der Gewalt in sich trägt.

Kanzler Kohl: Wir wissen: Die Zustimmung zu unserer Demokratie hängt nicht zuletzt davon ab, daß die Bürger deren geschichtlichen Wurzeln kennen –

Hans Eichel: Wir wissen, daß Hessen ein prosperierendes Rhein-Main-Gebiet braucht, das sich den Herausforderungen der Zukunft stellt.

Auch fragten wir uns des öfteren: »Was müssen wir?«

Kim Il Sung: Wir müssen nicht nur die Geschichte des Vaterlandes, sondern auch dessen Geographie gründlich kennen.

Heinrich Himmler: Wir müssen uns darüber klar sein, daß der Gegner in einem Krieg nicht nur im militärischen Sinne Gegner ist.

MAO ZEDONG: Wir müssen unsere Reihen von jeglichen Schwäche- und Ohnmachtgedanken säubern.

EUGEN DREWERMANN: Wir müssen hinter der Maske des Verbrecherischen das menschliche Antlitz wiederentdecken lernen.

ODO MARQUARD: Wir müssen das Gespalten-Sein lernen, die Buntheit lernen. Darauf kommt es an.

WOLF SCHNEIDER: Wir müssen einfach lernen, daß ein Kind nicht im Kindbett liegen kann, sondern nur im Kinderbett, auch wenn es allein ist.

GOTTFRIED HONEGGER: Wir müssen uns eine Umwelt schaffen, in der spontanes Verhalten wieder möglich ist.

GYÖRGY KONRAD: Wir müssen der Möglichkeit ins Auge sehen, daß wir vielleicht keine Zeit mehr zu verlieren haben.

RUDOLF STEINER: Wir müssen verstehen, zu Ostern uns hinzuwenden zu dem Geiste, der uns allein in dem Bilde der Auferstehung gegeben werden kann.

GIUSEPPE SINOPOLI: Wir müssen wieder Tempel bauen.

KLAUS KINKEL: Wir müssen unsere Geschichte im Auge behalten, dürfen uns aber nicht hinter ihr verschanzen.

HANS EICHEL: Wir müssen und können unser Denken umorientieren. Wir dürfen nicht mehr so weitermachen.

Auch fragten wir uns des öfteren: »Was wollen wir?«

KLAUS KINKEL: Wir wollen keine Draufgänger, aber auch keine Drückeberger sein.

GOTTFRIED BENN: Wir wollen den Rausch. Wir rufen Dionysos und Ithaka.

TYLL NECKER: Wir wollen auf dem Sektor des Umweltschutzes massive Fortschritte machen.

GOTTHOLD EPHRAIM LESSING: Wir wollen weniger erhoben und fleißiger gelesen sein.

IVAN ILLICH: Wir wollen nicht vergessen, daß auch das Wir Geschichte hat.

RICHARD VON WEIZSÄCKER: Wenn wir uns vereinigen wollen, müssen wir auch teilen wollen.

VOLKSMUND: Wir wollen ein Liedele singen, das soll so lieblich uns klingen, schlaf, Jesulein süß!

HANS EICHEL: Wir wollen den europäischen Binnenmarkt, und wir wollen die politische Union Europas.

Uns schwirrt der Einheitskopf – doch sind die Köpfe, in die er zerfällt, in toto ganz gut mitgekommen. Wir atmen erstmal aus... ja, das tut uns gut. Und bevor wir uns zum Endspurt rüsten, fassen wir die bisherigen Resultate kurz zusammen:

Es ist uns bis auf den heutigen Tag nicht gelungen, das Wir abzustreifen. Reuevoll gehen wir in uns. Wir nehmen uns fest vor, ab sofort lernfähig zu sein... ob wir das schaffen werden? Unser Widerwille gegen unser Wir hat sich angestaut. Er wächst von Seite zu Seite. Wir haben uns satt. Wir kotzen uns an. Überall haben wir uns vordrängeln müssen.

Wir verbringen 66 Stunden pro Jahr im Stau, jeder. Keine Stoßzeit ohne uns! Man findet uns überall in Europa; und anderswo. Allein in der BRD verarbeiten wir pro Jahr 50.000 t Erdbeeren zu Konfitüre. Hierzu verwenden wir 35.000 t bis 40.000 t Zucker. Wenn wir etc. etc. nicht mehr dabei sind, sind dafür andere dabei, also irgendwie wir etc. Zum Teufel mit uns, und nicht nur mit uns!

Im Innersten wissen wir, daß wir anders sind. Aber das hilft uns nicht viel. Was bringt uns das, wenn wir Ich sagen? Wer bin schon ich? Ein Single. Ein singularis modestiae. Ein Bruchstück der Gattung. Wirklich nichts Besonderes. Ich bin auch nur ein Mensch, ein Sünder allzumal. Ich wasche meine Hände seit 3000 Jahren in Schuld, auch wenn ich damals noch nicht ich war.

Bestenfalls bin ich ein gerädertes Autörchen im Getriebe. Bloß eins. Mehr nicht. Das ist mir zu wenig, aber was soll ich machen. Es ist mir z. Z. nicht möglich, über meinen Schatten zu springen, dem es z. Z. ebenfalls nicht möglich ist, über mich zu springen. Ich bin von gestern. Ich bin allein auf weiter Flur. Ich bin unterwegs zum Ich. Ich bin kein Berliner. Ich kam, sah in meinen Augen keine Hoffnung und verlor. Ich muß meine Einheit stärken.

IGNATZ BUBIS: Ich bin ein deutscher Staatsbürger jüdischen Glaubens.

MICHAEL ENDE: Ich bin ein Nachfahre der Romantiker.

HANDKE: Ich bin ein Bewohner des Elfenbeinturms.

PAUL GERHARDT: Ich bin ein Gast auf Erden.

BRUDER ANDREW: Ich bin ein Pilger in dieser Welt.

CHRISTA SCHNEIDER: Ich bin ein glückliches Gotteskind.

JEAN-LOUIS BARRAULT: Ich bin ein Theatermensch.

ARMIN SALM: Ich bin George Roger Williamsborough Douglas Earl Mountbatten.

HANS WÜLLENWEBER: Ich bin der Statthalter deutscher Sprache, nach Arno Schmidts Tod.

JOACHIM SEYPPEL: Ich bin ein kaputter Typ.

JANOSCH: Ich bin ein großer Zottelbär.

DOLLY BUSTER: Ich bin Dolly Buster und ich steh dazu.

PAPST JOHANNES PAUL II.: Ich bin euer Bruder.

Das Ich hört sich also auch nicht viel gescheiter an als das Wir, besonders dann nicht, wenn ich an 2 x 4 m-Plakaten vorbeikomme, auf denen mir gigantisch mitgeteilt wird: »Ich rauche gern!« oder »Ich will frischen Tabak haben!« oder wenn im Büchershop mein Blick auf ein Buch von Marie Jürgenmeyer fällt: »Ich freue mich, daß es Bücher gibt.« Auch alle anderen Bücher heißen mehr oder weniger so: »Ich will leben und meine Katze auch.« »Ich möchte beten – aber wie?« »Ich glaub mein Hamster bohnert.« Kohl am 2.10.90, 23 Uhr 43: »Ich wünsche mir von Herzen, daß wir uns freuen.«

Ich bekenne, ich habe gelitten. Ich habe die Unverschämtheit besessen, ich gesagt zu haben. Adorno lastet noch immer auf mir, und Hochhuth schafft es nicht, mich zu erleichtern, da ich ihn vorschnell überwand. Ach, wäre doch auch mein Reich nicht von dieser Welt, statt dessen blättere ich in Gerhard Tersteegen: »Wir sind hier fremde Gäste«: schön wärs. Nein, auch ich gehöre zu denen, die nie sagen durften: Auch ich in Arkadien. Ich war nie so richtig innen. Das erste Paradies verschwand vor etwa 3000 Jahren. Ich bin kein lyrisches Ich. Ich kann froh sein, wenn ich es bis zum hypothetischen Ich bringe. Ich bin schon mal an die Ostsee gefahren. Individualität, das ist möglicherweise keine Lösung, jedenfalls nicht für mich. Mein Kampf, das kommt für mich genauso wenig in Frage wie »unser Kampf«, von dem Bert Brecht spricht, als wäre unser Kampf nicht vor allem sein Kampf – so laßt mich denn ein Apfelbäumchen pflanzen! Oder auch zwei.

Ich bekenne: Kaum bin ich auf mich selbst zurückgeworfen, sehne ich mich zum Du und lasse Sponti-Sprüche los wie: »Ich geh kaputt – gehst du mit?«, herausgegeben von Willi Hau, oder: »Ich bin bei dir, doch du bist gerade weg«, herausgegeben von Florian Steinbiss. Wohl dem, der Ich und Du und Wir so harmonisch miteinander auszusöhnen weiß wie Tilman Michalki; in seinem Buch kommen wir alle drei vor, Ich, Du und Wir: »Ich zeig dir unsere Haustiere«.

Ich etc. etc. etc. könnte natürlich dem Wir vorbeugen, indem ich Solist bleibe. Das klappt nie: 1. bin auch ich eine lonely crowd, und 2. fange ich, sobald ich Solist bin, sofort an, in den Abgrund des Ich zu schauen und in ein geteiltes Ich überzugehen und mit Othello auszurufen: »I'm not, what I am.« Genau! Ich bin weder der, der ich bin, noch der, der ich sein werde. Ich werde nicht der sein, der ich bin. Wer immer es ist, den ihr sucht: ich bin es nicht. Manchmal unterscheide ich mich mehr von mir als von anderen. Ich flehe mich an, mich zu verschonen. Wem es genügt, mit sich selbst übereinzustimmen, hat uns nichts zu sagen.

Ich will alles andere als frischen Tabak haben. Der einzige Titel im Büchershop, der mich so richtig anmacht, lautet: »Ich bin ein Nichts, ein Vakuum. Texte zur Arbeitslosigkeit«, herausgegeben vom BDKJ Oberhausen. Ich bin ein noch viel leereres Vakuum, nämlich auch dann eins, wenn ich wieder Arbeit hätte. Deshalb sehne ich mich zurück zur Natur, zu meiner Natur, zur Natur des Wir. Ich gebe offen zu, ich habe als Ich versagt.

Wir dagegen erscheinen als ein Ganzes! Ich hätte nichts zu bieten als eingeengten Singularismus: Wir dagegen loben uns unreglementierten, frei flutenden Pluralismus! Wir operieren in lebendigen, hocheffektiven Einheiten, elastisch dynamisch, vieldeutig, wir sind fruchtbare Sammelbecken von erstaunlich flexiblem Volumen. Ich bin immer nur ich, niemand anderes. Wir aber, das sind mal wir Europäer, mal wir Kosmopoliten, mal wir Gewerkschaftsfunktionäre, mal wir Spitzenmanager, mal wir Arbeitgeberpräsidenten, Kulturprogrammgestalter, mal wir alle, worauf bereits Franziska Gräfin zu Reventlow aufmerksam machte: »Wie armselig, wie vereinzelt, wie prätentiös und peinlich unterstrichen steht das erzählende oder erlebende ›Ich‹ da – wie reich und stark dagegen das ›Wir‹.« Hier gehen voll d'accord Bakunin – »Ich will nicht ich, ich will wir sein!« wie auch Kohl: »Ich habe gelernt, daß wir zu oft ›Ich‹ sagen und zu wenig ›Wir‹ sagen. Ich lade Sie ein, daß wir gemeinsam ›Wir‹ sagen.«

Gemeinsam werden wir's schaffen, mal über unseren Sprachgebrauch nachzudenken. Wir, ja wir freuen uns auch weiterhin über Denkanstöße aller Art: Unsere Aufnahmefähigkeit kennt im vereinten Europa keine Grenzen. Und falls wir mal ein bißchen polemisch werden, so werden wir das auch noch überleben. Wir haben zwar nur eine Erde, trotzdem werden wir weiterleben. Wir sehen schon diverse Lichter sowie Hoffnung in unseren Augen, denken über all diese Denkanstöße nach, also sind wir, also bleiben wir. Wenn uns dies hier und da halbwegs gelungen ist, dann können wir sagen: Wir haben den Zweck dieser Abhandlung erreicht. Vielleicht ist irgendwo ein Ort, an welchem wir uns wiederfinden können, um gemeinsam an diesem Thema weiterzudenken. Bis dahin verabschieden wir uns von uns und hoffen demnächst in diesem Theater auf weitere umfassende Zusammenarbeit. Fragt sich nur: Was machen wir in der Zwischenzeit?

KIM IL SUNG: Wir fordern eine Einheit der werktätigen Massen –

JOSÉ ORTEGA Y GASSET: Wir machen Aussagen über sämtliche Gegenstände des Universums –

HANS-WALTER DÖRING: Wir bauen unsere Nahrung auf übersäuerten Böden an und wohnen neben wuchernden Altlasten, wir fürchten uns vor dem Ozonloch und studieren die Folgen des Treibhauseffektes, sorgen uns um das Umkippen der Meere und beklagen das Artensterben.

BOTHO: Wir warnen etwas zu selbstgefällig vor den nationalistischen Strömungen in den osteuropäischen und mittelasiatischen Neu-Staaten.

MICHAEL KRÜGER: Wir stecken die Köpfe zusammen, halten uns bei den Händen und ziehen Bilanz. Wir sind gut beieinander, gut zueinander. Wir kommunizieren glänzend.

GUSTAV ANIAS HORN: Wir verbergen uns und fürchten die Enthüllung.

GÜNTHER NENNING: Wir treiben das Rad der Wiederkehr –

MARTIN AHRENDS: Wir kommen ohne dies Wir nicht aus.

GÖSTA MAIER: Wir degenerieren politisch.

BOTHO: Wir ehren nicht gebührend das fremde, herüberkommende Wesen, das noch anderen Mächten nachlauscht, die es zur Welt brachten.

HARALD SCHMIDT: Wie ertragen Vegetarier, wir ertragen Nicht-mehr-Raucher.

WOLF SCHNEIDER: Wir machen zu viele Worte, wir blähen unsere Rede auf.

ANTONIN ARTAUD: Wir stammen vom Innern des Geistes, vom Innern des Kopfes.

rororo TB NR. 12602: Wir kämpfen für eine Welt, in der wir leben können.

BOTHO: Wir kämpfen nur nach innen um das Unsere.

RICHARD VON WEIZSÄCKER: Wir suchen als Menschen Versöhnung.

HANS EICHEL: Wir machen Schluß mit den Mogelpackungen.

CHRISTINE NÖSTLINGER: Wir pfeifen auf den Gurkenkönig.

REINHOLD RUTHE: Wir lösen unsere Eheprobleme selbst.
NEIL POSTMAN: Wir informieren uns zu Tode.
RWE HIGH TECHNIK: Wir denken im Ganzen.
NEIL POSTMAN: Wir amüsieren uns zu Tode.
BRIAN BAGNALL: Wir malen Autos.

Vom Ursprung der Wörter

Tief abgesunken im Brunnen des Langzeitgedächtnisses ruht der Ursprung der Wörter. In meinem Grundwortschatz finden sich weder Ding noch Zeit, weder Sein noch Wesen, wohl aber Urwald, Uroma, goldener Wagen, Kornmuhme, Abendbrot, Finkenherd, Bumskaule, Affenbrotbaum, Kaugummi. Ständig liegen mir älteste Wörter auf der Zunge; bei vielen weiß ich noch genau, wann und wie ich sie in meinen aktiven Wortschatz übernahm.

Katalysator: »Sag mal ganz schnell: Ka-ta-ly-sa-tor!« rief auf frühen Kindergeburtstagen der Ingenieur, der mich gezeugt hatte, in die Runde: Katalysator wurde mein allererstes Fremdwort, zum Inbegriff des Fremdworts überhaupt. Dabei war es viel übersichtlicher gebaut und fehlerfreier aussprechbar als späte Abkömmlinge wie Feuilleton oder chthonisch. (Anfangs klangen alle Worte nach Fremdwort. Wenn sich Erwachsene unterhielten, ragte aus dem Brei des insgesamt Unverständlichen ab und zu ein bereits bekannter Brocken hervor. Erst wenn sie sich direkt an die Kinder wandten, wurde auf einmal alles wunderbar verständlich.)

KABA: Morgens schwamm in meinem Haferflockenteller ein Plantagentrank: KABA. Auf jede Kindergartenzeichnung setzte ich das einzige Wort, das ich bereits vor meiner Einschulung schreiben konnte: KABA. Monatelang kam kein weiteres dazu. KABA, mein Erkennungszeichen, mein tägliches Signum, mein Zauberwort, meine kabbalistische Beweisgrundlage, daß ich jetzt schon schreiben konnte, lange bevor ich schreiben konnte. Nachts

70

kletterten links und rechts Strichmännchen dran hoch an meinem KABA. (Ich ahnte, daß mein KABA-Schreiben kein Schreiben war, eher ein Abmalen. Wenn Erwachsene schrieben, entstand eine dünne ausdauernde Linie, die sich bog und elastisch verdrehte, schraubte, arabisch ringelte, verknotete und ungern aufhörte. Wenn ich schrieb, stand immer dasselbe Balkengefüge unbeweglich auf dem Blatt: KABA.)

Esel: Mit sechs saß ich im Wohnzimmer vor meinem Täfelchen und sollte das Wort ESEL schreiben. Das E stand schon da. Das SEL ließ auf sich warten. Mutti: »Überleg mal: E – SEL!« Sie sprach mir das SEL immer wieder vor, verriet aber nicht, wie man's schreibt. Draußen, hinter durchsonnter Gardine, spielten bereits alle Kinder im Hof, inclusive der noch lang nicht schulreife Eberhard. Ich hielt das dauerhaft ausbleibende SEL für einen einzigen geheimnisvollen Buchstaben. Draußen wurde Roller gefahren. Ich klopfte alle mir bekannten Buchstaben der Reihe nach ab, aber SEL kam nicht. Draußen wurde Ball gespielt. Einsam stand das E da; es ergab noch nicht mal einen halben Esel. Ich mußte mich mit dem Rücken zum Hof setzen, um nicht von den Kindern abgelenkt zu werden. Ich klagte, jammerte, weinte und kam nicht drauf, konnte die Freudenschreie den jeweiligen Kindern zuordnen, Eberhards Stimme immer mittendrin. (Schließlich verriet mir Mutti den Trick doch noch.)

Dopch: In meiner Schulfibel »Meine Welt« stand ein Text über Ottos Hosentasche, der ging so: »Da schau mal einer an! Was hat Otto nicht alles in seiner Hosentasche! Ein altes Messer, einen Dopch, eine Kordel, eine Dose, acht Kugeln, alte Nägel – aber nur kein Taschentuch. – Otto, Otto!« Was ein Dopch ist, wußte ich nicht. Keiner wußte, was ein Dopch ist. Trotzdem hatte Otto einen Dopch in seiner Hosentasche. Vielleicht ein Druckfehler? War ein Dopch vielleicht ein Dolch – zusätzlich zum alten Messer? Oder eine säuerliche Bonbonsorte namens Drops? Geheimnisloser als das beim Aussprechen wunderbar zerplatzende Wort Drops konnte kein Wort sein. Hier gab es nichts zu lüften. Ottos

Dopch hingegen behielt seine Rätselhaftigkeit Jahr um Jahr. – Je älter ich wurde, desto weniger vergaß ich ihn. Die »Kinderwelt von A bis Z« bis hinauf zu Duden und Grimm, alle wurden befragt. Zwischen doof und Doping hätte Dopch stehen müssen. Nirgendwo stand Dopch. (Inzwischen weiß ich, daß man unter Dopch einen Kreisel versteht.)

Scherz: Jimmy sagte innerhalb der »klugen Hausfrau« zu Bobby: »Sieht aus, als ob sich jemand mit uns einen Scherz erlauben will«, und in Bobbys Sprechblase stand: »Einen sehr üblen Scherz sogar, aber die Burschen sollen uns kennenlernen!« Auf dem Weg mit Mutti in die Stadt, Hand in Hand, fragte ich: »Was ist eigentlich ein Scherz?« Und Mutti erklärte, ein Scherz, das sei ein Spaß. (Bei Jimmy und Bobby lernte ich auch Worte wie Testament und Bambusstäbe kennen. Und Ausdrücke wie »Auf sie mit Gebrüll!« und »Keine Ahnung.«)

homosexuell: Im Zug nach Amrum 1965 las ich im Reader's Digest einen Artikel über den Broadway, und daß da Tag und Nacht der Menschenstrom nicht abreiße und fragte auf einmal laut ins Abteil hinein: »Was sind eigentlich Hommox...uaelle?« Ich vermutete irgendwelche Mexikaner, wollte es aber genauer wissen. Meine Eltern guckten sich verlegen lächelnd um, warfen sich Blicke zu, Vati begann zu erklären, das Normale sei doch dies, daß ein Mann eine Frau lieben würde, und daß es aber auch mal vorkommen könnte, daß das anders sei, daß ein Mann nicht eine Frau, sondern einen Mann liebe usw. Er teilte das sehr souverän mit, staunte wohl selber, wie glatt und leicht sich Aufklärung erteilen läßt, kam förmlich in Fahrt, erklärte mehr, als ich gefragt hatte, sagte nämlich wörtlich: »Es gibt ja auch Frauen, die einen Bart haben usw.« Da empfing er von Mutti einen Blick, welcher spürbar besagte, daß dies aber zu weit führe und daß die Auskunfterteilung hiermit abgeschlossen sei. (Und sofort versiegten die Erklärungen und ich las weiter über den Broadway.)

Brahms: Als Spätfilm, den wir natürlich nicht sehen durften, kam: »Lieben Sie Brahms?« Im Vorfeld ging die Legende, daß man darin eine nackte Brust sehen könne. Wir mußten schlafen-gehn. Nächsten Tags fragte ich errötend meinen Vater: »Na, wie war gestern: ›Lieben Sie Brahms?‹« Er sagte »gut«, ging nicht in die Details, ließ sich nichts anmerken. Das Wort Brahms kam mir so seltsam vor wie Hermann Hesse der Pflanzenname Brahm. Als ich Jahre später Bruder Eberhard Brahms loben hörte, dachte ich, der wird wohl seine Gründe haben. Irgendwann hörte ich eine Cel-losonate von Johannes Brahms und konnte die mitschwingende nackte Brust nicht bremsen. Bei Adorno und Bloch stieß ich auf die Formulierung »heißer Brahms« und ahnte den Bezug. Irgend-wann borgte ich mir von Ursel ca. 20 LPs mit Brahms kompletter Kammermusik. In der Nacht vor meiner Indienreise hörte ich abschiednehmend das Klarinettentrio des späten Brahms. Auch beim Hindugott Brahma mußte ich heimlich an Brahms denken und an die Wunder der Etymologie. Oft überlegte ich, wer sich von den beiden wohl besser anfühle, Brahma oder Brahms. Auch im Requiem sang ich mit. Später zeigte mir Irmtraut eine unveröf-fentlichte Fotoserie von Brahms, wie er in einem Park spazieren-ging und ihm ein Vogel auf den Rockschoß gekleckert hat und er sich nach hinten biegt, von Foto zu Foto das Malheur zu beheben sucht. Auch lege ich in intimen Situationen gern Brahms auf. – Eines Tages im Jahre 95 kam urplötzlich »Lieben Sie Brahms?« auf 3sat. Mit Ingrid Bergman. Von Françoise Sagan. Ich sah mir den Film ganz genau an, wartete, wartete, aber die betreffende Szene kam nicht. Rausgeschnitten? Oder war das Gerücht damals eine Ente gewesen? Jahrzehntelang hat mein Brahmsbild auf völ-lig unhaltbaren Füßen gestanden.

latte & Rodin: In Glasgow kaufte ich problemlos milk, in Gra-nada problemlos leche, einzig in Dolo bei Mestre bereitete es selt-same Schwierigkeiten, »un mezzo litro di latte« zu erwerben. Der Mann in den Alimentari verstand einfach nicht, was ich wollte. Ich kannte das Problem bereits aus Paris, als ich mich zum Rodin-Museum durchfragte und nobody meine gar nicht so schlechte Aussprache des Namens Auguste Rodin entziffern wollte. Ich probierte es mit Rodang, Rohdääh, Rodeng, Rodo, Rodinn, legte letzte nasale Finessen ins Zusammenspiel von Zunge und Gaumen: »Ou-güst Ro-döng!« Doch verstanden alle Franzosen bloß stazione. Und jetzt, in Dolo bei Mestre, dasselbe Variationenspielchen mit Latte — warum mußte Milch ausgerechnet so heißen, wie sonst bloß Holzplanken und Wasserlatten heißen? Ich probierte es schweißtriefend mit Ladde, Latää, Latté — nichts half. Erst bei der achten oder neunten verzweifelten Nuance, die ich hervorformte, leuchtete das Gesicht des Verkäufers in unvergleichlichem Aha-Erlebnis auf: »Ah! Latte!!« (Genau dies hatte ich aber von Anfang an ausgesprochen, mit exakt derselben Betonung wie er.)

Biomasse: Ich hatte immer eine 1 in Bio; das blanke Wort ließ frei atmen. Das Wort Deutsch hingegen hörte sich so zerknautscht an. Ab 1983 begeisterte mich das Wort Biomasse dermaßen, daß ich es noch über Biogurth, Biolek und Biotop stellte und ein utopisches Mysteriendrama »Biomasse« nannte. Später gesellten sich Geomasse und Pneumomasse hinzu. Einzig Biochemie ließ mich kalt, im Gegensatz zu Biographie — alles nichts gegen Biomasse. Auch das italienische dio kam gegen das griechische bio nicht an. Das mir unsympathische Wort gruppendynamisch wechselte ich aus, sprach nur noch von biodynamischen Krisengesprächen. Wenn mich jemand fragte, was ich da gerade äße oder aus was für Stoff mein Hemd sei, antwortete ich: »Biomasse.« Abends traf ich mich, statt mit Gesprächspartnern, mit Biomasse, und nachts verfolgte mich sirrende Biomasse und versuchte rote Biomasse aus mir rauszusaugen. Biomasse wuchs mir ans Herz, kam derart oft aus meinem Mund hervor, daß mein Bekanntenkreis völlig irritiert wurde, wenn er anderswo als bei mir auf das Wort Biomasse stieß. Wenn ich am MASSA-Markt vorbeikam, zuckte ich eifersüchtig zusammen. Auch die Lebendmasse, von der in den Chefetagen von Ferkelproduktionsbetrieben und Tierkörperbeseitigungsanstalten die Rede ist, basierte plagiatorisch auf meiner Biomasse. Bernd Mantei schlug seine Gitarre und sang seinen Bio-Blues.

Auch in der »Rättin« kam das Wort Biomasse vor. Irgendwann mußte ich einsehen, daß ich nicht allein auf der Welt war.

Rettet den Verwürfling!

Gegen die Nullbewahrer und Biospalter (aus Perry Rhodan), gegen den Steinfresser (von Michael Ende) erhob der hochverfluchte (dieses Wort wurde geprägt von Ludwig Tieck) Neologismen-Gegner Claude Favre Vaugelas (das Wort Gegner wurde geprägt von Luther) Einspruch, und dies bereits 1649: »Niemand darf neue Wörter erfinden, nicht einmal der König.« Er legte damit einen Grundstein (geprägt von Luther) zur Sprachverkalkung. Kohl hielt sich nicht dran und prägte Hektigkeit; Bismarck hielt sich nicht dran und prägte Wurschtigkeit. Eva und Adam, statt guttural herumzuröcheln, erfanden die damalige Modevokabel Tohuwabohu, die Bild-Zeitung vom 4.9.92 das Wort Tohuwa-Bonn-hu. Wörter wie Tinktur, Pore, Gummi und Diät entsprangen keiner mythologischen Achselhöhle, sondern sind von Paracelsus. Wenn Luther sich gebremst hätte im Wortschöpfen und Umfunktionieren von Wortbedeutungen, würde die Menschheit (Meister Eckhart) heut noch statt Lippe Lefze sagen, und statt Schlamm Kot, und Nachen statt Kahn, und Halbteil statt Hälfte (Ludwig Klages prägte Hälftenhaftigkeit), und Memme würde immer noch, wie im Mittelhochdeutschen, Mutterbrust heißen, statt Muttersöhnchen.

Mittlerweile sind alle Urworte und Grundwortschätze komplett, von Altertum (Goethe) über Trugschluß (Wieland) bis zu Zeitgeist (Herder) und Zischlaut (Gottsched). Luther prägte Richtschnur, Linsengericht, Mittelding, Morgenland, wetterwendisch; Goethe prägte Flatterhaar, durchweht, Naturverbundenheit, Weltliteratur und nicht zuletzt Luthertum. Weiterhin sich Griffiges einfallen zu lassen, wird schwerer. Handke prägte im »Versuch über die Müdigkeit« der Reihe nach: Alleinmüdigkeit, Müdigkeitssäule, Müdteufel, Unmüden-Land – in Anlehnung an Luthertum: Körpertum, Fast-Kinder, Drohhals, mitmüde, Munterkeitszügler – und im »geglückten Tag« der Reihe nach: Sollensform, vorspuren, Fastverzweiflung, Lokalkatze, bildschwach, enthexen, Tagestongabel, alles Wörter, deren Andenhaarenherbeigezogenwordensein Gefahr läuft, als Schwallköpfnis (Henscheid), Schleudermystik (Musil) oder gar Mistik (Eugen Dühring) verleumdet zu werden.

Wer genau wie alle andern Klassiker von frühauf fragwürdigste Neologismen formte – Thomas Mann: Gesunkenheit; Albert Vigoleis Thelen: Unflughuhn und Busenandrang, Angelus Silesius: zerwerden, Übernichts und Stüpfchen, Herder: gewühlvoll und Weltbezwinger – muß deshalb nicht gleich Schwachbold (Alfred Kerr) sein, selbst dann nicht, wenn Verblendungszusammenhang (Adorno) grüßen läßt und man hier und da im Beliebigkeitsbrei (Ria Endres) versinkt, heftig überschattet von Verblödungszusammenhang (Henscheid) – Adorno prägte des weiteren Kulturindustrie, Enzensberger Bewußtseins-Industrie, Rühmkorf Verklärungsindustrie, Luhmann anpauschalisieren, wobei sich nicht erst heutige Produzenten von Hirnjauche (Kraus) beim Philosofaseln (Dühring) anatomiefeindlich verbiegen müssen: Kant prägte verkleinerlich, Hegel: Materiatur, Heidegger: Entbergung (Thelen: Entohnigung); Klages prägte angegeistet.

Es kann halt nicht jeder Ohnmachthaber (Kraus) so volkstümliche, zukunftsträchtige Tophits treffsicher hervorspritzen wie Quotenpeitsche, Balanceregler, Tomoffel, Düsendrucker, Begrüßungsgeld, Besserwessi und Bildlaufleisten für Mausbenutzer. Wie ungezwungen leuchten und summen die Neologismen eines einzigen SPIEGEL-Artikels über Techno-Food: Erbgutbastelei, Spätblähung, Gärhelfer, Müslifraktion, Säuredusche, Würztunke, Bioturbo, Freßkonzern, Bäckerasthma, Trockenmischzentrum, Genflorist, Bölkstoff, Zuckerzombie, Bakterienbottich, ferner streßtolerante Kartoffeln, schaumstabiles Bier, genmanipulierte Hefestämme, schlagkräftige Gammelkeime, umgepolte Turbomi-

kroben, eingebaute Sprengstoffviren. Zwischenfazit: dem Volksmund – von Luther bis zum Marketingeltangel (Klaus Umbach)
– entfließen naturbelassene Neologismen; ambitionierte Stiehl-
künstler (Dühring) hingegen produzieren bloß synthetischen Ste-
rilkrampf.

Doch siehe, das stimmt nicht ganz, weder hinten noch vorn.
Denn das Wort Vollgenuß, das garantiert aus dem Hause schriller
Happy-food-Industrie kommt, stammt bereits von Goethe, Worte
wie Freistaat und Stimmenmehrheit, die nach CSU riechen, von
Wieland, Kopiermaschine und bleihaltig von Jean Paul. Auch das
Wort Amalgam stammt nicht aus der Dental-Technik, sondern
von Paracelsus.

Und viele Wortschöpfer betätigen sich ihrerseits als Neologis-
men-Output-Kopierer, robotartig oder auch vivaldihaft komponiert man 200 x dasselbe Violinkonzert, prägt dauernd dasselbe
Wort: Turnvater Jahn: Volkstum, Hocke, Kippe, Reck, turnen;
Albrecht Dürer: Fünfeck, Sechseck, Siebeneck, Achteck, Neun-
eck, Zehneck; Meister Eckhart: Gottheit, Dreiheit, Kindheit,
Gelassenheit, Einheit; Johann Heinrich Voss: Wildling, Dümm-
ling, Blendling, Sendling, Edeling, Dünkeling, Abstämmling,
Freßling; Goethe: urdumm, Urepoche, Urfrage, Urgefühl, Urbe-
ginn, urverworfen – in all diesen Nullserien, über denen ein »Tritt
sich fest!« oder auch »Ist gerichtet!« schwebt, tauchen aber
immer wieder Creationen auf, die gut im Mund liegen: Urpflanze
und urgemütlich machten Karriere. Luthers Bauchdienst ging
baden. Luthers Gottesdienst überlebte.

Wer also will es Handkes Körpertum – und Stefan Reisers
Schlafsahne! und Martin Walsers Schlafzwiebel! – krummneh-
men, daß sowas vorerst außerhalb des Duden bleibt? Immerhin
rühmt sich Brockhaus, Morgensterns Behauptung, das Nasobem
stünde nicht im Brockhaus, widerlegt zu haben. Kämen Drohhals
und Müdteufel im Faust II vor, wären das nicht Lückenbüßer
(Luther), sondern Geniestreiche (Lessing)! Andererseits half es
Worten wie Nichtinsel, umarten, beipressen, horchsam und ver-

blinden nicht im mindesten, von Goethe zu sein. Seine oxymorische Prägnanzfügungen nahfern, krummeng, stummlebendig und sterngegönnt – alles Flops. Auch Goethes Dauerbarkeit zeigte keine Dauerbarkeit. Ewige Ungerechtigkeit!

Dabei könnte vielen Fast-Blindgängern ein relatives Überleben geschenkt werden! Was hat die munterbunte, kosmelodische (Ginka Steinwachs) Sinnflut (Tilman Spengler) und Phantomatik (Lem), die täglich aus allen Kreativlingen, Etymbolden, Wohltäterätätern, Alphabettlerinnen, Hampelfrauen, Neuesttönern hervorspritzt, auf Müllgebirgen zu suchen? Fischt wenigstens, o Freunde, die bildstärksten Stieflinge (Kerr) heraus aus der Verlustmasse, all die Gossenhauer, Prosamen, Einweg- und Wegwerf-Sekundenwitze wuchernden Gaumentheaters! Nehmt Freßling & Co. in euren aktiven Wortschatz auf! Klebt den Aufkleber »Rettet den (immerhin von Andreas Gryphius geprägten) Verwürfling!« auf eure Autos! Stellt den totgeborenen Zusammenbüffler (Thelen) neben den unausrottbaren Bücherwurm (Lessing)! Zieht wenigstens Gottfried Benns Seltsamsaft und E.T.A. Hoffmanns Märchenmuskel an Land! Und Gernhardts Aneinandervorbeischlaf! Lieber eine synthetische Papyrokratie zuviel im Hirnschrittmacher als ein naturtrübes Müdteufli zu wenig! Rettet Micky Remanns Ozeandertaler! Und Sloterdijks Wiedergeburtshelfer! Und Umberto Ecos Langstreckenseelenwanderung! Und Urs Allemanns Geschlechtspfütze!

Auch Luthers Kaufhaus klang am Anfang – vierhundert Jahre vor dem Siegeszug der Kaufhoftüte – arg artifiziell. Tiecks Waldeinsamkeit wäre tot, wenn nicht Eichendorff sie durch Benutzung salonfähig gemacht hätte, Meister Eckharts Wesenheit ohne Anthroposophie aufgeschmissen. Wenn man von Anfang an Verwürfling und Heranwüchsling (Gottfried Keller) geduldig überstrapaziert hätte, wären sie heute genauso in aller Munde wie Mischling und Feigling (Voss).

Knackpunkt

Seit im Siegeszug der CD der Schaltknacks ausstarb, ist der Knackpunkt im Kommen, vor Wichtigkeit platzend, drall, aprilfrisch, dynamisch bis hochdynamisch, wenngleich beim Hochsprung nicht so gut rauskommend wie Höhepunkt, Gipfelpunkt und Scheitelpunkt, immerhin hoch genug, um auf den Rest der Welt herabzusehn. Andere Leute sind nur Tüpfelchen und Sommersprossen.

Manch muffigen Hauptpunkt läßt der frisch vorwärtsstrebende Knackpunkt hinter sich. Auch alteingesessene Blickfänger wie Kernpunkt, Zentralpunkt und Nervenpunkt werden überrollt. Fast reicht der Knackpunkt den Quotenkönigen Umbruch und Durchbruch an die weitentfernten Schultern.

Er sitzt als Mitesser auf der Nase derer, die in allen Quizsendungen nichts können und sollen als Summen und Punkte sammeln. Er sitzt einteilig dort, wo zweiteilige Angelegenheiten auseinanderknacksen. Wer ein explodiertes Knäckebrot hinter sich hat, hat vor sich einen neuen Zustand.

Er figuriert als legitimer Bastard eines anderen Punktes, des springenden – Thomas Mann gönnte dem springenden Punkt (lat. *punctum saliens*) reformatorisch eine Erfrischung, sprach in »Joseph und seinen Brüdern« vom hüpfenden Punkt. Im Fassedich-kurz-Zeitalter verschwendet selbst ein hüpfender Punkt viel zu viel Zeit. Der Knackpunkt mußte her. Griffig. Knackig. Kurz. Und keineswegs unseriös, wie seine Abkunft erweist: *punctus knaxus* oder auch *casus knusus*.

Weitere Nebenschwäger des Knackpunkts: 1. das Umspringbild, 2. das Drehkreuz, 3. jener Tropfen, der das Faß zum Überschwappen bringt. Psychisch am nächsten stehen dem Knackpunkt einerseits Wendepunkt, andererseits Kippschwelle. Andere Vorfahren sind der Streitpunkt, der gewisse Punkt (aus der Formulierung »bis zum gewissen Punkt«), der Akupunkt, die leibnizischen *points de vue*, die naturgeschichtlich auf dem Facettenauge sitzen, und viele andere Punkte.

Nur mit dem Schlußzeichen des Satzes, dem Punkt, hat der Knackpunkt wenig am Hut. Ein Punkt fällt als Senkbeil hernieder: »Bis hierhin und nicht weiter!« Eher ähnelt der Knackpunkt dem Doppelpunkt, der ausruft: »Achtung! Jetzt geht's erst richtig los!«

Auch mit dem toten Punkt will er nichts zu tun haben, keinesfalls im Auge des Taifuns ruhen. Der »Ruck im Heiligtum«, auf den Hegel aufmerksam machte, der Moment transzendenten Wegtretens oder Ausrastens, der *raptus* des Jan van Ruisbroeck, der »Nu« des Angelus Silesius, das pünktlin des Meister Eckhart, auch Fünklein genannt (lat. *scintilla*), nicht völlig unidentisch mit desselben Meister Eckharts *centrum naturae* bzw. mit *mi 'raj*, Mohammeds Sekundenbruchteil-Himmelsreise (Sure 17 & 53), diese ganze Palette heiliger Punkte schwingt in ihren heutigen Pendants – Filmriß, Blackout, Rechtsruck – kaum noch mit. Der Knackpunkt lebt ganz in seiner Gegenwart, angeleuchtet einzig vom Pointillismus beschleunigter Umakzentuierungen – vom Punctum zum Basta war es nur ein Schritt. Der Fall Knackpunkt wird sich auf Dauer so wenig halten können wie Tucholskys »Fall Knorke«.

Wer Tagesthemen oder n-tv guckt, kann jetzt schon Washington-Korrespondenten dabei beobachten, daß ihnen der Knackpunkt kaum noch genügt. Man berichtet zunehmend von »mehreren Hauptknackpunkten«. Einerseits spricht das für Blickdifferenzierung, also für eine Rückkehr der Punkte – vor Gott sind alle Punkte gleich. Andererseits zeigen mehrere Hauptknackpunkte schadenfroh auf des Knackpunkts wundesten Punkt: Selbstwiderspruch aufgrund von Vielgötterei.

Vom Unterschied zwischen geigen und fiedeln

Am Anfang war das gelallte Wort, erst das L und dann das A, erst das Hindernis Zunge, dann die Öffnung des Mundes. Die Lateiner wußten sehr wohl, warum sie die Zunge, statt Zingua, Lingua nannten. Linguisten und Hinduisten ahnen nur selten, daß Lingam und Linguistik auseinander hervorsteigen. Und die Goten trugen zunächst eine sogenannte Lunge im Mund, ehe sie sich hineinbissen und sie in Zunge umtauften.

Bevor man Text singt, singt man auf La. Und auf den Schluß zu landet man erneut beim L. Substantive, die auf l enden (Bengel, Rummel, Eumel), werden nie ganz ernst genommen; Verben, die als vorletzten Buchstaben ein l tragen (mogeln, verkuppeln, wuseln), klingen stets niedlich, häuslich, wunderbar inoffiziell. Außerhalb des Hauses wird gearbeitet, innerhalb gelümmelt; draußen Beute gemacht, die drinnen im Beutel klingelt und vergammelt. Draußen fallen Tropfen; innen tröpfelts. Don Giovanni trinkt Kaffee, Leporello süffelt Kakao. Der Ritter reitet ein Pferd, Don Quixote zappelt auf einem Gaul. Der afrikanische Löwe bringt es in Südamerika nur zum Puma.

Wo eine Sache einen Knick bekommt, bleibt als Narbe oder Kunstknochen ein l quer im Wort stehen, und schon wird − statt kritisiert und gefochten − gekrittelt und mit dem Degen gefuchtelt. Schmerz plagt die einen, die andern beutelt Juckreiz. Und die einen dürfen gehen und flüstern, und die andern müssen hinken und lispeln. Und die einen dürfen hinken, und die andern müssen humpeln. Und die, die ohne Handicap durchaus spülen und klettern könnten, wollen lieber gurgeln und kraxeln.

Und statt zu singen, wird geknödelt. Und statt zu geigen, zu tanzen und zu lieben, wird geliebelt, getänzelt und gefiedelt. Und ich − ich hab, statt gesehen, geschielt.

Der Fluch der Endung, dieses fatale l kurz vor Ladenschluß, zieht alles durch Leporellos durchnasalicrten, komisch intimisierten und verkrüppelten, zerkräuselten Kakaogummi. Da wird genäselt, gefaselt, Bubble Gum gemümmelt. Der Seppl aus Hameln, geborener Joseph, Xanthippes pantoffelheldisches Pejorativum, sitzt hemdsärmelig heimwerkelnd, bosselnd, heimorgelnd, schmirgelnd, alles verwechselnd in seiner Rumpelkammer, um plötzlich mit seiner häkelnden, prepelnden, mäkelnden, feudelnden, windelnden, schwäbelnden Fuchtel anzubändeln, zu kuscheln, zu schnäbeln, den Pimmel rauszufummeln, draufloszurubbeln, zu rammeln, zu hecheln, vögeln, röcheln, derweilen draußen der Hund bellt und drinnen der Dackel blafft − immerhin steigen aus diesem Zirkus ungedrosselt verpulverter Interna zwei, drei Worte hervor, die die offiziöse und seriöse Außenwelt beschämen könnten, kraft ihrer immanenten Liebenswürdigkeit: das Fiedelwort streicheln fühlt sich viel seelischer an als das Violinwort streichen, Streicheleinheiten ganz anders als Backenstreiche. Sodann: Der Klappergaul entblößt seine Pferdezähne und lacht, die Eselin aber lächelt, und privates Lächeln (Mona Lisa) steht ethisch doch wohl hoffentlich dreimal höher als das Loswiehern in beruflicher Arena (David Letterman).

Bisweilen wird halt leider mein Schielen so schlimm, daß der südamerikanische Tapir den Elefanten vergißt, zu welchem er es in Afrika durchaus brächte; dann muß der Schweißfuß, der selten allein kommt, für immer einsam weiterwandern. Für wandeln, stolpern, schummeln, bummeln, tüfteln, einfädeln, aufdröseln gibt es im platonischen Ideenhimmel keine ernsthaften Pendants. Wie lautet das Urwort − oder Ausgangsmodell − für den arg abgeschwächten, allzu abgenabelten Einsiedel, für Hegel, Gödel, Rapunzel und Jandl? Keiner weiß es. Keiner hat es gewußt. Keiner wird es wissen.

Wer den Esel − wovon ich abrate − als ein ideell abgerutschtes, also vermurkstes Pferd betrachtet, wird vom Rückstoß dieser Deutung aufs neue angerempelt. Er braucht bloß ein wenig − nein, ein bisserl! − weiter dran herumzudeuteln, schon steht jeder Pegasus als aufgemöbelter Esel da. Und schon stürzen alle Engel aus allen Himmeln und kommen unten als Trottel, Rüpel und

Gurtmuffel an. Und selbst eindeutig auf männlichster Tagseite residierende, edelblütigste Araberhengste (handeln, trommeln, verkabeln, versammeln, ankurbeln, aussiedeln) driften klanglich unrettbar ab (jodeln, blödeln, zustöpseln), solange, bis es auf dieser Welt nur noch Bammel im Buckel gibt, statt Angst im Rücken.

Im Paradies der falschen Adjektive

wächst gleich am Eingang ein ganz besonders vorhandenes immergrünes Suppengrün: das pleonastische Adjektiv, Kosename: Doppelmoppel. Zwar stolpern alte Omas seit uralten Zeiten, wenn sie durch grünes Gras gehen, über weithin sichtbare Warndreiecke, auf denen abwechselnd weiße Schimmel und alte Omas sichtbar werden. Doch das Verdoppeln läßt sich nirgendwo bremsen. Knallvoll ist die Welt von runden Bällen und grausamer Folterung. Nirgendwo eine Klippe, die ohne das Attribut schroff herumstünde; nirgendwo eine Vergangenheit oder ein Klotz, die nicht als unwiederbringliche oder als ungehobelter aufträten. Denn wer bildkräftig, plastisch und anschaulich sein will, spricht – statt vom Wasserfall – von schäumendem Wasserfall. Überall und allerorten, wo die Gewächse dieser verschwenderischen Überflußgesellschaft überflüssigerweise aus ihrer Wurzel, der übertriebenen Sucht nach abundantem, antielliptischem, tautologischem, epanaleptischem und anadiplotischem Sprachgebrauch hervorwuchern, ungestraft und unverhohlen, macht jener Theo Waigel den Mund auf, der auf EG-Gipfeln in Maastricht von den emotionalen Gefühlen der Deutschen spricht – andere, zunächst unverdächtige Beispiele wuchern im Verborgenen: magischer Zauber, mimetische Nachahmung, narzißtische Selbstbespiegelung, die man alle mal – nicht ohne wissenschaftliche Genauigkeit, emotionslose Sachlichkeit und kühle Präzision – einer analytischen Zerlegung unterziehen müßte. Als wenn kleine Tröpfchen und winzige Schlückchen per Adjektiv zusätzliche Eigenschaften erhielten! Wie nah sind sich Vegetarier und überzeugte Vegetarier – und wie identisch gläubige Hindus und Hindus! Unauffälligstes Beispiel: Alle reden von weiblicher Eizelle und männlichem Glied, als müßten diese beiden von weiblichen Gliedern und Samenzellen – sowie männlichen Eizellen – abgegrenzt werden. Ach ja, im grauen Alltag sind alle Mäuse grau und alle Glieder männlich, und alle Freiexemplare kostenlos.

Sodann wuchert da ein überaus beliebtes und zähes, d a s r e d u n d a n t e A d j e k t i v: die vom Vorgänger Roman Herzogs erwähnten radikalen Rowdies und aufopferungsvollen Pflegeberufe, die von Peter Scholl-Latour im ZDF erwähnte antireligiöse Gottlosigkeit, der vom **stern** erwähnte blinde Nationalismus, der von Gregor Gysi bekämpfte irrationale Rechtsradikalismus, die von Saddam aus Hubschraubern auf Demonstranten der Öl-Stadt Kirkuk ausgeschüttete ätzende Schwefelsäure – Hitler warf bei der Eröffnung des Hauses der Deutschen Kunst den Expressionisten vor, sie fabrizierten nur mißgestaltete Krüppel und Kretins, wobei solche Redundanzen immer mit dem Hintertürchen versehen sind, daß es theoretisch auch mal einen weitsichtigen Nationalismus geben könnte, oder einen normalgebauten Krüppel. Schön wär's; denn die Differenz zwischen nichtätzender Schwefelsäure und schaumfreiem Springbrunnen bleibt klein.

Sodann wuchert, ja blüht im grünen Garten der Adjektive d a s t y p i s i e r e n d s c h m ü c k e n d e A d j e k t i v, auf botanisch: das *Epitheton ornans*; auf alte Traditionen zurückblickend, plus eingeschliffene Gewohnheiten: Die alte Oma tritt in der Bachkantate »Schleicht, spielende Wellen« als tote Leiche auf. Dichtender Volksmund läßt seine Hasen nie zwischen Berg und Tal Gras schlicht nur abfressen, bis auf den Rasen, nein, das Tal muß ausdrücklich als tiefes, tiefes Tal hervorgehoben werden, und das Gras als grünes, grünes Gras – das ahnte damals ja keiner, daß heute, im Zeitalter der Grauanlagen, grünes Gras von grauem und bleichem Gras unterschieden sein will, und weißes Papier von Umweltpapier.

Die drei bisherigen Adjektivarten lassen sich bequem subsumieren, unter den Begriff des stehenden oder auch ungelüfteten Adjektivs, definierbar als eine jeweils vorfabrizierte Fügung, deren beide Hälften – Adjektiv und fest angelötetes Substantiv – nie von seinen Benutzern auseinandergedacht werden, eine echte Combi-Packung (tödliche Müdigkeit, heftige Leidenschaft).

Sobald sich hier und da ein tiefes Mißtrauen gegenüber brennendem Verlangen und tödlicher Langeweile meldet, wenn nicht gar der unabweisbare Verdacht, daß Wälder, die bloß als rauschende brillieren, weniger zu bieten haben als gepeitschte Wälder oder selbst nur ewig singende; sobald im Werbe-TV nicht so kreative bzw. festgefahrene Schöpfungen wie erfrischender Genuß, königliches Vergnügen, elegantes Design, ausgeklügelte Technik und wachsende Beliebtheit geritten werden, kommt ein durchaus gelüftetes, einigermaßen lebendiges, quasi-individuelles, das unschematische Adjektiv in Sicht: korngesunder Landkaffee und natürliche Weichpfleger. Griffige Wohlfühlklamotten – ein unabgegriffenes Kleinod! Das sahnige Geheimnis – ein banaler Volltreffer, der seine seriösen Kollegen, die beim vorigen, beim typisierenden Adjektiv stehenblieben – also etwa das tiefe Geheimnis sowie das dunkle Geheimnis – weit hinter sich läßt, dicht gefolgt oder überrundet von den EPSON-Düsendruckern für Schön- und Schönstschrift, in denen ein gläsernes Erfolgsgeheimnis steckt. Knackiger Spaß im Glas! Nutella, der gewachsene Geschmack! Postbank, die clevere Alternative!

Auch in Heiratsannoncen wird der gutaussehende Arzt und die sportliche-attraktive Dame, 49 (das *Epitheton ornans*), von zottelhaarigen Märchenprinzen und quirligen Flammenwerferinnen verdrängt (vom unschematischen Adjektiv). In sachlichster Tagesschau breiten sich evangelische Terroristen aus. Das einfallsloseste Stütz-Kondom verlängert das männliche Glied vibrierend um lustvolle Zentimeter. Auch in der Mainzer Fasenacht werden immer unschematischere Adjektive immer beliebter: eine einzige Büttenrede enthielt innerhalb von vier Minuten gewiefte Strukturschnipp-ler, gefräßige Dämpfungsscheren, textile Zwangsneurosen, ein kostensenkendes Gesicht und biologischen Klassenkampf.

Was allerdings die weiterhin ungelüfteten Adjektive nicht hindert, mit selbstloser Hingabe weitergepflegt zu werden, und das ausgerechnet von Berufsschriftstellern, von der überirdischen Erleuchtung Esther Vilars bis zur weltentrückten Transzendenz Kurt Hübners. Hier gibt sogar der frühe Grass, allwo Maria ihrem Oskar über kurzgeschnittene Stoppelhaare streicht, dem späten Grass die Hand, allwo das Adjektiv der indischen Weden zur Zusatzinfo für Leute absinkt, bei denen es erst klingelt, wenn buddhistisches Nirwana (redundant) dasteht. Obwohl bereits Oswald Spengler das sozialistische vom stoischen Nirwana (unschematisch) abhob! Die DDR wurde vom mittleren Grass allumfassendes System genannt. Und selbst Dichterfürsten wie Botho Handke, die mit untrüglichem Sprachgefühl in »die Sprache« hineinlauschen, bringen es bloß zu weißen Wölkchen, zu gelbköpfigen Kamillenbüscheln, prallroten Ebereschenbeeren und weißen Schafgarbenblüten; da unterlaufen funkelnde Augen, strahlender Goldglanz, religiöse Zeremonien, harte Schründe, bildschöne Frauen und tiefe Schlagschatten, und das fuderweise, fernab jeder adjektivischen Frische. Und in »Ach Europa« des glänzenden Stilisten Hans Magnus Enzensberger stoße nicht nur ich in bloß zwei Minuten auf x ungelüftete Kombinationen: auf verblüffende Ähnlichkeit, öde Wirklichkeit, plumpe Frage, rhetorisches Glanzstück, gottverlassener Ort, unerhörte Macht, bis hin – Ogottogott! – wortwörtlich zum »grünen Salat«. Auch wenn sich der Dichter immer noch rausreden kann, per Hinweis auf gelblichen Salat, China-Kohl und Heringssalat, schließt sich hier unüberfühlbar der Kreis zur Urpflanze, und die heißt eben für immer grünes Gras, grünes Suppengrün, grünes, grünes Kräutlein Doppelmoppel.

Wohl jedem Lärm, der nicht immer gleich betäubender Lärm sein muß! Wohl dem, der – im Gegensatz zu Siegfried Lenz –

von einem untrüglichen Instinkt davor gewarnt wird, die Formulierung untrüglicher Instinkt zu verwenden. Wohl dem, der – im Gegensatz zu Handke – einen unüberwindlichen Widerwillen gegen Ausdrücke wie unüberwindlicher Widerwille entwickelt!

Doch auch jüngere Hoffnungsträger kommen beim gelüfteten Adjektiv selten an. Bei Hanns-Josef Ortheil tarnt sich der alte Opa als wohlhabender Mäzen. Pleonastische Verstricktheit kann bis zu aporetischem Kurzschluß führen: Bei Patrick Süskind duftet es nach Düften. Die doppelmoppeligsten, nämlich ausschweifendsten Orgien aber feiert das unfreie Adjektiv beim sprachmächtigen Christoph Ransmayr: Kein Verfall bzw. Wille, der nicht unaufhaltsam wäre bzw. unbeugsam, kein strahlender Held ohne unbändige Leidenschaften, wirre Gefühle, verzweifelte Wut. Man bewegt sich – zwischen tobendem Kopfschmerz und berückender Schönheit – in glühendem Sommer oder milder Sommernacht, strahlendem Morgen oder stürmischem Oktobertag, hüllt sich in mißtrauisches Schweigen oder stößt auf panischer Flucht – oder auch im jähen Tod – ausgerechnet nichts anderes als gellende Schreie aus, und die weißen Möwen gleichfalls gellendes Geschrei – wenns wenigstens graue Möwen gewesen wären! Graue Möwen jenseits ausgelutschter Ausgelutschtheit! Man sitzt in der luxuriösen Behaglichkeit prunkvoller Paläste, blickt in atemloser Stille mit keuchendem Atem auf unumstößliche Tatsachen, unbezweifelbare Wahrheit, milchige Nebelflecke und unschuldige Opfer – umsonst der kahle schuldige Scheitel bei Goethe. Mit »mäandrischen Windungen der Flußläufe« meint Ransmayr Mäander. Seine Sandböden und Bachbetten sind stets trockene Bachbetten und trockene Sandböden, Betrunkene stets grölende, Ochsenkarren stets rumpelnde, Regen stets rauschender, Kerzen stets flackernde. Gleißende Lichter! Schwarze Pupillen! Beißender Rauch qualmender Feuerstellen! Alles getreu der Schulübung: Welche Farbe hat der Himmel? Blau. Was tut der Hund? Bellen. Der Gemeinplatz ist –? Abgedroschen. Der Stein ist –? Hart. Der Zufall ist –? Blind. Die Willkür ist –? Blind. Der Zorn ist –? Blind.

Manchmal aber geht das typisierende Epitheton – bei andeutend erwachender Bewußtheit des Benutzers – ins halbwegs mittelprächtig individualisierende Epitheton über, ins sogenannte hausbackene Adjektiv: statt plumperweise grüne Wiesen wählt der Dichter dann verwilderte Wiesen und schwarzgrüne Urwälder, so als seien kläffende Hunde und klaffende Wunden was Sprachbegabteres als bellende Hunde und offene Wunden. Es kann halt nicht überall wie bei Arno Schmidt – statt ein kläffender Hund – ein brüllender Dackel hervorformuliert werden. Auch Ovidius Naso war ins sahnige Geheimnis und den kahlen schuldigen Scheitel wundersam eingeweiht. Zwar kann ihm auch mal flüssige Brühe unterlaufen, eisige Kälte, glänzendes Gold, runzlige Datteln. Doch kann ihn kein Übersetzer hindern, sich mit blutenden Wunden zu begnügen, in eine ganz andere Welt zu schauen und von dort traurige Wunden mitzubringen. Und statt gackernde: sumpfliebende Hühner, verruchtes Gedärm, unseligen Zahn, betrogenen Gaumen und rauchende Heimat – süßer Surrealismus vor zweitausend Jahren!

Altmeister Musil hingegen verwendete »wortlose Pantomime«. Pöbel wird von Heine roher Pöbel genannt. Selbst in den namhaftesten Familien kommt ein sanfter Wind auf, der vom blauen Himmel weht – obwohl sich im Land, wo die gelben Zitronen blühn, ein unbedeckter Himmel von selbst versteht und ein unsanfter Wind sowieso Sturm genannt werden müßte.

Und Buchkritik weiß es auch nicht anders. Ranicki verwendet fühllos in einem einzigen Text Ausdrücke wie begeisterte Zustimmung, entrüstete Ablehnung, maßlose Entrüstung, fataler Teufelskreis, wichtige Funktion, bewundernswerte Geduld, radikaler Atheismus u. v. ä. m.

Überall und allerorten vermehren sich hohle Worte und leere Phrasen in öder Kraterlandschaft, nur selten sympathisch aufgelockert von einer gutgemeinten Stilblüte, dem sogenannten verballhornten Adjektiv: Eine CSU-Broschüre sprach betreffs der Metzgerherkunft vom Franz Josef Strauß von frischgeschlachtetem Fleisch; das marschiert haarscharf neben Elias Canettis einzigartiger Creation: »eine sehr zahlreiche Masse«. So redet sonst nur ein Straßenfeger, und zwar in Dürrenmatts Bühnenstück »Es steht geschrieben«, allwo ein Karren mit Staub angefüllt ist – mit ausdrücklich »sehr schmutzigem Staub!«

Um nun ihr Übermaß an blöden und muffigen Adjektiven auszugleichen und ihr Defizit an halbwegs unschematischen zu transzendieren, greifen immer mehr Autoren, auch blöde und muffige Autoren, zu mehr oder minder attraktiven Adjektiven. Und schon ist das ausgesprochen süperbe, ja geradezu das brillante Adjektiv geboren. Jeder kann heute, wenn er sein Brett vorm Kopf zwischendurch mal kurz abschnallt, ein sprachsensibler Sprachkünstler à la Enzensberger sein, der zwischendurch die perverse Zufriedenheit kreierte, oder wie Patrick Süskind, bei dem eine Romanfigur nachts neben dem schnarchenden Geripppe ihrer Ehefrau wachliegt – hier hat Karl Kraus allerdings mit schnarchender Gegenwart vorgearbeitet. Oder ein Dichter wie Handke, der zwischendurch von gesunden Augenblicken – Karl Kraus nannte den Dichter Hans Müller eine gesunde Null – oder von böser Unendlichkeit sprach, was sich nicht schlechter anhört als Spenglers dynamische Unendlichkeit oder Hegels schlechte Unendlichkeit. Günter Grass prägte den kosmischen Lehnstuhl. Altmeister Musil prägte die ungelüftete Anmaßung. Ror Wolf sprach, statt von grünem Gras, von erstarrtem Gras! Sogar Christoph Ransmayr gelang es zwischendurch, von schlafender Mißgeburt, vertrockneter Inkarnation, gläserner Erinnerung zu sprechen. Peter Sloterdijk prägte schamlose Konvulsionen; brillanter geht's praktisch nirgendwo.

Doch erweist sich – bei steigender Hellhörigkeit – auch das brillante, gleichwohl relativ naheliegende Adjektiv als ebenso unverwendbar wie das redundante Adjektiv: ermüdete Greise und verschimmelte Senioren bleiben stilistisch problematisch; Ermüdung hängt noch zu nahe dran am Begriff des Seniorentums. Die Klüfte zwischen bejahrten und alten Omas sind halt minimal –

und Konvulsionen immer schamlos. Eine junggebliebene oder elastische Oma überbietet spürbar jede bemooste oder abgeklärte Oma – und wird überboten von Ovids wahrheitsliebenden Greisen, Hölderlins fliehenden Greisen und Henscheids tückischem Greis – Baucis tritt bei Ovid als gegürtete Greisin auf.*

Möge der alte Greis ruhen unter Gras und Schnee und Mond in stilistisch verbesserter Nacht! Mit diesem Schlachtruf wird zwar jede unausrottbare alte Oma überrollt – doch Vorsicht, Freunde! Man kann sich auch an Sekundenwitzen und Oberflächenreizen überfressen, an all diesen beschissen hochtalentierten Adjektiven, von denen fast jede Zeitung problemlos überquillt: west-östliche Gebrauchtwagenflut, deutsch-deutsche Grübeleien, welthistorisches Schindluder, intellektuelles Ozonloch, kranke Wahrheit – Theo Sommer prägte sterile Aufgeregtheiten. Beliebige Unendlichkeit tut sich auf, wenn Sloterdijk im quintessenziellen Vermächtnis schwelgt, in protestantischem Profit-Yoga, mit katholisierender Geopolitik, höllisch-mimetischem Arrangement und postpsychoanalytischem Neo-Autohypnotismus den meistgelesensten Stil-Lehrer der deutschen Sprache, einen Lehrmeister der Spitzenklasse, Wolf Schneider, überrollend, der umsonst vor dem gekünstelten Adjektiv warnt. Ror Wolfs wimmelnde Witwe, Jean Pauls sinnlose Wollust, seine fleischernen Pluderhosen und egoistischen Eisschollen kommen einem irgendwann derart treibhaushaft grabschend in die Quere, daß man nur noch »Atomkraft,

---

* Auf dem Weg zu verschämten Konvulsionen öffnet sich ein Seitentürchen zum lustvoll paradoxen Adjektiv, dem absoluten Antipoden des ungelüfteten Adjektivs – aus Überdruß am hölzernen Holz entstand rechtzeitig das hölzerne Eisen, das bei Mephisto als längliches Quadrat erscheint. Selbst Heiratsannoncen sind längst auf den Geschmack gekommen und erlauben sich zunehmend aussagefähige Verdrehtheiten: »Unkompliziertes Sensibelchen sucht intellektuellen Bauern.« »Lebendiger Oberstudienrat sucht blutjunge Endvierzigerin!« Doch auch der hellwache Träumer, die streitbare Friedenstaube: nach kurzer Schonfrist sehen alle beide schon wieder stark zerredet aus. Allenfalls wäre ein fieser Pazifist ein Weilchen lang was Neues, oder auch nicht; denn im Zeitalter militanter Naturschützer und asozialer Marktwirtschaft lautet ein Octavio-Paz-Titel bereits gemütlich antiquiert: »Der menschenfreundliche Menschenfresser«. Mit Leichtigkeit lassen sich alteingesessene Doppelmoppel umstülpen, unbekehrbare Langeweiler wie die unerschöpfliche Vielfalt oder die gähnende Leere geringfügig umkleiden, und schon hat man eine Fundgrube prall von sinnvoller Exotik strotzender Delikatessen, randvoll mit unerschöpflicher Leere und gähnender Vielfalt! Plötzlich dürfen sich unstete Sammler und seßhafte Jäger gegenüberstehen, im allumfassenden Teilsystem!

nein danke!« hauchen möchte und sich nach ganz normaler Ausdrucksweise zurücksehnt, und sei es zurück nach »undurchdringlicher Wildnis« ... auch wenn diese dann doch nur wieder als grünes Suppengrün entlarvt wird.

So oder so werde ich meines Kämpfens und Plädierens nicht ganz froh. Vielleicht bin ich bloß Single und als solcher voll einsamen Neides gewesen, auf ein erprobtes Duo namens grün und Gras, das in dieser Zeit bröckelnder Beziehungen als trautes Pärchen sich Treue hält?

Vorsicht also sowohl beim Verwenden des richtigen wie des falschen Adjektivs! Wer beide wegläßt, steht schnell dem Vakuum gegenüber: dem ausgesparten Adjektiv: Adjektivstreicher Wolf Schneider, der hauptsächlich falsche (schwere Verwüstungen) und häßliche Adjektive (bemühungsresistente Inkompetenzen) unterscheidet, freut sich an der tendenziösen Wahrheit, daß das populärste deutsche Volkslied ganz anders lautet als: »Am ausgetretenen Brunnen vor dem weinlaubumrankten, halbverfallenen Tore, da steht ein knorriger Lindenbaum.« Also doch im Paradies der Doppelmoppel und Anti-Doppelmoppel Heckenschere plus Insektenpistole ansetzen?

Wer der mageren These glaubt, im bloßen Wort Nacht (aus Faust I) stecke mehr Substanz als in jeder ausgeschmückten Nacht, kann gleichfalls einiges falschmachen. Ein möglichst adjektivloser Stil schritte durch eine Nacht ohne Drum und Dran wie ein Skelett durch Wüste, wie ein ganz besonders eigenschaftsloses, unsagbar farbloses Skelett durch eine auf Dauer recht monoton dreinschauende, ausgeraubte, ausdruckslose, wesenlose, unrettbar ausgemergelte Wüste, desolat abgenabelt von allen schroffen Klippen und rauschenden Wäldern, eventuell tröstlich rauschenden Wäldern, und vom alten Greis, der nirgendwo mehr im grünen, grünen Gras säße, um sich logisch und akkurat nie wieder an bunten Blumen und bunten, bunten Farben zu erfreuen.

Von Müller zu Molitor zu Müller

Shi Liang, Ali Akbar Kahn, Vlasta Belásková, Yukiko Yamamoto, Billie Jean King-Moffitt, Amphilochius, Ma Deva Aneesha, Beelzebub, Suleika, Max Quark, Yokonoschtletl, Gövel Kristina Näslund, Gaspara Stampa, Welfhart der Entschlossene, Zwi Hirsch, Trilok Gurtu, Bello, Bernhard Dubbert und nicht zuletzt Einojukani Rautavaara – ohne Namen wäre jeder bloß der Dreißigtausendeinhundertelfte in der siebenhundertachtzigsten Reihe, ein Fitzelchen im Heu, bestenfalls der Dritte von links, irgendwo zwischen Sumatra, Gondwanaland, Mississippi, Tiflis, Troja, Temeswar, Venlo, Poprad, Popocatepetl, Texas, Smyrna, Olmütz, Neandertal bei Düsseldorf, Fulda, Homberg an der Ohm, ohne ihre Namen in keinem Atlas auffindbar.

Damit erfüllen wir einen Hörerwunsch von Frau Lilo von Bergenkorf aus Urfeld... der eloquente und charismatische Lumumba war der erste Ministerpräsident der unabhängigen Republik Kongo... das Bundesvermögensamt habe seine Hände nicht im Spiel, beteuerte der Potsdamer Amtsleiter Wolfgang Puwalla... diesen Nachweis verdanke ich der Freundlichkeit von Herrn Lektor Traugott Fuchs, Istanbul – wobei der nüchterne Wolfgang des volltönigen Puwalla wohl nie in die Klangfarben-Aura von Isidor von Pelusium und Frau Lilo von Bergenkorf eintreten wird, auch Traugott Fuchs nur halb so kostbar klänge, wenn auch er in Potsdam säße, statt in Tiflis oder Izmir, wo ich mich lange nicht blicken ließ, wenn auch nicht ganz so selten wie in Zimbabwe, wo es tatsächlich Leute geben soll, die Sylvester Dumbabwe heißen – die Frage ist nur: Wo liegt eigentlich Urfeld? Sogar, wenn ich bloß Müller heiße, erlaubt es mir mein Name, mich speziell mit mir zu identifizieren.

Meine Brust – aufgepumpt von elektrischer Wonne – weitet sich enorm, falls ich mich durch das Wörtchen Müller angesprochen fühle. Im Abfluß der Worte und Füllworte bildet sich ein Strudel, der schier den Stöpsel aus der Wanne seines Umfelds reißt, ringebildend, als wär's das Wort Tod, als wär's das Wort Ich, als wär's das Wort Sex.

Jeder Müller wird also durch seinen Namen aufgewertet, als Mann und Mensch in seinem Sosein zusammengefaßt, bestätigt, wenn nicht gar überstrahlt, zugleich aber wird er aufs neue arg reduziert, nicht selten abgestempelt. Zwei längst x mal abgetragene, zwei so unindividuelle Worte wie Müller und z. B. Herbert sollen ein komplex angelegtes, hochindividuiertes Wesen abdecken? Nicht jedes Loch hat einen Namen gefunden, das so gut zu ihm paßt wie das Wort Loch oder whole. In fast jedem Fall bleibt der Name ein viel zu enges Hemd, eine optisch überhaupt nicht zu seinem Träger passende Anstecknadel. Zweisilbige Löcher sind ein Unding; dennoch heißt Loch auf indonesisch *lubang*, und auf tschechisch *díra*.

In siebzig Jahren ändert sich an jedem Müller alles, Outfit, Gesichtsform, Bezahnung, Haardichte, Zellstruktur − des Menschen Name aber thront unwandelbar in wechselnden Reisepässen. Jeder Müller darf reisen und glauben, Meinungen frei äußern und ändern, eingeklemmt zwischen Reisefreiheit, Glaubensfreiheit und andere Freiheiten, darf Beruf, Wäsche, Partner und Partei frei wählen und wechseln, sogar seine Nase korrigieren lassen, falls er an ihr leidet, oder sein Geschlecht, falls er sich in ihm nicht zu Hause fühlt. Gefällt mir aber mein Name nicht mehr, muß ich ihn behalten.

Die Ernst-Bloch-Straße in Tübingen hieß bis 1977 »Im Schwanzer«. Zimbabwe, Chemnitz und Istanbul hießen vorher Rhodesien, Karl-Marx-Stadt und Konstantinopel, und davor Byzanz und Chemnitz − wenn die Erde bebt, haben die Schildermacher nachher viel zu tun. Die BRD hieß vorher stellenweise DDR. Jedes Meerschwein, alle Wellensittiche darf ich taufen und umbenennen, wie ich will, nur mich selber nicht! Seinen gehaßten Friedrich muß Müller in jede Telefonmuschel knurren, unter jedes Formular setzen, jedem neuen Sexkontakt vorbuchstabieren. Im Zeitalter der Korrekturtaste wird mir das Recht auf Namensfreiheit vom

93

Gesetzgeber unbeugsam verwehrt. Wer seinen Namen ohne behördliche Genehmigung ändert, macht sich strafbar.

Mein subjektives Gefühl, mich ändern zu können, wird von der Unelastizität meines Namens mit Füßen getreten. Herbert hat – seiner Mündigkeit zum Hohn – dem Geschmack seiner Eltern lebenslang zu gehorchen; Müller pocht auf Blutsbanden, die Müller auf allen anderen Gebieten umsonst überwindet – das finden Müller und ich diskriminierend! Das unterwühlt die Idee freier Selbstregulierung in den offenen und pluralistischen Gesellschaften des aufgeklärten Mitteleuropa! An Kismet soll ich glauben, meinen Zufallsaufkleber weiterschleppen bis zur Gruft! Und hinterher kommt keine Rehabilitierung in Sicht: mein Grabstein zementiert das Debakel.

Wohl dem, der einen Antrag auf Namensänderung stellt! Doch müssen dem Ordnungsamt »wichtige Gründe« genannt, Führungszeugnis, Heiratsurkunde, beglaubigte Zustimmungserklärungen der volljährigen Kinder, Eltern und Geschwister eingereicht werden. Verweigern diese die Zustimmung, so ist der Grund für die Weigerung anzugeben. Auch muß der Nachweis erbracht werden, daß man Deutscher sei. Der Verwaltungsaufwand für eine öffentlich-rechtliche Namensänderung, die laut Selbstverständnis dazu dient, Unzuträglichkeiten im Ausnahmefall zu beseitigen, also Aktenvermerke und Entscheidungen der Sachbearbeiter, Amtsmänner und Oberinspektoren, plus Schreibkraft und der von ihr benötigten Arbeitsmaterialien, kostet pro Minute 1,62 DM, und dies solange, bis am Schluß höchstens 2000 DM zusammengekommen sein dürfen, für die Änderung eines Vornamens, für die die Stadtverwaltung zuständig ist, und höchstens 5000 DM für die Änderung eines Nachnamens, für die die Kreisverwaltung zuständig ist – Durchschnittsgebühr: immerhin 200 DM.

»Plötzlich und unerwartet entschlief meine geliebte Frau, unsere gute Mutter, Schwiegermutter, Oma und Tante F r i e d a
S c h w e i n e b r a t e n im Alter von 67 Jahren«: Wer als Vegetarier

94

nicht länger Zugwurst oder Heinz-Klaus Metzger heißen mag, oder wie der Geschäftsführer der Deutschen Stiftung Weltbevölkerung: Hans Fleisch, oder wie der Moderator der HR-Sendung »Wünsch dir was«: Gunther Fleischhauer, wird es bei den Behörden nicht leicht haben; wer bloß ästhetisch-phonetische Gründe vorbringt, wird nicht durchkommen. Selbst Bauernfeind, Gumpelmayr, Kotzebue, Puhlmann, Hasskerl, Schwätzer, Pleitgen, Penner, Matz und Motz können einer Bewilligung nicht siegesgewiß entgegensehen. Man muß schon geradezu Hans Geilfuß heißen, oder Uschi Purps, also im Sinne der »Richtlinien für die Bearbeitung der Anträge auf Änderung des Familiennamens« zu »frivolen und unangemessenen Wortspielen« Anlaß geben, um überhaupt eine Chance zu haben. »Bei der Prüfung des Antrages ist ein strenger Maßstab anzulegen«, das heißt auf deutsch: Figge und Knappsack sind noch nicht unvorteilhaft genug, zumal jede Menge Ministerpräsidenten, Olympiasiegerinnen, Publizisten und Künstler ganz problemlos Ferdinand Hodler, Erna und Manfred Sack, Regina Mösenlechner, Hans Eichel und W. C. Williams heißen.

Wer es nicht mehr aushält, Herr Fresser zu heißen, dessen Antrag kann zwar – wenn er auf der Begründung fußt, man wolle eine Gaststätte eröffnen – bewilligt werden, doch darf Herr Fresser nicht etwa einen neuen Namen wählen, sondern bloß einen Buchstaben ändern oder wegfallen lassen. Er darf von fortan Herr Freser heißen, nämlich sobald er zusätzlich 280 DM für den geschäftlichen Vorteil überwiesen hat, den er aus dem Führen des neuen Namens ziehen wird. Und der transsexuelle Walter darf ab sofort nicht etwa Nicole oder Anne heißen, sondern bloß Waltraud. Und wer einen so zumutbaren, jahrhundertelang approbierten Namen wie Dippel oder Müller loswerden will, dessen Antrag wird in jedem Falle kostenpflichtig abgelehnt. Man zahlt dann siebzig Prozent der anfallenden Gebühren und heißt weiterhin Herr Müller.

Auch der verzweifelte Griff zum Pseudonym führt kaum weiter.

Eichel: Gute Chancen

AEG-BESUCH

Eichel unter Hochspannung

TAG, 18. JULI 1992   5   24. JANUAR 1995   9   16. JANUAR 1995   5

FEDERATIONCUP

Eichel bei Tennisdamen

HOFHEIM ▪ Im Trainingslager Hofheim im Taunus empfing der hessische Ministerpräsident Hans Eichel am Freitag das deutsche Federationcup-Team.

Zum Empfang gab es Blumensträuße für die Damen Steffi Graf, Sabine Hack und Barbara Rittner.

Dann plauderte der Regierungschef angeregt mit den Tennisdamen – eine erfreuliche Ablenkung von den Regierungsgeschäften in Wiesbaden.   *(af)*

AUTOBAHN 44

Eichel bleibt hart

Ministerpräsident Eichel denkt nicht daran, die bestehenden Pläne zum Weiterbau der A 44 zu überdenken. Auch CDU-Spitzenkandidat Kanther ist in dieser Frage eher zurückhaltend.

Eichel will kleineres Kabinett

KASSEL ▪ Die hessische SPD will im Fall eines Wahlsieges im Februar das Landeskabinett verkleinern. Entsprechende Vorschläge werde man dem Koalitionspartner nach den Wahlen machen, erklärte Ministerpräsident Eichel gestern beim Neujahrsempfang des SPD-Unterbezirks Kassel. Einzelheiten nannte er nicht.

Darüber hinaus werde man – so Eichel weiter – in der nächsten Legislaturperiode mit einer grundlegenden Reform des öffentlichen Dienstes beginnen.   *(bre)*

LANDTAGSDEBATTE

Eichel angriffslustig wie selten

Die Lotto-Affäre im Landtag: Nach Tagen des Selbstmitleids ging die SPD in die Offensive.

VERKEHRSPROJEKTE

FDP fordert: Eichel soll Widersprüche klären

Eichel hat Recht

Eichel: Abschaffung der Gewerbesteuer würde Gemeinden ruinieren. (23.11.)

Ich kann Herrn Ministerpräsident Eichel nur beipflichten.

LANDESREGIERUNG

Eichels Stellenpool bleibt umstritten

TRANSRAPID

Eichel: Koalition zerbricht nicht

Die Koalition in Wiesbaden streitet weiter über den Transrapid. Die CDU kündigte unterdessen an, daß sie – wenn nötig – auf einer Sondersitzung des Landtags in der Sommerpause besteht.

Eichel: Abgaben sind sinnvoll

CDU-Spitzenkandidat Kanther kritisiert die Abgabenpolitik der Landesregierung im Umweltbereich als extrem wirtschaftsfeindlich. Eichel dagegen sieht wertvolle Erfolge.

FREITAG, 11. NOVEMBER 1994

LOTTOAFFÄRE

Eichel weist Vorwürfe zurück

Ministerpräsident Eichel erklärt, er sei in den Plan, den SPD-Abgeordneten Hartherz zum Lotto-Chef zu machen, nicht eingeweiht gewesen. Dennoch beantragt die Opposition einen Untersuchungsausschuß zur „Lottoaffäre".

Hans Eichel im Radio FFH Spezial

100 Tage nach Regierungsantritt muß normalerweise ein Ministerpräsident erste Rechenschaft ablegen, dann ist die Schonfrist vorbei. Da Hessens Ministerpräsident Hans Eichel an seinem 100sten Tag im Urlaub war, ist bei Radio FFH am Donnerstag, 8. August, der entscheidende Tag. Mittags wird Eichel im Funkhaus eine erste Bilanz seiner Regierungstätigkeit ziehen und Fragen über seine Person beantworten. Vormittags können die Radio FFH-Hörer unter der Telefonnummer 069/ 19725 Fragen stellen, mittags und abends werden die Hessen Gelegunheit haben, ihren Landeschef kennunzulernen — dann gesendet wird das ganze im Radio FFH Spezial von 20 bis 22 Uhr. Interview und Moderation: Maren Mende, Leiterin der Nachrichten-Redaktion.

Eichel: Abschaffung würde Gemeinden ruinieren

BAHNREFORM-GESPRÄCHE

Eichel mußte Federführung abgeben

Ministerpräsident Eichel, der Verhandlungsführer der Länder für die Bahnreform, mußte das Zepter im entscheidenden Moment an seinen Kollegen Scharping abgeben.

WOHNUNGSBAU

CDU: Eichel gefährdet den Solidarpakt

Eichel: Hessen wird zustimmen

Der Antragsteller muß nachweisen, daß der Künstlername, den er tragen möchte, irgendwo gedruckt steht. Wer nicht länger Burckhardt Schmidt heißen will, ohne deshalb gleich zeitungsreif zu werden, bleibt weiterhin an seinen Geburtsnamen geschmiedet, der auch bei legitimierten Pseudonymbenutzern eingeklammert im Paß stehenbleibt, und dies, obwohl Namensänderung für Frau Dippel eigentlich nur in Frage kommt, wenn keiner rauskriegen kann, wie sie vorher geheißen hat, in grundlegend abgestreiften Lebensphasen.

Die alte Hoffnung, als Nebeneffekt der Heirat den Mädchennamen loszuwerden, scheiterte regelmäßig an Herrn Klöterjahn, der manch einer Gabriele Eckhof seinen Klöterjahn überstülpte, wie Saddam den neueroberten Provinzen seinen Saddam. Lockerungen der Gesetzesgrundlage reagierten zwar auf die nicht mehr zeitgemäße Schmach traditioneller Regelungen, gebaren aber pro Lockerung neue Sackgassen.

1. Seit Frauen Doppelnamen tragen dürfen − Juli 1957 −, müssen sie sich in den Medien als Bindestrichmädchen auslachen lassen. Nur Gewöhnungseffekt verunauffälligt das Skandalon, daß die Hälften des in jedem Fall gewaltsam zusammengestückten Zufallsprodukts so problematisch auseinanderdriften wie im Fall Schmalz-Jacobsen oder Krone-Schmalz, oder im Fall der Frau Dr. Margret Funke-Schmitt-Rink (FDP). Zwar votierte Renate Damm in ihrer Eröffnungsrede zur Jubiläumsveranstaltung des Deutschen Juristinnenverbandes am 13.9.89 in Düsseldorf gegen die Weiterverwendung von Doppelnamen, nicht aber gegen so gynäkologisch-skatologische Namen wie Damm.

2. Seit Arno Schmidt den Mädchennamen seiner Frau hätte tragen, Arno Murawski heißen dürfen − ab 1976 −, konnten bei Heirat niederdrückende Namen ausgemendelt werden. Statt dessen vermehrten sich unabsehbar Schwarz-Schilling, Scholl-Latour, Reich-Ranicki, Mendelssohn-Bartholdy und andere Bindestrichjungs. Vor allem wird das Problem des Überstülpens hierbei nur verlagert, statt gelöst, zudem die angehende Ehe einer neuen

Streitquelle ausgeliefert. Es darf niemand gehindert werden, sich in eine bescheuerte Identität zu verbeißen.

3. Seit alle Heiratenden den Geburtsnamen behalten dürfen – März 1991 –, behält der Mann das ungute Gefühl, seine Braut würde sich nicht richtig zu ihm bekennen; bereits jetzt zielt die Separierung der Namen auf bevorstehende Trennungen ab – haben wir überhaupt vollgültig geheiratet? Statt daß beide Teile aufblühen dürfen anhand eines neuen Namens, trägt man den Doppelquark ungeteilt weiter. Und vor allem: Wie soll unsere kleine Simone heißen? Frint oder Zappelmann? Hase oder Böhme? Dippel oder Schmidt? Diese Frage hat flächendeckend zu Scheidungen geführt und zwischendurch zu dem Gesetzentwurf, die Streits zusammenbleibender Eltern per Schiedsrichter oder Losentscheid zu schlichten bzw. zu steigern, also die Willkür elterlichen Taufens zu objektivieren und zu parodieren. Nomen soll weiterhin Omen bleiben.

Wem der Name Ute, Herbert oder Uwe die Kindheit verdarb, wird der nächsten Generation Spielraum gönnen wollen und drei, vier Vornamen eintragen lassen, Jennifer, Diana, Klara, Manon: selten ist genau der Name dabei, den Maria gern getragen hätte. Untersuchungen der Zeitschrift »Vital« haben – der »Berliner Morgenpost« vom 1.7.93 zufolge – ergeben: Jedes dritte Kind leidet an seinem Vornamen.

Mit der Begründung, das Geschlecht der Namensträger müsse am Vornamen eindeutig erkennbar sein, haben Eltern, die ihr Kind Bernhard Markus Antoinette nennen wollen, auf Antoinette zu verzichten. George Eliot und Keto von Waberer sind Frauen; Maria Rilke und Evelyn Waugh, der 1928 Evelyn Gardner heiratete, sind Männer und würden hier und heute anders heißen müssen.

In Familienstammbüchern findet sich unter »Wichtige Hinweise und Bestimmungen« der Passus: »Man sollte immer bedenken, daß die Träger ausgefallener Namen darunter zu leiden haben, und zwar während eines ganzen Lebens.« So werden kreative und vom Üblichen abweichende Namen von den Standesämtern und Gerichten zurückgeschlagen, Eltern, die innovativ und amüsant sein wollen, diffamiert und Kinder bedauert, die zur Zeit nicht so wie alle Kinder Sandra, Maria, Stefanie, Marco, Gabriel heißen, sondern antiquarisch Erna, Konrad, Kunigunde, oder utopisch Orgon, Gladriel, Atréju. Um die Zulassung des Namens Sue-Feleceta kämpfte eine entschlossene Mutter fünf Jahre lang. Einmal wird Pumukl umstandlos anerkannt, dann wieder Möve als dritter Vorname abgelehnt, sobald der Richter — wie in München 1986 — bei Möve unschöne Assoziationen hat. Winnetou, den 1987 das Landesgericht Darmstadt freigab, muß jedes Mal neu beantragt und kann jedes Mal neu abgelehnt werden — und dies, obwohl bereits Carl Zuckmayer seine Tochter Winnetou nannte! Doppelmoral! Möve wird angeblich während eines ganzen Lebens leiden müssen, doch die Leiden Hartmut Müllers werden nicht anerkannt!

Jeder hat das Recht, sein Erbe auszuschlagen, innerhalb vierwöchiger Frist. Tätowierungen werden immer entfernbarer. Wunden, die ein ererbter Name schlägt, sind einfach nicht wegzuoperieren. Leidtragende, die ihres Namens wegen existentiell abrutschten, werden von ihrer Therapeutin (Frau Dr. Gisela Müller!) gesagt bekommen, die Symptome kämen von ganz woanders her; der Name werde bloß vorgeschoben, um die eigentlichen Probleme unbearbeitet zu lassen.

Vaterkomplexe könnten gemildert werden, wenn die junge Generation nicht genauso heißen müßte. Umgetaufte Kongolesen fallen, wenn sie nochmal beim alten Namen gerufen werden, um, kaum reanimierbar, worauf Hans Henny Jahnn aufmerksam machte, der zunächst Hans Henry Jahn hieß. Auswanderer wandern oft nur aus, weil in New York, das vorher New Amsterdam hieß, Namensänderung nicht schwer gemacht wird. Philipp Mainländer hat sich beim Erscheinen seiner »Philosophie der Erlösung« erschossen und hieß zunächst Philipp Batz.

Goethe beugte sich zwischen den widerspruchslos dabeistehenden Eltern über die Wiege seines Enkels: »Alma soll sie heißen«, und schon hieß Alma Alma. Argloses Taufen und Spitznamengeben gipfelt in fieser Namenspolitik. Eltern in Tibet und Kurdistan dürfen keine kurdischen und tibetischen Namen geben, Juden seit 1841 alle christlichen Vornamen tragen, außer Christian, Christoph und Peter. Als Deutscher darf Herbert bis heute nicht Jesus heißen, als Spanier durchaus, als Karel Gott sogar Gott und als Thommy Gottschalk Gottschalk. Eroberte dunkelhäutige Völker, die nur einteilige Namen kannten, wurden − wie mir Prof. Dr. L.-J. Bonny Duala-M'bedy erzählte − zum Tragen zweiteiliger Namen genötigt. Zögernd in Gang kommendem Völkermord laufen organisierte Massenumtaufen voran. Der Alptraum jeden Menschenwurms: in einer ungelüfteten Amtsstube des achtzehnten Jahrhunderts in der Schlange namenloser Hungerleider stehn, von Uniformträgern Namen kaufen zu müssen, Kleingeld hervorfingernd, um ab sofort Blech und Tröpfelmacher zu heißen, Nachtlicht, Wurst, Mosesblut, Jüdel, ja Treppengeländer und Niedergesäß, bis hin zu Afterduft, Kanalgeruch, Trompetenschleim und Stinker, derweilen nebenan betuchtere Opfer Goldsäcke auf die Tische hieven und lachend als Monsignore Schönberg und Feinstein hervorstolzieren, hinaus ins Licht, und als Goldschmitt und als Reich.

Weniger in Birma als in Burma werden Kinder nach dem Wochentag ihrer Geburt benannt, wobei jeder Wochentag dem Kind ein festgelegtes Temperament zuordnet: Sonntagskinder sind immer leicht entflammbar und somit im Telefonbuch als Streithähne a priori erkennbar. Im »Kratylos« des Platon, der zunächst Aristokles hieß, nicht zu verwechseln mit Aristoteles, findet sich die sadistische Theorie, daß jeder genau den Namen trüge, der ihm gebühre: »Welcher Name gebührt dem Sokrates?« − »Sokrates.«

Dramatiker und Romanciers, statt aus der Wirklichkeit zu lernen und gesenkten Hauptes ihren Figuren menschenwürdige Namen zu geben, drosseln selten ihre aggressive Phantasie −

James Joyce schritt voran und nannte eine Figur Mrs. Kennefick. Franz Ottokar Mürbekapsel war unfähig, von Helmut Heißenbüttel einen anderen Namen zu erbitten. Wenn Romanfiguren Heißenbüttel hießen, würde jeder Leser aufbegehren: »Das klingt viel zu konstruiert!« Nirgendwo eine gewaltsam benannte Figur, von Abschaffel über Hackensack bis Mindernickel, die nicht gleichlautend oder noch übertriebener spätestens im Telefonbuchkomplex von New York stünde. Phantasie und Wirklichkeit werden wie immer aus demselben dubiosen Holz geschnitzt.

Es soll psychologisch wichtig sein, sich beim Namen genannt zu hören, um ab und zu ein wenig Identität zu genießen. Trotzdem sind nicht nur banale und obszöne Namen ein Schlag ins Gesicht ihrer Träger. Selten irgendwo einer, der seine Herkunft aus Spitzname und Schimpfname verleugnen könnte. In Etzengesäß entzifferte ich eine Palette mit Namensschildchen: Pause, Flöting, Russau, Boulem, Krumeich, Sobisiak, Baldus, Klasse, Hardy, Kmet, Paatsch, Pfaff, Fritsch, Formazain, Jänicke/Redeker. In 25832 Kotzenbüll stand ich vor einem Türschild: Erli Beutel-Windischbauer 1. Stock. IG-Metall-Chef Zwickel heißt Zwickel. In Gambia muß ein Mensch, wie mir Al Imfeld erzählte, Kuendiwere heißen, wörtlich: Weltuntergang, nur weil im Radio, das bei seiner Geburt lief, just das Wort Weltuntergang vorkam. In Zimbabwe muß ein Mensch, wie mir ebenfalls Al Imfeld erzählte, Tudadikwedi heißen, wörtlich: »Ein Bild fiel von der Wand«, nur weil bei seiner Geburt ein Bild von der Wand fiel. Und in einer dpa-Meldung vom 29.10.93 hieß es: »Ein hoher Beamter des Informationsministeriums in Phnom Penh sagte am Freitag, die Behörden seien auf der Suche nach einem Polizeioffizier, der im Verdacht stehe, den deutschen UN-Soldaten vor gut zwei Wochen von einem Motorrad aus mit mehreren Schüssen getötet zu haben. Der Mann, dessen Name mit Kong Bumyatha angegeben wurde, sei auf der Flucht.« Bedauernswerter Täter! Wessen Name mit Kong Bumyatha angegeben wird, der kann halt nicht anders, der muß einfach ab und zu einen UN-Soldaten ermorden. Der erste Geiselnehmer Deutschlands hieß Rammelmeyer, sein Opfer Friederike Hohlbaum. Hitlers Leiche wurde von Rattenhuber beseitigt.

Ludwig wurde im norddeutschen Gegenwind zu Lutz, wenn nicht gar zu Utz. Kaum hört die ältere Generation auf, Fritz und Heinz und Hans zu heißen, schon heißt man Peer, Sven, Sten, Mark, Mike, Tim – als ob das anders klänge als Gerd, Gert, Karl, Kurt, Knut, Bernd, Max, Sepp, Schorsch. Zwar spart man als Jim, Jörg, Jörn, Björn, Urs, Uwe, Udo beim Signieren pro Leben drei Monate. Doch tasten kurze Namen die Menschenwürde an. Ulf, Delf, Dirk kann man nicht auf der Zunge zergehen lassen wie die saumseligen Namen Johann Wilhelm Gottfried oder Johann Heinrich Melchior und so weiter, mit denen man kaum noch vorwärtskommt im Namensgetümmel der Metropolen Bonn, Rom, Ulm – wer will sich noch verstricken in so raumgreifende Namen wie Hintertupfingen, Periyamuoliyarchavadi und Sabine Leutheusser-Schnarrenberger, welchletztere weder von Rakotoarijaona, dem Regierungschef Madagaskars, überboten wird, noch von Rainilaiarivony, dem von 1864 bis 95 amtierenden Ministerpräsidenten Madagaskars, vielleicht nicht mal von Andrianampoinimerina, dem von 1787 bis 1810 regierenden König von Madagaskar. Kunz, Jauch, Horx, Rumpf, Seibt, Schalck, Rust haben – rein klanglich – was Brutales, Abruptes an sich. Pol Pot, das sind zwei Stiche ins Herz der Menschheit. Mädchennamen sind da viel weniger offensiv, nämlich fast nie monosyllabisch, außer bei Ruth und Babs.

Humanisten treten zweisilbig auf, Humboldt, Herder, Goethe, Lessing, Schiller, Körner, Wieland, Klopstock und Bürger. Moderne Klassiker dagegen – Ausnahmen und Gegenbeispiele abgerechnet – heißen bevorzugt Grass, Lenz, Lenz, Jens, Böll, Köpf, Kroetz, Götz, Hahn, Rühm, Muschg, Frisch, Fritsch, Gstrein, Drach, Dorst, Strauß, Späth, also fast schon so kurz und schlimm wie Politiker namens Kohl, Brandt, Blüm, Rau, Deng, Bush, Krenz, Gauck, Strauß, Späth, Bosch, Krupp – merken Sie nicht, was einsilbige Namen aus Ihnen machen? Jean Pütz! Lutz

Kroth! Es geht im Fasse-dich-kurz-Zeitalter um Aufrufbarkeit! Effektivität! Definierbarkeit! Rationalisierung! Ror Wolf! Max Ernst! Hans Küng! So wirst du auf den Punkt gebracht! Zugeschnitten! Ruppig ausstoßbar! Krieg! Klaus Mann! Karl Dall! Karl Barth! Carl Bosch! Karl Kraus! Karl Dorn! Karl May! Karl Marx! Carl Barks! Franz Alt! Frans Hals! Die Soldaten im Großen Nordischen Krieg (1770—1815) haben durchweg Kurznamen zugeteilt bekommen, Skott = Schuß, Stark = Stark, Svärd = Schwert, Pihl = Pfeil. Postleitzahlen werden länger, Namen kürzer. A priori verkrüppelt seid ihr und sollt ihr werden, ihr Datei-Kürzel! Ihr Signaturen! Passenderweise heißen Beckettfiguren — statt Hamlet und Closter und Graf Yoster —Hamm und Clov, und statt Prosit Prost: Lang lebe Rudi Ment!

Wer Behördenkämpfe abkürzen möchte, sollte als Einzelkämpfer schon jetzt auffällig inhumane Namen verbessern, mittels geschickter Heirat: Jeder Drews heirate Frau Drewermann. Statt Grimm heiße man Grimmelshausen, statt Flick Flickenschildt. Statt Eich Eichel und statt Eichel heiße man: von Eichendorff! Statt Bert — Bertolt und statt Beck — Beckett oder Beckmann. Statt Matt — oder Dürr — heiße man Dürrenmatt, statt C.G. Jung: Carl Gustav Jung. Statt Bach — oder Mann — heiße man Bachmann. Kurz: Menschenfreundliche Namen können kaum lang genug sein. Schmidt ist immerhin länger als Kunz, Oe zweisilbiger als Paz und Oz.

Vieles könnte so einfach sein. Burmesen, denen ihr Name nicht mehr zusagt, pflegen einen Boten von Haus zu Haus zu schicken, mit vielen Päckchen Tee, allerlei Kopfbewegungen und der mündlichen Nachricht: »Ich komme von Maung Shwe Pyin (Herr Goldener Dummkopf). Ab heute 12 Uhr heißt er nicht mehr so. Sondern wenn Sie ihn einladen, dann nennen Sie ihn bitte Maung Hkyaw Hpe (Herr Berühmter Vater). Und trinken Sie gütigst diesen Tee.« Selbst hierzulande gab es bereits größere Freiheiten, und zwar im mittelalterlichen Namensrecht. Ungenaues Hinhören plus Unbürokratie führte damals zu Heribert Möller, Herbrecht Mül-

ling, Herbart Muller, Herbold Teichmüller, Herbrecht Mölle-
mann, Herwarth Multscher. Heute dagegen wird die Spontanzeu-
gung neuer Namen penibel verhindert.

Einst gaben Wiedertäufer und Baptisten eine schöne Begründung für freies Taufrecht: Nicht das Neugeborene, erst der
Erwachsene kann und soll entscheiden, was für einen Namen er
tragen möchte. Ein junger Chinese im alten China bekam
zunächst einen Überbrückungsnamen: den Kindernamen = kleinen Namen = Milchnamen, dann, im dritten Monat, den wirkli-
chen Namen: den großen Namen = den Buchnamen = den
Schulnamen = den Heftnamen, sodann – Mädchen mit fünfzehn, Jünglinge mit zwanzig – den Großjährigkeitsnamen =
Außen-Namen = Initiationsnamen = Heiratsnamen. Auch auf
Bali erhielten Kinder erst am hundertundfünften Tag den Namen;
vorher gehörten sie namenlos den Göttern. Hierzulande wird völlig verfrüht ein Baby auf den Namen Berenice getauft; hinterher
zeigt sich dann, daß es eigentlich hätte Nicole heißen müssen.

Die Sehnsucht, passender zu heißen, schöner zu heißen, anders
zu heißen, tut sich überall indirekt hervor, in der Flucht in Kose-
namen, abseits vom Personalausweis, da wimmelt's von Schnup
und Mupfel, Schnudel und Godelchen, Ebi statt Eberhard, Molly
statt Maria, Hörby statt Herbert. Auch greifen bundesdeutsche
Eltern beim Taufen zu immer klangvolleren Namen, 1960 zu
Soraya und Angelique, 1994 zu Desirée und Jessamin. Da aber die
unverbesserbaren Nachnamen nicht Schritt halten dürfen, wird
die Kimme zwischen Vorn und Hinten immer tiefer. Und schon
wimmelt es überall von Puwalla-Kentauren namens Lioba Happel
und Marcel Pott, denen die seltsam leuchtenden Paradebeispiele
Rainer Candidus Barzel, Axel Cäsar Springer und Hans Magnus
Enzensberger voranschreiten, Hand in Hand mit der aus Seoul
stammenden, seit dreizehn Jahren in Deutschland verheirateten
»Asia-Food«-Verkäuferin Yang-Soon Dieckmeyer-Kang. Meine
Urgroßmutter hieß Eleonora Holbein geb. Kieb; Herberts Oma
hieß Apollonia Müller. Seit Anfang 90 verzeichnet nicht nur das

Danke, mein geliebter Schatz, daß Du trotz meiner Lüge zu mir hältst.
In Liebe
Dein Scheißerchen

Meinem lieben
Mauseschwänzchen
alles Gute
zum Geburtstag.
Dein Dicky

Für meinen **süßen Schatz**
alles Liebe zum
23. Geburtstag.
Ich liebe Dich!
Deine Ela-Maus

Hei, Schnudel!
Na, Überraschung gelungen?
Herzliche Geburtstagsgrüße aus Übersee senden Dir
Klaus und Godelchen

Liebster Schnup!
3 Jahre, und ich lieb' Dich wie am ersten Tag.
In Liebe
Dein Mupfel

Hallo, Schnecke!
Danke für die
5 chaotischen Jahre
Dein Bär

15. 10. 1988
Hallo, Alf!
Ich liebe Dich noch immer – und daran wird sich auch nie etwas ändern!
Helga

HALLO, MEIN FLOSCH!
Alles Liebe zum Gebultstag vom
BLUMMBALCHEN

30 30 30 30 30 30 30 30 30 30 30 30
30
30 **PLÜSCH!**
30
30 *Alles Liebe*
30 *der Welt.*
30
30
30 DEINE GAK
30 UND GAKELCHEN
30 30 30 30 30 30 30 30 30 30 30 30

Standesamt Homberg an der Efze einen steilen Anstieg betont deutscher Kindstaufen; doch die Resultate, die auf Liese Happel und Martin Pott hinauslaufen, klingen wiederum gar zu homogen.

Durch alle Zeiten, Länder, Berufsgruppen, Gesellschaftsschichten zieht sich die Sehnsucht, anders zu heißen. Im alten China gab es keinen Gelehrten, keinen Dichter oder Maler ohne Pinselnamen. Perry-Rhodan-Autor Clark Darlton hieß vorher Walter Ernsting; vermutlich heißt auch Perry Rhodan privat viel biederer. Harry von Duckwitz hieß vorher Joseph von Westphalen, und wer weiß, wie der vorher hieß. Und wer weiß, wie Utta Danella vorher hieß. Hier verlischt der Geschlechterkampf: Olympias, die Mutter Alexanders des Großen, hieß vorher Myrtale. Selbst Günther Anders hieß vorher anders: Günther Stern. Hier gehen Altes und Neues Testament Hand in Hand: Abraham hieß vorher Abram, Simon hinterher Kephas. Hier trifft sich Lederstrumpf mit Loriot, und Friedrich von Hardenberg mit Hussein el-Takriti = Novalis mit Saddam Hussein. Hier koinzidiert Muhammed Ali, der vorher Cassius Clay hieß, mit Geert Geerts, der hinterher Erasmus von Rotterdam hieß. Endlich werden E und U eins: Karl Amadeus Hartmann hieß vorher Karl Hartmann, Manfred Petz hinterher Freddy Quinn. Endlich werden Päpste, Yogis und Schwerverbrecher eins.

Andere sind beim Selbstumtaufen bescheidener: Gerhart Hauptmann, der zunächst Gerhard hieß, verhärtete einen Buchstaben zwecks Identitätsfindung. Und Sigismund Freud kam erst als Sigmund Freud zu seiner Ich-Theorie. Mit solchen Micro-Laser-Basteleien rüttelt der Mensch innerhalb des gesetzlichen Namenszwangs an Ketten, die er nicht lockert.

Der neue Name wächst genetisch aus dem religiös abgelegten weltlichen Namen hervor. Der Heilige Christopherus hieß vorher Reprobus, Bonifatius vorher Winfrid, Osho vorher Bhagwan Rajneesh, Bhagwan vorher Chandra Mohan. Abraham a Sancta Clara konnte aufatmen, sobald er nicht mehr Johann Ulrich

Megerle – also fast schon Mengele – heißen mußte. Jeder Morhold durfte ein neues Leben beginnen, sobald er Clemens hieß. Auch außerhalb der Kirche hellten latinisierte Namen das vierschrötige Lutherdeutsch ungeahnt auf – Schultze, Schmidt und Schwarzerd gingen wohltuend in Prätorius, Fabricius und Melanchthon über. Krämer durfte Mercator, Weiß Albinus heißen – nicht umsonst heißt diese Zeit deutscher Frühhumanismus. Müller wurde zu Molitor.

Wer unkontrolliert seinen Namen ändert, ist ab dieser Sekunde nicht mehr zu fassen. Namensgesetze sind heute deshalb so streng, weil im Interesse der Allgemeinheit kein Mensch verwechselbar werden darf. Der Name von Antragstellern, die im Schuldnerverzeichnis stehen, darf in überhaupt keinem Fall – und laute er noch so sehr Ficker – geändert, den Gläubigern die Verfolgung ihrer Ansprüche nicht erschwert werden. Eine Lockerung der Gesetze würde im Postwesen, bei Fahndungen und Volkszählungen ein Chaos nach sich ziehen, der Handel mit falschen Pässen heillos erleichtert.

Diese Argumentation trifft seit Jahrhunderten nicht mehr zu, und zwar, seit das Müller-Syndrom aufkam. Unverantwortlich stauen sich gleichnamige Kopfzahlen in ihren Telefonbuch-Spalten: eine knappe Million deprimierter Müllers, sechshunderttausend bedauernswerte Schmidts, dreihundertfünfzigtausend erniedrigte Schneiders, zuzüglich jeweils über zweihunderttausend wehrlose Wagners, Hoffmanns, Kleins und Schröders! Weder verwandt noch verschwägert: Allein in Hamburg gibt es 3800 Müller-Haushalte, in München ebensoviele. Achtzig Millionen Deutsche haben bloß genauso viel Nachnamen zur Verfügung wie jene vier Millionen, die um 1650 Deutschland bevölkerten, also bloß ein paar tausend. Eine Milliarde Chinesen teilen sich zweihundert Familiennamen. Der chinesische Herr Müller heißt Herr Li, der ghanaische Li heißt Arma, der islamische Arma heißt Ali. Und wer in China nicht Li heißt, heißt halt Chang oder Wang. Und wer in Korea nicht Kim oder Pak heißt, heißt halt Yi. Und wer in England nicht Smith, Jones oder Brown heißt, heißt Taylor, Roberts oder Johnson. In Spanien heißt jeder dritte Garcia, Fernandez oder Lopez, in Rußland jeder zweite Iwanow und Pawlow.

Schon im kleinen fängt das an. Welcher Lehrer hätte nicht drei bis sechs Schülerinnen in der Klasse, die Melanie heißen! Dieses ständige Zusammenzucken in jeder geselligen Runde! Sechs austauschbare Buchstaben erklingen, jeder wirft vollautomatisch den Kopf herum: doch ist jedesmal der andere Ulrich gemeint. Nichts gegen freundliche Wiedererkennungsszenen zwischen Hinz und Hinz, sowie zwischen Kunz und Kunz. Doch die unerschöpflichste Fehlerquelle gebiert nur Ärger und Schaden. Allein diese zeitraubenden Verwirrspielchen im Postwesen: Täglich tauschen Müller-Familien aller Wohnblocks ihre Irrläufer aus. Die Schnüffeltruppe der Briefamtvermittlungsstelle Marburg könnte ihre Kopfzahl, die pro Tag über viertausend »unanbringliche Sendungen« erkennungsdienstlich behandelt, von vierzig auf zwanzig reduzieren, wenn nicht die Hälfte der Sendungen nur deswegen unanbringlich wäre, weil die meisten Müllers genauso wie andere Meiers heißen. Die Auswertung der Stasi-Akten zieht sich nur deshalb so, weil es mehr Mitarbeiter als Decknamen gab. Zig Leute allein in Berlin trugen den Decknamen Rose.

Die vorläufige Unabänderlichkeit der Namensgesetze führt sogar stapelweise zu Justizirrtümern! Nach wie vor vergeht keine »XY-ungelöst«-Sendung mit Eduard Zimmermann, ohne daß nicht zwei, drei unschuldige Passanten namens Gerhard Schmidt verhaftet würden, wodurch die Festnahme des flüchtigen Gerhard Schmidt unverantwortlich verzögert wird. Und es kommt noch dicker: Nach wie vor werden in den Krankenhäusern immer wieder die falschen Brüste und Raucherbeine amputiert und die falschen Angehörigen vom Tod des lebenden Namensvetters benachrichtigt!

»Kafka mühte sich auf dem Hof an einer Handkurbel«, steht im Öko-Diktatur-Roman von Dirk Fleck. Doch nirgendwo steigt Gabi Engholm, die 1994 ein verschollenes John-Beckett-Manuskript Werner Lessings entdeckte – auf die Barrikaden, zusammen mit Petra Kafka und Bohumil Kafka (1878–1942), um dagegen zu protestieren, daß überall so eigenständige Geister wie Alissa, Johanna, Martin und Robert Walser, Friedrich und Karl Schiller, Immanuel, Hermann und Uwe Kant nur per Vorname unterscheidbar werden. Es entbehrt jeder Logik, jeder Plausibilität, jeder Mitmenschlichkeit, daß Johann und Richard Strauß blindlings genauso heißen müssen wie Franz Josef oder Botho. Helmut Kohl, Helmut Schmidt, Arno Schmidt, Arno Holz, Hans Heinz Holz, ferner der hessische Wirtschaftsminister Alfred Schmidt und der Frankfurter Philosoph und Soziologe Alfred Schmidt, diese alle müssen sich – statt sieben Vornamen und sieben Nachnamen zu tragen – vier Vornamen und drei Nachnamen teilen. Wer persifliert hier wen? Jeder jeden oder keiner keinen? Absurde, zynische, unnötige Redundanzen! Ivan Savvic Nikitin und Nikolaj Nikolaevic Nikitin sollten selbst dann verschiedene Namen tragen dürfen, wenn man ihre Werke verwechseln könnte. Für die Beleuchtung in »Doktor Schiwago« zuständig: Miguel Sancho. Im Telefonbuchkomplex von New York finden sich, wie mir Thomas Kunz erzählte, 6 Ravels, 14 Kafkas und – 24 Adornos, also mehr als in der BRD, wo auf 17 Adornos immerhin 385 Kafkas kommen, und als Zugabe 7 Adornettos! In summa: Überall finden exakt jene Verwechslungen statt, denen man per Namenszwang ausweichen wollte!

Historischer Exkurs: Tausend Jahre lang hießen Bauern- und Königsgeschlechter unbeirrbar genauso: Tausend Jahre lang baumelte an ein und demselben Ochsenpflug ein und derselbe Heinrich, mit identischen Handbewegungen bei gleichbleibendem Blond plus Breitschultrigkeit – wozu an scheinbaren Nahtstellen im Kontinuum grundlos den Namen wechseln? Das waren noch Zeiten, als die Namen noch zu ihren Trägern paßten. Wer Müller hieß, besaß eine Mühle, und die O-Beine dessen, der erstmals auf den Namen Hohlbein hörte, sträubten sich noch drei Generationen später, gradegebogen zu werden. Dann aber hörte das Gol-

110

dene Zeitalter auf, Streubreite kam ins Spiel; nicht nur der erste Sohn, der die Mühle übernahm, auch der zweite, der Soldat wurde, und der dritte, der Mönch wurde, hießen unzutreffend gleichfalls Müller. Mittelalterliche Bevölkerungsexplosion, die zum Beinamen, dann zum Nachnamen geführt hatte, gipfelte in der Bürgernummer. Vorher hatte ein Name genügt; man hieß Heino, Freddy, Madonna, Grock, Fernandel, Franzobel, Loriot, Novalis, Mynona, Klabund oder Multatuli und damit basta – nicht zu verwechseln mit Mikrotubuli! Spätestens aber ab dem Zeitalter des Individualismus – Ludwig van Beethoven! – begannen immer mehr Leute sich zu unterscheiden, einer vom andern, ohne auf Dauer diese Errungenschaft mit abweichenden Namen nach außenhin kenntlich machen zu können. So kam es zu all den Hamburger Familien, die Bayer heißen, zu Schwaben, die Hesse heißen, Lehrern namens Bauer und Landwirten namens Bernd Koch. Depressive Mitmenschen müssen Fröhlich heißen, Pykniker Dürrenmatt und Frauen Frau Hausmann und Frau Mann, und kleine Frauen Frau Großmann. Die Wirtschaftssprecherin des Neuen Forums, Berlin, heißt Barbara Hähnchen. C.G. Jung wurde fünfundachtzig Jahre alt, Ernst Jünger viel älter; Franz Alt war mal zwanzig Lenze jung, ohne damals so zu heißen, wie Siegfried und Hermann Lenz heut kaum noch heißen dürften. Peter, Paul A. und Max Weber, Tilman und Oswald Spengler, Samuel und Joschka Fischer, Dietrich E. Sattler, Steffi und Doro Graf, Albert und Gert Hofmann, Heinz Edelmann, Werner und Roman Herzog, Petra König, Reinhard und Joachim Kaiser schleppen hülsenhaft die ausgestorbene Berufspalette des Mittelalters – funktionslos geworden, aber komplett – quer durchs zwanzigste Jahrhundert. Der Brennpunkt des Namens blieb der einzige unreformierte Ort seit tausend Jahren, ein eisernes Fossil, unangepaßt den völlig veränderten Verhältnissen, doch genötigt, immer noch zu funktionieren. Das seit Anno dazumal vorhandene, längst nicht mehr ausreichende Material wird immer wieder recycelt – unreflektierte Ökologie an unnötiger Stelle!

111

Dennoch bewegt sich in der Namensgesetzgebung nichts. Muß es erst so weit kommen wie in Schweden? Dort kam 1870 die komplette Verwaltung zum Erliegen; neunzig Prozent aller Staatsbürger hießen entweder Andersson, Petersson oder Lundquist. Die Regierung sah sich genötigt, die Bevölkerung aufzufordern, sich selber umzutaufen. Viele hießen ab sofort viel schöner und duftiger, weshalb heutzutage in Schweden die Namen Björkquist, Ekelöf und Lindgren, also Birkenzweig, Eichenlaub und Lindenast, genauso häufig und lästig geworden sind wie vorher Lundquist, Petersson und Andersson. Immerhin konnte die beengte Palette zeitweise ein Spürchen aufgelichtet werden. Wann nehmen sich gegenwärtige und kommende Bundesregierungen ein Beispiel an der Menschenfreundlichkeit dieser historischen Glanztat?

Statt dessen mußten ab dem 1.1.1939 alle männlichen Juden ohne ausgeprägt jüdischen Vornamen in ihre Papiere den Einheitsvornamen Israel eintragen lassen, alle weiblichen den Einheitsvornamen Sara. Immer diese Parallelen zwischen Deutschem Reich und BRD: Wer heute noch Mendel und Marholz heißt, und Knorr, kann morgen schon Müller und Meier heißen, und Schmidt.

*

Ein erster Schritt in Richtung humanerer Namensgesetze: Abbau der Einschränkungen bei der Kindstaufe. Ersatzlose Streichung der Forderung, daß jeder neu vergebene Name bereits irgendwo vorgekommen sein muß. Keiner muß ab heute im Flur darauf warten, reingerufen zu werden und dann abwarten, bis ein Beamtengesicht namens Walter Unwirsch in tendenziösen, unspendablen Tabellen nachgeguckt hat, ob meine allerliebsten Kinder Wismut und Europa auch wirklich so heißen dürfen. Schluß mit dem Mißstand, daß Menschen vor Gericht müssen, bloß weil sie ihre Kinder Elektron, Pan, Pillula oder Ogino nennen möchten. Zwar besteht die Gefahr, daß in Kürze hier und da ein Goofi Meier oder eine Papagena Soundso herumlaufen wird; dergleichen Experimente mögen zunächst der Preis der Freiheit sein. Doch wohne ich lieber in einer Übergangs-Ära kreativen Unfugs als im graugetönt fortgesetzten Einheitsbrei bisheriger Degradierung.

Ein zweiter Schritt in Richtung humaner Namensgesetze: Schluß mit den bisherigen Erschwernissen beim Ändern des Familiennamens! Schluß mit der Regelung, daß der seit Jahren getrennt lebende Ehepartner aufs Amt und der Namensänderung zustimmen muß! Raus mit dem Passus, daß keine Phantasienamen gegeben werden dürfen, da sowas bloß den vorübergehenden Interessen einer Person entspränge und deshalb ungeeignet für die Übertragung auf das bürgerliche Leben sei − Schluß mit verordneter Phantasielosigkeit! Schluß mit der Unvererbbarkeit von Pseudonymen! Schluß mit dem diffamierenden Wort Pseudonym: Halluzinationen sind auch nicht bunter als Pseudohalluzinationen! Schluß mit dem Verbot, Ortsnamen zu Nachnamen zu machen! Wozu soll jeder, der heute klangvoll Walther von der Vogelweide heißen könnte, prosaisch als Walter Vogel rumlaufen müssen? Und warum soll ich gehindert werden, mir − wenn ich das unbedingt will − einen Namen zu genehmigen, der zu unangemessenen Wortspielen Anlaß gibt? Und Schluß mit der Verordnung, daß »der ausländische oder nicht deutsch klingende Name eines deutschen Staatsbürgers« keinen wichtigen Grund für eine Namensänderung liefert! Und daß sich umgekehrt kein Deutscher namens Raabe ab morgen Rabulinsky nennen darf!

Ein dritter Schritt: Neben den Kindheitsnamen tritt der Jugendname, der Erwachsenenname, der Seniorenname und − wie im alten China − der posthume Name. Wer seinen Kindheitsnamen zeitlebens behalten möchte, darf ihn behalten. Wer partout nicht Maria oder Jonas heißen mag, ist berechtigt, seinen Kindheitsnamen, bei Pubertätseintritt oder Führerscheinreife, restlos abzulegen. Beim Aussuchen des Jugendnamens besitzen die Sorgerechtsinhaber Mitspracherecht. In Zweifelsfällen entscheiden die, die den Namen am häufigsten hören werden, anstelle derer, die ihr

Kind damit rufen möchten. Wozu Zweisprachigkeit verbieten? Warum soll ein junger Mensch nicht vom Judolehrer anders gerufen werden als von der Oma? Schon jetzt läßt sich jeder von seinen Kindern anders nennen als von seinem Chef, beim Coitus anders als beim Skat, mal Teddy, mal Mr. Wiesengrund, mal Prof. Adorno, und dies alles ohne staatliche Anerkennung. Hauptsache, er behält den Überblick. In Afrika ruft die Mutter ihren erwachsenen Sohn weiterhin mit dem Kindheitsnamen, während es seitens des Vaters eher beleidigend wäre, wenn dieser plötzlich den Erwachsenennamen nicht benutzte. Häufige Umtaufen haben sich in China Jahrtausende lang bewährt. Der Entschluß, einen Erwachsenennamen anzunehmen, sollte nicht leichtfertig getroffen, nämlich dieser dritte Name langfristig verbindlich getragen werden, mindestens ein Jahrsiebt lang. Ein solcher Rhythmus bietet sich nicht nur bei Anthroposophen an, sondern bei allen seelisch differenzierten oder labilen Namensträgern.

Zusatzklausel: Wer sich häufigen äußeren und inneren Wandlungen unterworfen fühlt, darf nicht gehindert werden, seinen Namen öfter zu wechseln als einmal pro Lebensphase – es muß ja nicht gleich so oft sein wie bei Ho Tschi-minh, der als Nguyen Sinh Cung geboren wurde, kurz darauf als Küchenjunge, Steward und Matrose Ba hieß, ab 1917 Nguyen Ai Quoc, zwischen 1925 und 27 sowohl Wuong wie Li Thui, sowie Wang Schan-er, dann als Mönch in Thailand 1928 Tschin, von 1930 bis 31 Tong Van So und Sung Man-cho, sowie Lin, sowie Tran, und schließlich ab 1942 für immer Ho Tschi-minh.

Nicht vergessen: Übertrieben häufiges Umtaufen kann zu venezianischem Karneval führen, wenn nicht gar zu Persönlichkeitsstörungen. Deshalb hier wie überall: Maßhalten! Die ungeduldigsten Anträge werden nur in begründeten Ausnahmefällen bewilligt. Ab dem Tod des Vaters durften im alten China keine offiziellen Namenswechsel mehr stattfinden, ein Brauch, der immer wieder mißachtet wurde, in Vergessenheit geriet, wellenweise fortgespült von der übermächtigen Sehnsucht, anders zu heißen. Prinzipiell gilt: Jeder Staatsbürger darf so viele Namen tragen, wie er will.

Ein weiterer Schritt, ein weiteres Grundrecht: Jeder Staatsbürger ist berechtigt, einen Namen zu führen, den nachweislich niemand anderes führt. Eine Umtauf-Diktatur würde das gleich wieder übermäßig scharf ausdrücken: Kein Name darf wiederholt benutzt werden. Zumindest darf die Kombination zwischen Vor- und Zuname noch nicht vorgekommen sein. Die Einmaligkeit des Namens ermöglicht es, endlich die verhaßte Durchnumerierung der Staatsbürger per Bürgernummern entfallen zu lassen, desgleichen Kontonummern und sonstige Nummern, die heutzutage schon länger sind als durchschnittlich lange Namen und die im Bankverkehr usw. nur deshalb nötig geworden sind, weil die Namen nicht mehr ausgereicht haben, ihre vervielfältigten Träger auseinanderzuhalten. Endlich würde sich nicht mehr von Begegnung zu Begegnung das leidige Bernhard-Symptom verschärfen, welches darin besteht, daß immer nur auf den allerersten Bernhard, den man als Kind traf und der in meinem Fall Bernhard Dubbert hieß, der Name Bernhard wie ein Po auf einen Eimer paßt, woraufhin dann alle späteren Bernharde mit dem bescheuerten Urbild nicht konkurrieren können, als Imitatoren nachkleckern — Bernhard Grzimek, Thomas Bernhard und Bernhard von Clairvaux, Bernard Shaw, bis hin zu Horst Tappert, alle schmecken irgendwie für immer nach Bernhard Dubbert.

Weitere Schritte: Monatlich werden Preise für die schönsten Neuschöpfungen ausgeschrieben. Ein kostenloser Beratungs-Service steht jedem zur Verfügung, der sich zwischen dem Wohlklang so süperber Namen wie Gina Lollobrigida oder Yehudi Menuhin und der Italienität so zauberhafter Möglichkeiten wie Pirandello oder Smetana oder Neruda nicht entscheiden kann. Wer bloß Dubbert hieß, kann im Handumdrehn Dubois heißen. Ein Anagramm-Computer spuckt für jeden Namen die schönsten Anagramme aus. Wer bloß als Heinrich Bullo oder Norbi Leichuhl daherstiefelte, darf ab sofort als Uriel Bohnlich oder Huron Lieblich weiterwandeln. Kraus könnte ab sofort Arkus heißen. Oskar Pastior könnte ab sofort Satori Kapros heißen, Aspiro Kratos, Ariosto Parks, oder sich in Grazien namens Risota Karpos, Korosa Partis, Aprikosa Rost oder Irakosa Sport verwandeln. Die Viererbande Heehn de Dickarsch, Eidechs Dreckhahn, H. Deich Drehensack und Hahn Scheidedreck könnte von Stund an Eckhard Henscheid oder gar Dr. K.-H. Ch. Chinaseide heißen. Es bestehen auf diesem Weg gesellschaftliche Aufstiegschancen sogar für Uwe R. Dampfel, der zu Dr. W. Pflaume und Dr. phal Muwe avancieren könnte, Arno Schmidt zu Dr. Martin Ochs, Thomas Schroeder zu Dr. Hermes Tao-Ochs. Wer hingegen von seinem alten Namen nicht loskommen mag, darf ihn behalten. Masochisten, die einen unschönen Namen nicht loslassen wollen, Angsthasen, die einem verwechselbaren Namen treu bleiben möchten, nehmen für alle Fälle einen unverwechselbaren Zusatznamen an, den sogenannten Behördennamen.

Alle Namensänderungen sollten von angemessenen Ritualen und Festivitäten begleitet werden. Freue dich, deine bisherigen Geburtsurkunden gegen heilige Papiere austauschen zu können! Solch ein Moment kommt so schnell nicht wieder. Grandiose Silvesterhaftigkeit wird deinen neuen Namen euphorisch umwehen – achte drauf! Sobald du in den richtigen Namen hineinwächst, wird er ein Zauberwort sein!

Heißen und Sein – es braucht ja nicht gleich Heideggers Sein zu sein – sind nicht länger zweierlei Stiefel. Man heißt nicht mehr, man ist. Gentlemen alter Schule – »Mein Name ist Derrick...« – sterben aus, zugunsten von Typen, die zwischen Schlagzeug und Staudurchsagen hervorkrähen: »Ich bin der Norbert Linke!« Wer sich umtaufen läßt, hat ab sofort ein anderer Mensch zu sein. Falls sich hinterher bloß derselbe wie vorher erfrischt fühlt, hast du irgend etwas falschgemacht. Bloß ein bißchen an sich arbeiten und vorher am Namen popeln, das genügt nicht. Ein neuer Name, aufgeklebt auf alten Adam, würde jede Umtaufe nachträglich ungültig machen. Lege deine alte Frisur ab, ohne deine Glatze an Hare Krishna anzulehnen! Werde wiedergeboren, ohne aus diesem Anlaß sterben zu müssen! Werde, der du bisher nicht warst! Bleibe nicht der, der du für immer bleiben wirst, so sehr es hiermit im Einzelfall hapern mag. Sonst geht die Umstrukturierung deines Wesens und das damit verbundene große Aufatmen an dir vorbei. Dann wird dir dein neues Kleid und dein neuer Leib schon morgen so festgelegt und unbefriedigend und judensternartig vorkommen wie die just abgestreifte Wäsche.

Und so wird halt auch bei einer Einführung der leider noch lange nicht bevorstehenden Namensfreiheit mit Passivität zu rechnen sein. Breite Bevölkerungsteile wollen nicht so richtig. Bundesweit gibt es 65 Telefonbucheinträge auf Fickenwirth, 297 auf Fickinger, 696 auf Ficker, und keiner von diesen will wenigstens Wickert heißen. Es besteht − laut Jochen Feilcke (CDU/CSU) − kein Regelungsbedarf. 99 % der heiratenden Männer − laut Siegfried Willutzki, dem Vorsitzenden des Deutschen Familiengerichtstags − verschmähen den Mädchennamen der Frau. Und auf das übrigbleibende eine Prozent ist auch kein Verlaß. Es nutzt diese Möglichkeit nicht etwa, um endlich ein anderer Mensch zu sein, sondern um aus dem Vorbestraftenregister rauszukommen oder um für die Gleichberechtigung von Mann und Frau zu demonstrieren.

Und wenn wirklich mal irgendwo ein Antrag gestellt wird, dann bloß nach Scheidungen, oder weil man ungebräuchliche oder schwer auszusprechende Namen ändern lassen möchte in irgendein Müller, wodurch das beengte Gesamtrepertoire weiterschrumpft. Wer plötzlich die Wahl hätte, ab sofort einen Namen eigener Wahl kostenlos tragen zu dürfen, würde zögernd, dann immer entschlossener behaupten, ihm fiele so spontan kein neuer Name ein und außerdem: so schlecht sei der alte Name doch gar nicht gewesen, an den man sich inzwischen irgendwie gewöhnt hätte. Zwei Drittel aller Kinder sind sowieso mit ihrem Namen restlos glücklich und zufrieden, wie Untersuchungen der Zeitschrift »Vital« ergeben haben, der »Berliner Morgenpost« vom 1.7.93 zufolge. Wozu ständig ein neues Leben anfangen? Es genügt, daß das ohnehin an jedem 1. Januar schiefgeht. Als ein anderer werde ich kaum andere Probleme haben als derselbe. Eine Umbenennung will wohlerwogen sein. Wem fällt schon etwas so Beneidenswertes ein wie Ringelnatz oder Biolek! Resignation macht sich breit. So kann das nicht weitergehn – und genauso geht es weiter. So wird eine Namensrechtsreform am verläßlichsten verhindert! Keiner zieht mit, keiner macht Ernst! Statt dessen laßt ihr eure trotz allem garantiert weiterhin vorhandene, wenn auch hier und da vielleicht arg versteckte oder abgeklungene Sehnsucht, anders zu heißen, überlagern von der Sucht, andere Leute zu taufen! Immer nur andere beim Namen nennen; nie bei sich selber anfangen!

Und wie sie sich an die weitverbreitete Lust klammern, verwechselt zu werden! Wie sie in ihren Ballungszentren schuldbewußt weiterhin genauso heißen wie die Zellennachbarn im Block, so als würden sie alle zu Recht so heißen und aussehn. So müßte keiner heißen... und vielleicht auch keiner aussehn. Schluß mit jeder Selbstbezichtigung! Schluß mit den glattgeriebenen Ausreden, individuelle Unterschiede würden im Massenzeitalter mehr oder weniger nivelliert!

Schlimm, aber nachweisbar: Selbst in Autorenkreisen grassiert Kleinmut. Das »Deutsche Pseudonym-Lexikon« von Holzmann-Bohotta verzeichnet über vierzig Autoren, die ihre verwechselbaren Nachnamen hinter dem noch verwechselbareren Pseudonym Müller zu verbergen wußten; Goethe nannte sich auf seiner Italiänischen Reise Signore Möller. Und ihr, ihr zartbesaiteten Schülerinnen, die ihr Milena heißt! Leidet nicht länger darunter, daß ihr nicht Melanie heißt, oder Julia, Katharina, Anne, Sarah, Maria, Stefanie, also aufs Haar wie eure Mitschülerinnen! Sondern sei stolz, Milena, daß du die einzige bist, die anders heißt als all die Melanies dieser zugestopften und redundanten Welt! Wie schön könnten die Namen Daniel, Philipp, Christian, Michael, Tobias,

Kevin, Maximilian, Patrick und neuerdings Tom sein, wenn nicht jeder sie trüge! Wie beneidenswert klänge selbst Schmidt, wenn nur einer so hieße!

Ihr Duckmäuserinnen und Duckmäuser! Lieber euch auf ewig mit dem alten Namen foppen lassen, als Verantwortung für einen besseren Namen zu übernehmen! Konformismus! Nichtschwimmer! Die ihr ins Thermalbad öffentlichen Umtaufens und Wandelns partout nicht eintauchen wollt! Ihr könntet hochsymbolisch überwölbt werden... vom Geplätscher unendlich wohltuenden Weihwassers... alles Erlittene für immer wundersam runterwaschen... doch ach, ich muß zugeben: Das wär irgendwie zuviel verlangt von der armen Menschheit. Auch der Fisch wurde nicht dadurch Lurch, daß er unbedingt Frosch heißen wollte. Wer will es missen, an überwundenen Phasen klebenzubleiben? Zumal sich der Wegfall der Bürgernummern nur dann realisieren ließe, wenn keiner seinen Müller behalten will, und dieser Zustand wird nie in Sicht kommen.

Leider fällt mir an dieser Stelle – gegen meinen Willen – ein Nachteil gelungenen Umtaufens ein: Sobald alle Bürgernummern entfallen könnten, müßte – um die wünschenswerte Einmaligkeit von Namen zu überwachen – jeder genauso in einem Globalcomputer drinstecken wie vorher, im Zeitalter des Datenschutzes.

Und noch ein Nachteil: Eine unersetzliche Situation ginge flöten, Sabine Christiansen und Ulrich Wickert in den »Tagesthemen«, wie sie im Dialog mit Hans-Josef Dreckmann dessen Namen aussprechen, als sei dieser der akzeptabelste der Welt: herzergreifend, solch eine Versöhnung, ohne daß künstlich anzuleiernde Reformen nötig wären.

Und noch ein Nachteil: Es wäre kein Weg mehr zurückzulegen vom angeborenen Namen zum erworbenen Namen, kein Franz Joseph Molitor (1779–1860) sympathisch rückfallgefährdet und kein Peter Schade zuversichtlich unterwegs in Richtung Petrus Mosellanus, der schon bald banal und unverwendbar klänge. Man könnte sich keinen Namen mehr machen. Beim Erwerben eines

Namens erwirbt man sich denselben Namen, den man auch schon vorher hatte, der aber damals nach nichts klang. Die Aura, die auch einem banalen Namen wachsen kann, ermöglicht es mir, keineswegs so exquisit heißen zu müssen wie Elias Canetti, um den Nobelpreis zu bekommen; bequem kann ich so wie Heiner Müller heißen und dennoch den Büchnerpreis kriegen. Plumpe Vornamen können zusammen mit einem nicht viel besseren Zunamen in eine derart neue Konfiguration eintreten, daß Heiner und Herta Müller eben ganz anders heißen als alle, die gleichfalls Müller heißen. Reiner Kunze heißt Reiner Kunze und hört sich im Ohr der Insider relativ unverwechselbar an. Da aber keiner von Anfang an so einmalig wie Reiner Kunze heißt und im anvisierten Zeitalter der Namensfreiheit kaum einer mehr von vornherein so normalsterblich heißen möchte, würde sich jeder ab ovo aparter anhören als Ginka Steinwachs und Dagobert Lindlau. So dankenswerte Zusammensetzungen aus blauem Blut und Gosse wie Baron Karl Gotthelf Reichsfreiherr von Hund und Altengrotkau (1722–1776) oder wie Ludwig von Ficker würden aussterben, oder sie klängen gewollt. Tragik kommt nur dort auf, wo die Leidtragenden nichts für ihr Unglück können.

Ein weiterer Nachteil: Der Hauch des allzu Gewollten läßt sich kaum wegpolieren. Selbertaufen hat sowas Hybrides an sich wie der Wunsch, Geschlecht und Charaktermerkmale seiner Kinder vorherzubestimmen. Solches Gottspielen kann nicht gutgehen. Hinterher steht man als Möchtegern da, allzu durchschaubar, prachtvoll aufgestylt, mit einem Kunstnamen, der optimal auf der Zunge zergeht und ein kaum Schritt haltendes Normalgesicht ziert: als Windei mit Adelsdiplom – Kostenpunkt in England: 5000 bis 10000 Pfund. Als Hausfrau steht man dann da, die den kaum vorhandenen Spielraum zwischen Lieschen Müller und Frau Dr. phil. Dr. h. c. Elisabeth Müller mit Ach und Krach kaum überdehnte. Der wahre Name hört sich irgendwie neureich an, hochtrabend bis unglaubwürdig, erfunden von Hermann Hesse, der für Narziß und Goldmund erlesene, zutiefst passende Namen

ausersah; oder ersonnen von Rudolf Steiner, der in seinen Myste-
riendramen ganz besonders edle und vergeistigte Mannen Friedrich Geist und Georg Wahrmund taufen zu müssen glaubte.

Vorsicht, der alte Name wird sich zu rächen wissen, nach dem
Prinzip »Holzbirne contra Birne« und »Strunk contra Pfropf-
reis«. Brüll nur mal »Gerhard Schmidt!« in eine beliebige Meute
hinein − schon ringen alle möglichen Straftäter, die an ihrer
Selbstkontrolle arbeiten, mit der Aufgabe, die Birne nicht um 180
Grad herumschnellen zu lassen: hier und da wird sich auch ein
Freiherr von Geist oder Dr. Molitor umgucken, trotz seines seit
Jahrzehnten neu eingeläuteten Lebens. Weil er sich tief im Innersten weiterhin angesprochen fühlt. Denn Molitor heißt insgeheim
immer noch Müller. Und Müller und Morhold und Bockelmann
schimmern von unten her weiterhin durch, quer durch jeden Molitor. Verbesserung enthüllt sich als Beschönigung. Jedem Umtäuf-
ling ergeht es wie dem Okkultismusforscher Max Dessauer, der
sich Max Dessoir nannte und der, wie mir Ulrich Sonnemann
erzählte, die Macht des unausmerzbaren Dessauers zu spüren
bekam, als er bei einem Kongreß die Toilette suchte und ein Kol-
lege ihm helfend den Weg wies: »Herr Professor Dessoir, das Pis-
sauer finden Sie dritte Tür links!« Und ewig unvergessen bleibt
Biolehrer Hartebier, der nach den Sommerferien als Herr Hart-
berg zurückkehrte, um jedem von uns eine Strafarbeit aufzubrum-
men, der ihn nochmal aus Versehen Herr Hartebier nannte.

Kein Wunder, denn die eigene Identität hat sich gebildet und
verhärtet am achtzehnjährigen Gerufenwerden: »Bernhard! Essen
kommen!« Und wurde so zum Brennspiegel des nirgendwo an
einem einzigen Zipfel derart greifbaren Individuums. Selbst wo
die Identität eines Bernhards schizophren auseinanderfällt,
schießt sie, sobald der Name Bernhard ertönt, nochmal für
Sekunden zusammen.

Ein weiterer Nachteil: Oft ist der neue Name nicht besser als der
alte. Um einen neuen Namen zu bekommen, warf sich im Jahre
1066 der Normannenfürst William − genannt der Bastard − in

121

die Schlacht von Hastings und hieß von fortan William der Erobe-
rer – als wenn Völkermord eine höhere Stufe wäre als die liebe-
volle Zuwendung einer alleinerziehenden Mutter! Und im sech-
zehnten Jahrhundert legte Ulrich Molitor – seinem Namen zum
Trotz – den theoretischen Grundstock zu verschärfter Hexenver-
folgung; manch ein Udo Müller richtete weniger Unheil an. Zumal
Molitor heute kaum noch nach Latinität klingt, sondern eher nach
Molotow. Willy Brandt klingt kaum erlösender als Herbert Frahm,
Robert Jungk nicht anders als Robert Baum, Günther Stern sogar
aussichtsvoller als Günther Anders. Alcofribas Nasier klingt
genauso wie François Rabelais. Jeder Hans Mayer, der Jean Améry
zu heißen anfängt, kann nicht verbergen, daß der Améry aus demselben Stoff gemacht wurde wie der Mayer. Jeder Remarque läßt
sich mehr oder weniger rückübersetzen in den Ex-Kramer.

Wer wie ich durch Rotondella, Muir of Ord und Tellicherry zwischen Mangalore und Calicut gewandert ist, oder auf der Linie
Bombay/Moskau über Samarkand hinwegflog, glaubt Frielen-
dorf, Brackwede, Kothausen, Harnroda an der Werra, Homberg
an der Efze für immer hinter sich gelassen zu haben. Doch die
Exotik trügt. Auch auf ausnehmend schöne Namen ist nirgendwo
Verlaß. Casanova heißt Neuhaus, Villa Massimo heißt Landhaus
Max. Signore Verdi muß es sich gefallen lassen, Herr Grünlich zu
heißen. Wer Antonin Dvořak und Bedřich Smetana übersetzt,
stößt unverhofft auf Anton Höfling und Friedrich Sahne; Pavel
Kohout heißt Paul Hahn; Fritjof Capra heißt Fritz Ziege. Grzimek – Bernhard oder Martin? – heißt Knappe, Sloterdijk heißt
Schließdeich. Robert Musil heißt wörtlich: »Robert hat gemußt«.
Neftale Reyes Basualto nannte sich Pablo Neruda, nach dem
tschechischen Dichter Jan Neruda, ohne zu ahnen, daß Neruda
Grobian heißt. Peter Zadek = Peter Hintern! Canetti = Hünd-
chen! Hinter dem betörenden *Tenebrio molitor* verbirgt sich ein
ganz gemeiner Mehlkäfer. Etymologisch hängt Kundera = Fotzerich sowohl mit Kundalini wie Cunnilingus zusammen! Selbst ein
so seraphischer Name wie Mozart lautete dreihundert Jahre vor-

her Motzhardt, also geradezu Morhold. Motzer = Schmutzfink. Wer heißt wirklich anders, als er heißt?

Der Unterschied zwischen Molitor und Müller ist also auch nicht größer als der zwischen Karl-Otto Pöhl und Gerhard Pohl, Schmid und Schmitt, Schmitz und Schmidt und Schmidecke und Schmidtbauer, von denen jeder einzelne vibrierend aus der Reihe zu fallen versucht und die im Teamwork die Homogenität des Weltalls gewährleisten. Will denn keiner mal stillhalten und sich meditativ einpendeln exakt auf Schmidt oder Müller? Claudius Seidel und Claus Seibel: wehe, wenn diese beiden zwei Figuren sind, statt eine Figur! Immerhin: Sie wissen, wo es lang geht. Hätt ich nur rechtzeitig ein Trendbüro gegründet. Seit längerem kann ich an meinen Barometern ablesen, daß arglose Nachnamen wie Reger oder Greger einen ganz bestimmten Vornamen magnetisch anziehen, den Vornamen Max. Und in Manhattan wohnen, wie mir Thomas Kunz erzählte, ein J. S. Bach und ein W. Mozart, und als Zugabe zwei, drei Richard Wagners. Warum konnte Wagner nicht Mircea Wagner heißen? Warum mußte der erste Präsident des Europäischen Parlaments – statt z. B. Pierre Schuman – ausgerechnet Robert Schuman heißen? Warum tauchen nirgendwo Walter Einstein oder Hans Einstein auf, sondern der Mozart-Biograph Einstein muß sich mit einem tendenziösen Alfred am Namen Albert anschmiegen. Und jederzeit muß ein oft auf HR 2 laufendes Cellokonzert speziell von Ernest Bloch stammen, nie von Oswald Bloch: Ernest wie jener Ernest Borneman, der vorher Bornemann hieß. Immer bloß den Rand des Zentrums treffen? In summa: Das Überangebot an Minimalvarianten verhöhnt die Koinzidenzen!

Die Palme gebührt m. E. erst solchen Namen, die sich als Trendsetter und Piloten betätigen und den Weg punktgenau ins Schwarze finden. Schreiten wir zunächst zur Vergabe der Trostpreise: In der ersten Reihe stehen – frisch aus dem »Who is who?« eingeflogen – zwei Herbert Müllers und vier Hermann Müllers – who is who? Sodann – in bunter Reihe – ein Sinologe, ein Dramatiker, ein Jurist und noch irgend jemand, Wolfgang Bauer, Wolfgang Bauer, Wolfgang Bauer und last but not least Wolfgang Bauer.

Der zweite Preis geht zu gleichen Teilen an den Maler Antonin Dvořak (1817–1881), den rumänendeutschen Komponisten Richard Wagner und an Karl Marx, der laut Alfred Baumgartner ein Klavierkonzert komponiert hat, ein Bratschenkonzert, ein Violinkonzert, ein Flötenkonzert, ein Konzert für zwei Violinen und Orchester, zwei Divertimenti, eine Kammermusik für sieben Instrumente, eine Passacaglia, zwei Fantasien sowie zahlreiche Chorwerke und Lieder. (Neidisch steht ein Dreierpack leer ausgegangener Kandidaten am Rand: a) der Physiker Hans Peter Dürr, b) Hans-Peter Duerr, der Autor von »Intimität«, und c) Hans Dürr, der Chef der Deutschen Bundesbahn, zusammen mit Schlagersänger Jürgen Drews und Buchkritiker Jörg Drews. Puschkins Schulfreund hieß halt bloß Puschtschin. David Copperfield, der größte Magier aller Zeiten, wurde von der Jury genauso ausgemustert wie Francis Bacon, der sich zeitlich mit Francis Bacon viel zu wenig in die Quere kommt.)

Wem aber gebührt der Hauptpreis, dotiert mit 30000 DM? He, was wird dort getuschelt? Warm, meine liebe Frau Schmidt ... warm! Heiß! Sie sind ganz dicht dran! Mit tiefem Dank nehmen Dieter Wellershoff und Dieter Hildebrandt den Hauptpreis zu gleichen Teilen entgegen, wobei jeder, der die beiden Dieter Hildebrandts weiterhin auseinanderzuhalten wagt, eine Verwarnung bekommt, 1. den Vater des Scheibenwischers, dessen letztes Buch im Carl Hanser Verlag Saulus und Paulus nicht miteinander zu verwechseln versucht, und 2. jenen Dieter Wellershoff, den bis 1991 ranghöchsten Soldaten der Bundeswehr, auf dessen Namensvetter in einer Gesellschaft ein untersetzter Mann zukam, um ihm mit Händedruck und gedämpfter Stimme »Frauenfeind« zuzumurmeln – eine Mischung aus düsterem Geständnis und Losung des Abends, und der eines Hustens wegen Dr. Krebs aufsuchte, einen Facharzt für Lungenkrankheiten. Applaus! Alle Beteiligten bedanken sich herzlich, flankiert von 5 Rainer Rilkes, 6 unprominenten Boris Beckers, 8 Hans Holbeins, 37 Thomas Gottschalks, 64 Franz Fickers, 73 Maria Molitors, 74 Herbert Molitors, 90 Hans Eichels, 127 Helmut Kohls, 231 Franz Schuberts, 962 Richard Wagners, 2635 Herbert Müllers, davon allein 6 Herbert Müllers aus Darmstadt, plus 4 Herbert Millers aus Manhattan, wie mir der bundesweit 363 x vorhandene Thomas Kunz erzählte, und als Zugabe zwei Ulrich Holbeins (bei nur einem einzigen Bernhard Dubbert).

Den einen davon ergreift Weltschmerz, vielleicht auch nur Wut, Trauer u. ä. angesichts der urplötzlich mit Evidenz in mir aufsteigenden Erkenntnis: Jeder sollte gleich so heißen, wie er sowieso heißt. Es ist und bleibt ein Unding, daß alle möglichen Leute, die sich kaum unterscheiden, völlig konträre Namen tragen. Alle Menschen heißen heute im Grunde ihres Herzens Schmidt und Müller, falls nicht Dieter Müller, dann Herbert Schmidt, und sollten entsprechende Pässe ausgestellt bekommen. Seid hiermit alle miteinander feierlich getauft auf die Einheitsnamen Wolfgang und Sara Müller! Aaah! Wie das gluckert! Direkt verheißungsvoll! Tja . . . vor dreitausend Jahren taufte man nicht mit Weihwasser, sondern mit Stierblut!

Tue keiner so, als durchpulse ihn die Sehnsucht, das Köpfchen rauszustrecken aus seiner Nichtigkeit. Dir kannst du nicht entfliehn! Motz und Glotz! Obermüller und Hintermüller! Hartebier! Fotzerich! Sack! Wen sein Name ankotzt, der trete vor und rufe mit fester Stimme: »Ich bin und heiße in Wirklichkeit anders, ganz anders!«

Und immer streng drauf achten, daß der allgemeine Namenszwang auch im nächsten Jahrtausend nicht gelockert wird! Und das Schlimme dran: Das ist immer schon so gewesen, auch damals schon, als das vielbesungene Zeitalter der Liquidierung individueller Unterschiede noch lange nicht in der Wiege lag, damals, bei Flavius Josephus, bei dem zwanzig ganz verschiedene Männer Jesus heißen.

Machen Sie sich, Herr und Frau Müller geb. Müller, keine Hoffnungen. Alles Umtaufen hilft nichts. Nimmermehr verebbt das fortschreitende Mittelalter, die dräuend anschwellende Metallzeit. Stehen Sie zu Ihrer Stabilität! Ätschibätsch: Müller bleibt Müller, unausweichlich Müller!

Und jetzt: Ausatmen... und schnell das Thema gewechselt! (Doch alles Themenwechseln hilft nichts. Thema bleibt Thema.)

Wendungen

Wie zu zeigen sein wird

Die einen machen darauf aufmerksam, daß manches nur am Rand erwähnt werden kann oder gar den Rahmen dieser Arbeit sprengen würde. Denn – wie an anderer Stelle ausgeführt wurde – fehlt es uns hier leider an Raum, um dies und das – nimmermehr jenes! – an dieser Stelle ausführlich darzustellen, oder gar zu würdigen. Die andern weisen darauf hin, daß die Versäumnisse nachgeholt werden können, halt nur irgendwo weiter hinten. Später, nur jetzt nicht: Sekundäre Literatur will einfach nicht – worauf wir im Verlauf dieser Ausführungen zurückkommen werden – im Be now Here leben, sondern – wie zu zeigen sein wird – erst später drauf zurückkommen, im Verlauf dieser Ausführungen.

»Wie Foucault diese Schlußfolgerung später rationalisiert hat, dies darzustellen, muß einem späteren Kapitel vorbehalten bleiben, und wie er sie weiterentwickelt hat, einem noch späteren.« Wieso muß? Warum so unfrei? Leider muß selbst Foucault dieser Unsitte huldigen: »Einer späteren Untersuchung müssen wir die detaillierte Exploration dieser Antinomien vorbehalten.« Müssen wir wirklich? Kein Derwisch muß müssen, und ein Foucault müßte? Die Adepten der Vertagung können nicht anders, sie müssen müssen.

In Marshall McLuhans »Gutenberg-Galaxis« kommt ein Drückeberger-Duo auf engstem Raum zusammen, eine kostbare Synthese der Untugenden: »In späteren Kapiteln werden wir uns mit jener Frage befassen, der Eliade aus dem Wege ging, wenn er sagt: ›Es ist nicht unsere Aufgabe zu zeigen, durch welche geschichtliche Prozesse (. . .) der moderne Mensch seine Welt desakralisiert und eine profane Existenz angenommen hat. ‹«

127

Wenn Foucault wenigstens tatsächlich die betreffenden Antinomien in einer späteren Untersuchung detailliert exploriert hätte, doch nein: Später haben Autor wie Leser Vordringlicheres zu tun, als daß man sich dann noch erinnerte, daß da irgend etwas offen geblieben war − nur was?

Die einen schieben auf die lange Bank. Die andern tun so, als wär da was gewesen. Denn auf den Schluß häufen sich auf einmal Sätze wie: »− wie zu zeigen versucht wurde«, oder: »− dessen zentrale Bedeutung bereits oben ausführlich gewürdigt wurde«: man fährt irregeführt den Karren zurück, findet nichts, sucht sich dusselig nach dem Hinweis auf jene zentrale Bedeutung, die man beim ersten Durchgang schlichtweg übersehen hat.

Alles nur halb so schlimm, in dieser profanen und desakralisierten Welt! Immerhin erblicke ich − wie hiermit gezeigt wird − in der Rhetorik des Suspendierens eine eschatologische Sehnsucht, die Hoffnung auf bessere Zeiten: Irgendwann, demnächst in diesem Theater, muß nichts mehr − was zu beweisen war − auf später verschoben werden, frühestens im übernächsten Kapitel!

Wo ist der Ort für Hartmann und Holz?

Plotin behauptete schon ab 250 n. Chr., daß die Seele keinen Ort habe, »denn auch der Geist hat keinen Ort«. Es ist hier nicht der Ort, über die Richtigkeit dieses Theorems ausführlich nachzudenken. Fest steht, daß es Autoren gibt, die sich insofern als Plotiniker betätigen, als sie betonen, daß für alles mögliche hier der Ort nicht sei. Einer von ihnen heißt Fritz J. Raddatz, der sich mit Plotin durchaus ausführlich beschäftigt haben mag: »Es ist hier nicht der Ort, ausführlich über die Spannung von gesellschaftlicher Camouflage und existentieller Situierung nachzudenken, die Thomas Mann manchmal zerrissen haben mag« − nicht öfter? Und vor allem: wie weit auseinander liegen die beiden Örter, an deren einem ausführlich über diese Spannung nachgedacht werden kann, derweilen man an dem anderen Ort anderes zu tun hat, als auch nur ansatzweise über diese Spannung nachzudenken?

Immerhin gibt es Autoren, die das Schema auflockern. Einer von ihnen heißt Dr. Jürgen vom Scheidt: »Es ist hier nicht der Platz, um detailliert auszuführen, was überhaupt Therapie ist.« Einen dritten Variationsvorschlag liefert Stanislaw Lem: »Hier ist kaum der Ort, über meinen Kulturpessimismus zu reden.« Eine vierte Ausweichformulierung steuert Hans Joachim Störig bei: »Wir können hier nicht verfolgen, wie Hartmann das Wirken dieses Unbewußten in der Materie, im Pflanzen- und Tierreich, in der Leiblichkeit des Menschen, im menschlichen Geiste −« Hartmann hat es überhaupt schwer, im Terrain des menschlichen Geistes seinen Ort zu finden; leider hat die systematische Abschiebung seines Orts Tradition − spätestens seit Ernst Bloch, der sich in schwacher Minute dem Lieblingskind aller sekundären Geister voll öffnete: »Hier ist nicht der Ort, um das unbekannt gewordene Hartmannsche System auch nur andeutend in Erinnerung zu rufen; obwohl das nötig wäre.« Immerhin wird angedeutet, daß man es keinesfalls auch nur andeutend in Erinnerung rufen wird.

Nicht anders als Hartmann erging es Holz. Paul Lüth rief Holz 1947 zwar kurz in Erinnerung, ließ ihn aber sofort wieder los: »Es ist hier nicht der Ort, festzustellen, weshalb Holz zu keiner größeren Wirkung gekommen ist.« Weil ihm keiner einen Ort einräumt. Auch Hesse gab sich 1935 kurzangebunden in Sachen Holz: »Es fehlt hier an Raum, die Theorie seiner neuen lyrischen Form und damit Ästhetik seines großen lyrischen Hauptwerkes, des ›Phantasus‹, darzulegen.«

Leider kann sich jeder Ortlosigkeits-Verstärker auf etliche Klassiker berufen, von Kleist bis Friedrich Nicolai: »− wenn ihr die Instruktion, Herr Richter Adam, des Prozesses nicht einzuleiten wißt, hier ist der Ort jetzt nicht, es euch zu lehren.« (Der zerbrochene Krug) »Es ist hier die Rede nicht von meinem Glauben, noch der Ort, auszulegen, wie ich mir die Dinge, die uns allen

unbegreiflich sind, einigermaßen denkbar zu machen suche −«
(Wilhelm Meister) »Es ist hier nicht der Ort, auseinanderzusetzen,
auf welche so niedrige als heimtückische Art man mich in bestän-
dige Verlegenheit zu setzen suchte. Sollte es einmal an einem
andern Ort geschehen, so würden die Leser staunen.« Immerhin
stellt Nicolai diesen andern Ort vage in Aussicht. Grauenhaft un-
abgewandelt Hegel in seinen Vorlesungen über die Philosophie der
Geschichte: »Es ist hier nicht der Ort, Alexander als historische
Person zu würdigen« − ohne hinzuweisen, daß Alexander in
Hegels Vorlesungen über die Philosophie der Geschichte seinen
Ort immerhin bekommt. Auch andernorts fanden sich etliche Orte
für Alexander − wo aber ist der Ort für Hartmann und Holz?

Man will sich halt mit Hartmann und Holz nicht näher befassen, aber zugleich allen unter die Nase reiben, daß man die
Namen Hartmann und Holz auf jeden Fall schon mal gehört hat,
und schiebt nun das Desinteresse an Hartmann und Holz auf
Platzprobleme. Hierbei kein Produzent sekundärer Literatur zu
sein, löst wenig: Wenn ein Dichter zu faul ist, ins Detail zu gehen,
holt er − diesseits von Plotin − aus der Lieblingskiste aller
Sekundärköpfchen deren schwächste Formulierung, und dies seit
mindestens 1794: in Siegmund Freyherrn von Seckendorffs »Das
Rad des Schicksals oder die Geschichte Tschoan=gsees« heißt es
über Lao=tsee: »Es ist hier nicht der Ort, von der Geschichte seiner Jugend Rechenschaft zu geben, obschon solche eben so lehr-
reich als unterhaltend für den Leser seyn dürfte.« »− obwohl das
nötig wäre.« Und noch viel früher, bei Philipp Jacob Spener 1695,
wird jedes heutige »Es ist hier nicht der Ort« gleichsam nachträglich verulkt: »Daher habe ich mir vorgenommen / zu unserer
buß=materie dißmahl von dem gebrauch und mißbrauch des
beichtstuls zu handeln / nicht zwar was etwa von mißbrauch auch
von seiten des predigtamts selbst dabey sich finden konte / davon
zu reden / dieses der ort dißmal nicht seyn mochte / sondern was
von seiten −«

Unglaublich, aber es gibt Stellen, in denen plötzlich der Ort genannt wird. Sie bleiben naturgemäß so selten wie das Okapi in freier Wildbahn. Auf tausendundein »Es ist hier nicht der Ort« kommt höchstens ein einziges umgekehrtes − kostbare Augenblicke, von denen sich einer ganz unerwartet am 17. Dezember 1957 in einer mündlichen Äußerung ausgerechnet Adornos fand, des unbestechlichen Anwalts der Negation, der dennoch nie sich − resistenter als Bloch − zu der Formulierung herabläßt, daß der Ort hier nicht sei, doch dieses einzige unzerrissene Mal urplötzlich alle Negation verrät und hemmungslos in die Position umschlägt: »Vielleicht ist hier der Ort, überhaupt Ihnen zu sagen, wenn man von dem Erkenntnisproblem spricht in dem prägnanten Sinn, den dieser Ausdruck hat und wie er etwa in dem Werk von Ernst Cassirer vorwaltet, dessen letzter und übrigens instruktiver Band gerade jetzt herausgekommen ist, so könnte man sagen −« usw. Dann kommt jahrelang kein weiterer Hinweis auf den Ort in Sicht, bis sich − ebenfalls ganz unverhofft − ausgerechnet bei Hesse einer findet, hoffentlich aus schlechtem Gewissen gegenüber Hartmann: »Vielleicht ist hier der Ort, auch jene andre Stelle aus Knechts Briefen mitzuteilen, welche sich auf das Glasperlenspiel bezieht.« Dann kommt wieder lange nichts − und urplötzlich steht bei Marx: »An diesem Punkte ist vielleicht der Ort, sowohl zur Verständigung und Berechtigung über die Hegelsche Dialektik überhaupt als namentlich über ihre Ausführung in der ›Phänomenologie‹ und ›Logik‹, endlich über das Verhältnis der neueren kritischen Bewegung einige Andeutungen zu geben.« Adorno, Hesse und Marx, Bannerträger des vielleicht gefundenen Ortes, sind sich also nicht ganz sicher, ob hier der Ort auch wirklich sei; wer weiß, vielleicht ist er selbst hier nicht.

Ganz anders Simmel, Rühmkorf und Musil! Diese Drei lassen mutig das Vielleicht fallen: der Ort rückt verläßlich ins Blickfeld, bei Simmel (Georg Mario) so: »Hier ist der Ort, der vielkritisierten Logik der Frauen zu gedenken.« Bei Peter Rühmkorf, nicht ohne Camouflage, so: »Es ist genau hier der Ort, daß ich auf

jenen ›Utopie‹ genannten Unort zu sprechen kommen muß – «
Bei Robert Musil (Kap. 99) so: »Hier wäre nun der Ort, um von
Tante Jane zu reden, an die sich Ulrich dadurch erinnerte, daß er
in alten Familienalben blätterte« – aha! Hier »wäre«! Hochver-
dächtig! Konjunktiv! Rückziehertaktik! Das klingt ja schon fast
so vorsichtig wie wiederum Hegel: »Es könnte hier der Ort zu sein
scheinen, das Verhältnis der Philosophie zur Religion in einer
bestimmten Auseinandersetzung abzuhandeln.« Restlos sicher
kann man also nirgendwo sein, selbst wenn es bloß um den Ort
geht, an dem man endlich, statt detailliert über Hartmann und
Holz nachzudenken, problemlos von Tante Jane und ihrer Situierung reden könnte – kurzum: Wann wird das alles endlich mal
anders, ganz anders, und vor allem wo?

Wo ist der Ort, wo die Scheinasylanten Hartmann und Holz
sich friedlich ausbreiten dürfen und endlich wissen, wohin sie ihr
Haupt betten können, und nicht mehr zerrissen werden von gesell-
schaftlichem Genanntwerden und existentiellem Rausschmiß? Wo
ist der Ort? Wooo?

Wie kein und kaum ein anderer

Es war einmal eine Meute, die ging bis zum Horizont und bestand
aus Strichmännchen, eins identischer als das andere, dennoch
quoll aus dem Strichmaul eines ganz besonders mit den andern
Strichmännchen identisches Strichmännchens eine Sprechblase
hervor, in der zu lesen stand: »Ich bin anders!«

Da waren andere Leute wesentlich genügsamer. Manch ein
Strichmännchen hielt sich zurück, weil es ahnte, daß auch andere
Leute regelmäßig anders als andere sind, anders gesagt: daß man
ähnlich funktioniert wie andere, wenn nicht gar genauso wie dieselben. Auch Gottfried Benn mag »durchaus ausführlich« über
diesen Punkt nachgedacht haben, kam jedenfalls zu dem Ergeb-

nis: »Ich denke über vieles anders als die meisten« – wem ginge das nicht so? Das geht den meisten so. Genauso sein und trotzdem anders denken, das wär schön, sobald man nicht bloß in vielem, sondern vielleicht sogar in toto anders denkt als die Masse der Andersdenkenden.

Die Erfahrung statistischer Identität im Massenzeitalter hat sich leider im Sprachgebrauch noch nicht recht niedergeschlagen. Es wird weiterhin das Unikum gefeiert, so diesseits wie möglich von Hegels Nachweis, daß sowohl das Eine wie das Andere als füreinander Anderes bestimmt und hiermit dasselbe sind, dies vor allem auch dann, wenn Otto Schlecht – laut Klaus-Peter Schmidt – wie kein zweiter deutsche Wirtschaftspolitik gestaltet, Ferdinand Gregorovius – laut Hansjakob Stehle – wie kein anderer die Geschichte Roms geliebt und erforscht, Siegfried Unseld – laut Wolfgang Rüger im »Pflasterstrand« – wie kein anderer in seinen Verlagen zwei Dinge zusammengebracht hat, die sich oft genug ausschließen: Geist und Geld. Rainer Maria Rilke hingegen hat – laut Volker Michels – wie kein zweiter Schriftsteller unseres Jahrhunderts der deutschen Sprache eine Musikalität und Geschmeidigkeit abgewonnen, die man ihr vorher kaum zugetraut hätte. Eugen Drewermann bewegt z. Z. – laut ZDF-Heute-Journal – wie kein anderer die Gemüter – als würde z. Z. nicht auch Günter Grass die Gemüter der Leute bewegen, der sich – laut Anzeigentext – wie kein anderer, auch kein Politiker, so frühzeitig, so beharrlich, so eindringlich, so entschieden zur deutschen Sprache geäußert hat. Wie niemand sonst steht die F.D.P. – laut Selbstaussage – für erfolgreiche Wirtschaftspolitik. Ernst Bloch hat – laut Oskar Negt – wie kein anderer einen Begriff von der spezifischen Erfahrungsweise der Massen. Baudelaire hat – laut Cocteau – wie kein anderer über Dekadenz gesprochen.

Andere drücken das vorsichtiger aus, ohne sich freizuschwimmen: Nicht wie kein anderer, sondern wie kaum ein anderer hat Ernst Bloch – laut Walter Schultz – gewußt, daß man von den Grenzen, dem Äußersten, zurückkehren muß zu den Aufgaben,

133

die dem Menschen im Hier und Jetzt geschichtlich auferlegt sind – hier haben Oskar Negt und Walter Schultz ihre Aussagen über Bloch nicht aufeinander abgestimmt. Und gleichfalls wie kaum ein anderer weiß Stasi-Aufarbeiter Jürgen Fuchs – laut »Titel Thesen Temperamente« – Bescheid über die Schuld seiner Landsleute. Hitler wußte – laut Werner Maser – wie kaum ein anderer Redner seiner Zeit Groll und Enttäuschung der heimkehrenden Weltkrieg-I-Soldaten zu artikulieren. Hans Mayer ist – laut Fritz J. Raddatz – wie kaum ein anderer der Lebenden »Zeitzeuge«. Und Leonard Cohen läßt – laut Raoul Hoffmann – wie kaum ein anderer vor ihm die Grenzen der Rockmusik sichtbar werden. Luther hat – laut Eugen Drewermann – wie kaum ein anderer die Tür zur Neuzeit aufgetreten. Kaum eine andere philosophische Arbeit der Nachkriegszeit hat – laut Michael Eldred – in derart kurzer Zeit ein so lebhaftes Echo bei einer derart großen Zahl von Lesern gefunden wie Sloterdijks Zynikbuch, worin zu lesen steht, daß der junge Goethe wie kaum ein anderer das vitale Geheimnis des bürgerlichen Neokynismus erahnt und als Kunst ausgelebt habe, derweilen Emil Julius Gumbel – laut Volker Ullrich – wie kaum ein zweiter die in Deutschland so seltene Tugend der Zivilcourage verkörpert hat, und König Herodes – laut Flavius Josephus – wie kaum ein anderer nach außenhin vom Glück begünstigt war.

Das Kaum läßt Raum für jeden, der neben Gumbel in Deutschland womöglich gleichfalls die so seltene Tugend der Zivilcourage verkörpert hat, wenn nicht gar noch vitalere Geheimnisse erahnt als Goethe und nebenbei andere Grenzen der Rockmusik sichtbar gemacht. Und ist Jürgen Fuchs womöglich doch nicht der einzige, der wie kaum ein anderer um die Schuld seiner Landsleute weiß?

Es wäre natürlich unendlich zu begrüßen, wenn irgend jemand mal etwas wüßte, was tatsächlich kaum ein anderer weiß. Angenommen, ich wollte hiermit behaupten, ich wüßte wie kaum ein anderer um die Fragwürdigkeit dieser Formulierung, so verhalte ich mich inhuman, indem ich nämlich anderen Leuten nicht zutraue, daß sie gleichfalls um diese Fragwürdigkeit wissen, obwohl das wahrscheinlich fast alle wissen, außer all jene Autoren, von denen kaum einer gemerkt hat, daß rundum kaum eine andere Formulierung so häufig, so unzutreffend, so stur verwendet, wiederverwendet und weiterverwendet wird wie diese, und von denen kaum einer spürt, daß die Teilnehmer des heutigen Unikumgedrängels sich mit sich selbst in die Quere kommen müssen, um sich irgendwann wechselseitig auszuschließen, und zwar spätestens ab heute, mit hoffentlich sofortiger Wirkung.

Und wenn das doch ein Zufall wär?

Obwohl jeder Esoteriker alle drei Minuten beteuert, daß es keinen Zufall gebe, taucht dieser nicht nur im ersten Satz der »Unkenrufe« von Grass auf: »Der Zufall stellte den Witwer neben die Witwe.« Auch Werner Schmidlis Roman »Kythera oder Das blaue Zimmer« beginnt so: »Manchmal baut uns das Leben Brücken aus Zufällen, um uns nachsichtig einen Entschluß abzunehmen – « und die Wolfgang-Schäuble-Biographie von Werner Filmer und Heribert Schwan so: »Nichts scheint er mehr dem Zufall zu überlassen«, und das Romandebüt von Ralf Rothmann so: »An dem Tag, an dem mir auffiel, daß es nichts Zufälliges mehr gibt, war die Jugend vorbei« – wobei dieser Satz fast wörtlich schon 1888 herumlief, in einem Brief von Nietzsche an Strindberg: »Da es in meinem Leben keinen Zufall mehr gibt, so sind Sie folglich auch kein Zufall.« Kurz vorher ließ derselbe Nietzsche verlauten: »Schopenhauer war ein Zufall unter den Deutschen, wie ich ein solcher Zufall bin.« Beide Aussagen umgehen überaus nichtsahnend Schopenhauers Theorem, daß der Zufall nur eine auf entfernterem Wege herankommende Notwendigkeit sei.

Ebenso diesseits von Schopenhauer – und Nietzsche – segeln heutige Satzanfänge wie der von György Doczi: »Es ist kein

Zufall, daß ein Architekt dieses Buch verfaßt hat«, oder der von C.G. Jung: »Es ist daher kein Zufall, daß es gerade ein Psychologe ist, der dieses Geleitwort schreibt.« Folglich gibt es Geleitworte und Bücher, die rein zufällig von Architekten und Psychologen geschrieben werden, im Gegensatz zu Büchern, die sich solcher Zufälligkeit entziehen, wie dem über den unerlösten Eros von Dieter Duhm: »Ich habe dieses Buch geschrieben, weil es notwendig war.« Tiefe Notwendigkeit verbindet die unverträglichsten Geister: laut Joachim-Ernst Berendt kann es kein Zufall sein, daß japanische – inzwischen auch amerikanische – Computer-Firmen und kybernetische Institute in Zen-Klöstern nach Mitarbeitern Ausschau halten, und laut Jean Baudrillard ist es kein Zufall, daß die Mormonen das größte Datenverarbeitungssystem der ganzen Welt besitzen. Laut Enzensberger ist es »durchaus« kein Zufall, daß Weltbank und Internationaler Währungsfond ihr Hauptquartier in der Hauptstadt des amerikanischen Imperiums aufgeschlagen haben, und laut Dietmar Kamper ist es »gewiß« kein Zufall, daß der größte Theoretiker der produktiven Überbietung, Hegel, vom Verschwinden als von einer Furie sprach.

Und das ist nicht erst heute so, sondern immer schon so gewesen, bereits 1956, als das Zentralkommitee der KPdSU betonte: »Es ist kein Zufall, daß die imperialistischen Kreise in den USA den größten Lärm um den in der UdSSR geführten Kampf gegen den Personenkult machen.« Dem ging schon ab 1916 Oswald Spengler voraus: »Es ist kein Zufall, daß aus der Schule Hegels der Sozialismus (Marx, Engels), der Anarchismus (Stirner) und die Problematik des sozialen Dramas (Hebbel) hervorgingen.« Kaum anders fangen Sätze von Günther Anders an: »Es ist wahrhaftig kein Zufall, daß Spengler (dem ich mich sonst nicht gerade nahe fühle) seine ›Morphologie der Geschichte‹ nicht als System, sondern als Pluralität von Systemen, von (mit Organismen verglichen) Geschichten dargestellt hat.« Leider reihen sich sogar Leute, die es besser wissen müßten, in die Litanei der Notwendigkeit ein, sogar Walter Benjamin im Ursprung des deutschen Trauerspiels:

136

»Kein Zufall, daß die Uhr diese Redewendungen mit ihrem Bilde beherrscht.« Hierzu Siegfried Kracauer: »Es ist gewiß kein Zufall, daß die in der ›Einbahnstraße‹ der Gegenwart abgewonnenen Interpretationen längst nicht die Schlagkraft der Deutungen haben, die Benjamin dem Material des Barocktempels entlockt.« Hierzu die FAZ am 15.7.89: »Nicht zufällig hat Siegfried Kracauer von der meditativen Kraft der Schriften Benjamins gesprochen.«

Per Wortumstellung lassen sich Wirkungen erzielen, die das Grundproblem nicht lösen; so oder so sackt jeweils der Satzteil, der das Wort Zufall enthält, aussagelos ab; Heidegger stellte im Wintersemester 42/43 die These auf: »Daß die Erfindung der Druckerpresse mit dem Beginn der Neuzeit zusammenfällt, ist kein Zufall.« Und kaum ist die Hauptmasse der Zufälle vorbeigezogen, kleckert rein zufällig noch dies und das hinterdrein, z. B. Adrian Forsyth: »Ein Großteil dieser Erkenntnisse stammt aus Untersuchungen an Insekten — und das ist kein Zufall.« Dem hat Hans Enzensberger kaum noch etwas hinzuzufügen: »Im übrigen fällt der Triumph der Volksbildung in Europa mit der maximalen Entfaltung des Kolonialismus zusammen. Auch das ist kein Zufall.«

Kann sowas jemals abebben? Es wäre keine Notwendigkeit, pausenlos auf keinem Zufall herumzulutschen, wenn die »Besten meiner Zeit« wenigstens ansatzweise mitmachen würden. Wo aber sind all jene, die gemeinsam mit mir — jenseits von Monods Zufall und Notwendigkeit — ihre und meine Sätze äußerst anders anfangen und aufhören lassen?

Wie interessant ist das Interessante wirklich?

Viele Leute finden alles mögliche interessant. Douglas R. Hofstadter findet folgendes interessant: »Es ist interessant, das Argument für die Inhärenz der Bedeutung mit einem Parallelargument für die Inhärenz des Gewichts zu vergleichen.«

Ein Häuschen weiter wird ganz anderer Krempel interessant gefunden, ja sogar noch viel interessanter. Im Kapitel über Ohrwürmer aus URANIA TIERREICH, Band 3, steht: »Es ist sehr interessant, daß die Larven einiger urtümlicher, in den Tropen lebender Gattungen (z. B. Diplatys) noch lange, fadenförmige und gegliederte Cerci besitzen, die sich im Verlauf der Jugendentwicklung zu den ungegliederten Zangen umbilden.«

Das bloß »sehr Interessante« läßt sich steigern, worauf bereits Fritz J. Raddatz aufmerksam machte: »Besonders interessant ist, daß Tucholsky den Wrobel – nach einem Rechenbuch benannt – selbst als ›einen Akt der Selbstzerstörung‹ bezeichnete.«

Neulich interessierte ich mich kurz für Schmetterlinge und Weltbrände, und sofort behauptete ich rundum, Chaos-Theorie sei interessant. Mangels entfalteter Subjektivität drückte ich das bloß objektiv aus. Doch ich durchschaute diese Objektivität bald: Meine Behauptung diente – interessanterweise – bloß der Interesseweckung bei solchen, die erst signalisiert bekommen müssen, daß etwas hochinteressant sei, wenn nicht gar brennend interessant, ansonsten sie selbst wahnsinnig Interessantes womöglich bloß »interessant« gefunden hätten, statt wenigstens »besonders interessant«. Es betätigt sich da also bei mir und anderen ein didaktischer Impuls, der auf eine aufrüttelbare Schläfergemeinde hofft, nach dem Gethsemane-Prinzip aus dem Hause Miele: »Alles schläft. Einer wäscht.«

Auf der einen Seite die, denen was gesagt werden muß, auf der andern die, die es sagen und manchmal sogar den Rahm der bisherigen Beispiele so abschöpfen wie Sloterdijk: »Seit der erste historische Mensch den Kopf hob, sind die Zeiten hartnäckig interessant.« Es sei denn, daß auch Zeiten, in denen der erste historische Mensch den Kopf noch lange nicht hob, sehr interessant bzw. daß die Wechselfälle neuerer Weltgeschichte nicht an jeder Stelle hartnäckig interessant, oft sogar herzlich uninteressant sind.

Abends, wenn ich schon halb im Bett bin, leide ich an der Verdachtverdichtung, daß fadenförmige Cerci und inhärenzspezifische Argumente, inclusive Chaos und Prähistorie, womöglich nur halb so interessant sind, zumal ich aus dem Alter von »Jugend forscht« doch nun wirklich längst raus bin und seit Kant und Kopernikus längst weiß, daß Wissensdurst fast alles ist, und Wissensstoff kaum was. Arme Menschheit, die ruhig etwas wählerischer sein dürfte! Statt dessen ist sie happy, wenn sie Ohrwürmer findet!

Immerhin sind sensible Interessenten längst vorsichtig geworden, beim Herumreiten auf dem Interessantheitsgrad. Wer gibt schon gern zu, daß bei ihm absolut Uninteressantes im Vordergrund steht? In solchen Fällen blühen dann kleinlaute Formulierungen auf, die ebenfalls von Douglas R. Hofstadter sein können: »Es ist nicht uninteressant, daß auch zwischen dem Sehapparat von Katzen, Affen und Menschen Isomorphie besteht.« So schwankt der interessierte Mensch zwischen zwei Zuständen: 1. mit Stoff von sinkendem Interesse hartnäckig überfüttert zu werden, 2. unstillbar weiterpochendem Erkenntnisdrang.

Nein, alle möglichen Isomorphien haben bei mir keine Chance, weiterhin interessant zu sein, falls sie es je waren − andererseits ahne ich dunkel, daß es keine Lösung sein kann, irgendwelche Dinge nun umgekehrt ab sofort uninteressant zu finden. Es könnte ja Interessantes dazwischen sein!

1967 schrieb Hans Christoph Buch über Handkes »Hausierer«: »Dieser Roman interessiert mich nicht« − kann so ein Satz heute noch interessieren? Schon damals interessierte ich mich kaum für das Desinteresse anderer und versank deshalb beinahe in genereller Apathie. Inzwischen habe ich jede Frühvergreisung längst hinter mir und hoffe bis zum Schluß, umfassend offen zu bleiben, zur Not sogar offen für wegweisende Gestalten, die mir immer wieder mitteilen, wie interessant das Interessante ist.

Die vielleicht unreflektiertesten Superlative
der Welt

Alle mal herhören ... jetzt hätte ich beinahe ein Ausrufezeichen gesetzt. Nein, so bin ich nicht, Trommler möchte ich nicht sein. Im Gegenteil. Das bescheidenste Megaphönlein wär mir fast noch zu groß geraten; am liebsten predige ich flüsternd dem Wasserfall – bitte nicht hinhören ... zumal ich gar nichts Weltbewegendes und vom Hocker Reißendes mitzuteilen habe, Pardon, ich übertreibe: »gar nichts Weltbewegendes«, das klingt viel zu massiv, zu ungebrochen, zu auftrumpfend ... ich wollte sagen: kaum was Weltbewegendes, wenig Neues, immer nur die alte unbeherzigbare Weisheit, daß das Weiche das Harte besiegt, das unauffälligste Diminutivlein den über mir hinwegbrausenden Jumbo-Superlativ und ähnliche Prachtexemplare, Kampfpanzer aus dem Hause Sloterdijk, die da in seinem fulminanten Essay über Hyperpolitik der Reihe nach lauten: Großproblem, Gotteswahn im Übergroßen, Karrieren in der großen Welt, Durchbrüche zu Größen-Routinen, höchste Prägnanz, bis ins Äußerste, der größte Dichter deutscher Sprache, womit konformistischerweise ausgerechnet kein Geringerer als Goethe gemeint ist, Übergang ins Große, die neue Großweltlage, Globalwelt, Globalweltform, neuere Globo-Athletik, große Regionen, das neue Große, hyperpolitische Großeinheiten, in großem Stil, menschenverbrauchender Großstaat – im Globo-Apokalypse-now-Schnellfeuer eines solch hyperglobalen Routine-Karriere-Lingams steh ich für alle, die dem Großen seine Größe glauben, mit meinem Pimmelchen ziemlich mickrig und sepplhaft da, als betont unimposanter Schwundschnulli, der mal wieder den alten Kampf zwischen Hebbel und Stifter aufwärmen und also still reifende Grashälmchen gegen historische Augenblicke, Angelpunkte und Achsenzeiten ausspielen, also doch selber auch irgendwie auftrumpfen will (lieber versteck ich mich möglichst demütig hinter Dr. Kämpchen und Wolfgang Schäuble ...).

Und das alles nur, um lahme ausdruckslose Texte, schlaffe

unbeeindruckbare Leser zu verlerntem Aufhorchen und Aufleuchten zu bringen, Inletts aufzuschütteln: Wenn nichts mehr anschlägt, dann muß halt ein Superlativ her, ein total abgearbeiteter, verläßlich rausreißender Kick-Spender, und schon wallen die Weckamine, schon röten sich abgestorbene Ohren: »David Letterman is the greatest talkmaster of the world.« Kleinste Geister rubbeln sich einen, sobald sie dickste Superlative entziffern oder verwenden: »Joe Cocker, der größte lebende Bluessänger aller Zeiten!« Das prägt sich ein, mit und ohne »Times«. Jeder will erschauern, durch und durch, und keiner der Drohung Kurt Tucholskys lauschen: »Alles wird auf eine Spitze getrieben, von der es wackelnd wieder herunterfällt.«

Die BUNTE nannte Georg Baselitz den größten deutschen Künstler und Sharon Stone die erotischste Frau der Welt. Louis Aragon nannte Cingiz Ajtmatovs »Djamila« die schönste Liebesgeschichte der Welt. Gregor von Rezzori nannte Nabokovs »Lolita« die einzige überzeugende Liebesgeschichte unseres Jahrhunderts. Darin steckt vor allem die Fiktion, man habe sämtliche Lovestorys vor Augen, wähle unter ihnen aus, obwohl nicht mal Kindlers Neues Lexikon, »das universellste, kompetenteste, aktuellste und vollständigste Werklexikon aller Länder und aller Zeiten«, alle Lovestorys, die es enthält, vor Augen haben kann.

Olympia und Guinness lassen auch dort grüßen, wo es nicht um Tauziehen, die Stundengeschwindigkeit des Geparden und ähnliche Empire State Buildings geht. Zum Glück ist nicht jedem derart wohl beim Superlativverwenden wie dem besten Sunil, das es je gab: François Bondy tastet sich in der »Weltwoche« nur mit vergebens pochendem Gewissen in Richtung Globo-Athletik: »Octavio Paz ist als Gesamterscheinung – wagen wir den Superlativ – die bedeutendste Persönlichkeit der lateinamerikanischen Kultur von heute.« Wenn er das wenigstens irgendwie abschwächen würde, sei es mit vortastendem »wahrscheinlich«, wie Duplo, der wahrscheinlich längsten Praline der Welt, oder mit relativierendem Vielleicht, wie der Nobelpreisträger T.S. Eliot: »Coleridge war vielleicht der größte englische Kritiker; gewissermaßen war er auch der letzte«, oder wie Ernst Jünger: »Der Baum ist eins der großen Sinnbilder des Lebens, ihr größtes vielleicht« – als wäre das Meer – oder das Tretboot – ein kleineres Sinnbild des Lebens als der Baum! Oder wie Iso Camartin 1994: »Laura ist die vielleicht am schönsten besungene Frau aller Zeiten.«

Doch hängt auch am »vielleicht« kein Segen, jedenfalls laut Tucholsky: »Von Nietzsche jene lateinische Verwendung des Superlativs, wo statt der größte: sehr groß gemeint ist. So entstehen diese fatalen Urteile: ›das beste Buch des achtzehnten Jahrhunderts‹, und um das zu mildern, wird der falsche Superlativ mit einem ›vielleicht‹ abgeschwächt.« Vielleicht hat bis heute niemand dieses Dekret verinnerlicht, vor allem der philosophierende Publizist Sloterdijk nicht, der von oben herab Tucholsky einen psychologisierenden Journalisten nennt, aber unter Tucholsky bleibt, indem er über Nietzsche schreibt: »Vielleicht war er darum wie kein anderer befugt zu sagen, daß die Lust – selbst in einem hart geprüften Dasein – gegenüber dem Schmerz das tiefere Phänomen sei.« Doch will nicht nur alle Lust befugt sein, Ewigkeit zu wollen, sondern jede Unbelesenheit will ebenfalls Ewigkeit. Die kann sie überall haben, selbst bei Profis und Kennern wie Wolf Schneider: »Das Äußerste in der Kunst, gegen das Leben anzuschreiben, hat vielleicht Adalbert Stifter in seiner ersten veröffentlichten Erzählung, ›Der Condor‹, geleistet.« Selbst Kindlers Neues Literatur Lexikon tappt voll rein: »Die Sprache der *Minima Moralia*, des vielleicht ›künstlerischsten‹ Buches des Gesellschaftstheoretikers und Musiksoziologen Adorno, zeigt eine fast dichterische Fülle und Nuanciertheit.« Das kann jedem Exorzisten blühn! Wer im Leben dichterische Fülle, hart geprüftes Dasein und ähnlich schwabbelnde Monstra analysiert und abgestreift hat, bekommt anschließend von letzten, kompetentesten und aktuellsten Instanzen vorgerechnet, daß er sowas Erstrebenswertes wie die dichterische Fülle Weinhebers, Hesses, Penzoldts, Bölsches und Schröders (»Fülle des Daseins«) vielleicht nicht ganz erreicht habe.

Auf denn! Hinweg mit jedem Vielleicht! Endlich darf das verlogene Vielleicht dank Tucholskys hocheffektiver Wundcreme prinzipiell abheilen. Und siehe, es heilt tatsächlich ab. Und schon donnern unter der verschorften Stelle unabgemilderte Superlative en masse hervor, Feuerwerk, frontal, offensiv, unzivilisiert, männlichkeitsstrotzend: »Es gibt kein größeres Talent in der deutschsprachigen Gegenwartsliteratur als diesen Schriftsteller.« (FAZ) »Alfredissimo!« (ZDF-Kochsendung mit Feinschmecker Alfred Biolek) »Paul Nizon, der Verzauberer, der zur Zeit größte Magier der deutschen Sprache.« (Le Monde) »Vivaldissimo« (Titel einer CD-Reihe »Klassik für Autofahrer«) »Du bist die schönste Mutti der Welt!« (Palmoliv Duschgel) »Dante ist der weiseste Dichter, den es je gab.« (Iso Camartin 1994) Je! »Es ist das Beste, was über Deutschland seit langen Jahren erschienen ist.« (Kurt Tucholsky 1929 über ein Buch von Alfons Goldschmidt.)

Sobald ich über solche Superlative herfalle, belehrt mich Leserpost, da gebe es nichts zu kritisieren, denn bereits Nietzsche, den ich doch wohl als Autorität anerkennen würde, hat von Eckermanns Gesprächen mit Goethe gesagt, das sei das beste deutsche Buch, das es gibt, was auf meinem Eckermann-Klappentext so zitiert wird: »– das beste Buch, das es gibt.« Und Goethe hat Laurence Sterne den freiesten Geist seines Jahrhunderts genannt. Entweder haben Aragon, Camartin und Rezzori nichts falsch gemacht, oder bereits Nietzsche, Goethe und Tucholsky haben Waschzettel verfaßt.

An all diesen Rekord-Kaninchen, Mega-Radieschen, schnellwüchsigen Ultra-Waschkraft-Kinkerlitzchen gehe ich – uneingeschüchtert und ohne Fernglas! – vorbei und finde ganz normale Radieschen, Kaninchen und Kinkerlitzchen nicht wesentlich unwichtiger als Globals-Schaumschlägerei; diese drei, den einzigen weit und breit, denen ihr Diminutiv derart ins eigene Fleisch einwuchs, daß sie ihn gar nicht mehr ablegen können, es sei denn, Duden würde den Kanin, den Radies und den Kinkerlitz als legitime Staatsbürger anerkennen.

Die Gürtelrose der Genitivmetaphern

Solange ich von der Beerdigung der Poesie zurückkommen und mich anschließend – statt an Flügeln des Gesanges – am desolat durch die Fußgängerzone der Gegenwart krümelnden Trockenbrot der Nüchternheit aufbauen kann, sitze ich weiterhin – statt im Sack der Depression – im Springquell der Formulierungen, um im Garten vollplastischer Vergleiche das Pfauenrad der Verbildlichung zu schlagen, nüchterner gesagt: Literatur überlebt jede ihrer Totsagungen.

Blumensprache ist so alt wie die Menschheit, blumiger gesagt: Die Wiege der Kulturen wurzelt im blütenreichen Schoß des Orients, wo der Buchstabe der Überlieferung von Anfang an so dicht wie möglich am Labsal der Genitivmetapher hing. Statt daß es auf 20 Uhr zugeht, beginnt in Persien die dunkelblaue Locke der Abenddämmerung die heiße Stirn des Tages zu verschatten, und die Schlange der Finsternis verschluckt die letzte kleine Glasperle Helligkeit am Horizont, bis am nächsten Morgen die Morgenröte ihr Kopftuch durch den Türvorhang der Nacht schiebt – hierzulande tagt es bloß.

Nicht erst seit die Muselmänner des fünfzehnten Jahrhunderts – statt bekehrt zu werden – die Hosen des Glaubens anzogen, kommt niemand mehr ohne die Gewürznelken der Genitivmetapher aus. Es kommt ein Schiff geladen, bis an sein höchsten Bord, seine teure Last unter den Segeln der Liebe, neben dem Mast des Heiligen Geistes: Evas Frucht der Erkenntnis, Paulus Baum des Lebens – bald gab es keinen Krähwinkel heidnischer Unwegsamkeit mehr, allwo nicht die globale Schuppenflechte der Missionierung ein Kirchlein christlicher Duftmarke aufgestellt hätte, Homers Rosenfinger dämmernder Frühe, samt Platons Auge der Seele, betriebsam übertünchend, so expansiv und effektiv wie dann nur noch das Ekzem der Maschinentechnik; bald gab es keine Insel der Unverfälschtheit mehr, wo nicht das Radio der Verdummung dröhnte; und leider nicht äußerst anders griff die Gür-

telrose der Genitivmetaphern immer beliebter, immer erschwingli-
cher um sich, quer durch all ihre Ausbreitungsgebiete, genüßlich
aufblühend neben den unausgedrückten Pickeln der Adjektive,
schuppend und nässend auf dem bald schon überdüngten Boden
der Tatsachen, auf dem die Krone der Schöpfung im Sturm des
Lebens steht und sich hinterm Ohr der Zivilisationskrankheit
scheuert.

Zum Glück für die andere Körperhälfte befällt jede faktische
Gürtelrose nur die eine. In den Gärten der Poesie gab es bald nirgendwo mehr ein Fleckchen rosinenlosen Grüns. Kaum schlag ich
Klassik auf, fließt der Dichtung Schleier aus der Hand der Wahrheit; kaum guck ich in den Steppenwolf, zerschlägt Hermine die
trübe Glasglocke von Harrys Abgestorbenheit. Kaum greif ich zu
Nabokov, verliert sich Humbert Humbert im Wald des Frevels und
durchpflügt die Jagdgründe des Verbrechens; ich hoffe auf
Handke, der sich gegen das Vergleichen aussprach, und muß mir
dort das Universum der Schmerzen und das Tor der Erzählung
gefallen lassen, und beim Botho die Ruinenstadt der Erzählung,
die Angebinde des Todes, das Steppenbraun unserer Erwartung —
lieber landen *the wings of fantasy* im Schaufenster der Strumpf-
mode, als sich bremsen zu lassen. Wie kann ich mir solches Design
erträglicher machen? Ich brauch es bloß Stein des Anstoßes zu
nennen. Genitivmetaphern haben etwas Versöhnliches an sich: zu
altern, das übersteh ich nicht; vom Zahn der Zeit benagt zu werden, damit kann ich leben! Ja, ich muß zugeben: Auch ich trage
die Blastula des Infiziertseins in mir, hänge längst am Tropf nach-
strömender Vitaminstöße.

Wo aber öffnet sich die andere Hälfte, die Tabu-Seite, der
Magnet aller Genitivmetaphergeschädigten? Jedem Christentum
der Übertreibung seinen erfrischend atheistischen Gnadenstoß!
Doch leider bimmeln die Glocken der Aufklärung mit demselben
Metall wie die Glocken des Glaubens, nüchterner gesagt: Nicht
nur sämtliche Poeten, die sowieso an der Suchtdroge Genitivmetapher baumeln, sind international eingewickelt worden; inzwischen

sind selbst die prosaischsten Gemüter nur noch halb so nüchtern. Die Gürtelrose hat auf die verschonte, trockengebliebene Körperhälfte übergegriffen: reihenweise stapeln sich nicht eben bilderselige Gemüter: Realisten, Asketen, Philosophen, Linguisten, Heinrich Bölls, die so bildhaft wie möglich zum Reich der Trostlosigkeit greifen, wenn nicht gar zur unheimlich lockenden, schweigenden Brandung der völligen Hoffnungslosigkeit! Auch Dostojewski – von seinem ersten Kritiker als Pickel auf der Nase der Literatur gefeiert – spricht vom Räderwerk der Fakten. Nirgendwo ein Hegel, der – bei allem Abstrahieren – ohne die Sandbank der Zeitlichkeit auskäme, ohne den Äther des reinen Bewußtseins, ohne die Wolken des Irrtums und den Himmel der Wahrheit. Und nirgendwo ein Adorno, der nicht vom verwaisten Königsthron des Subjekts sänge – Zarathustras Frost der Einsamkeit zeugte E.M. Ciorans Gipfel der Verzweiflung; plus Sloterdijks Eishauch der Frühmoderne, plus Herbert Heckmanns Rauhreif der Resignation, plus Ulrich Horstmanns Brutschrank der Qualen, plus Ulrich Horstmanns Nacht der Tiefseegräben, plus Ulrich Horstmanns Senkgrube der Schöpfung, plus Ulrich Horstmanns Register der Leidenden – nenne mir deine Genitivmetapher und ich weiß genau, in welchem Stadium deiner Gürtelrose du steckst, als wonnevoll strampelndes Opfer deiner Garnierungslust, und ob überhaupt noch Hoffnung besteht, daß das penetrant Poetische an der Poesie mal ein wenig abschwellen möge, mitten in den vom Botho sogenannten Abwässern der Rede und Widerrede, mitten in den von Martin Walser sogenannten Prielen absoluten Geseiers.

Doch da heilt nichts ab. Der Vormarsch läßt sich nicht mehr eindämmen. Selbst die vielen ausgeschlotzten, kitschigen oder unprofessionellen Fügungen – »Finsternis des Herzens« (Heiner Müller), »mächtiger Sog des Nichts« (Rainald Goetz), »Nebel des Todes« (Nietzsche) – lassen sich dem Hamsterrad des Recycelns kaum noch entziehen. Denn inzwischen sind fast alle schlechten Genitivmetaphern zeitgemäß mutiert und klingen allesamt ausgesprochen unbanal, unschematisch, einfallsreich: Paramahansa

Yogananda schuf so hübsche Neuheiten wie Dynamo der Willenskraft, der sich allerdings im Wellengang insgesamter Überstrapazierung sofort neutralisiert. Wenn die Reize auch der originellen Metapher ausbleiben – was tun die Benutzer? Gehen sie in sich? Sie erhöhen die Dosis. Paramahansa Yogananda braucht bereits zwei Metaphern pro Satz: »In der Nacht des Irrtums folgen wir dem Irrlicht der Sinnesfreuden.« »Über den Sturmwinden des Zweifels steht das innere Licht der Intuition.« »Im Labyrinth religiöser Riten blühen die Blumensträuße der Hingabe.« Maria Rilke verbraucht pro Elegie ein gutes Dutzend: 1. Ausgang der grimmigen Einsicht, 2. klar geschlagene Hämmer des Herzens, 3. Gußform des Leeren, 4. Schaukeln der Freiheit, 5. Taucher und Gaukler des Eifers, 6. figürliche Schießstatt behübschten Glücks, 7. Buden jeglicher Neugier, 8. Geschlechtsteil des Gelds, 9. Plakate des ›Todlos‹, 10. Perlen des Leids, und nicht zuletzt 11. feine Schleier der Duldung. Ein FR-Artikel (z. B. einer vom 11.12.93) verbraucht pro Quadratmeter noch x mal mehr Poesie pur als jede Elegie: 1. das Barometer des Wohlbefindens, 2. die Intensivstation der »politischen Klasse«, 3. den herrlichen Baum des Staates, 4. den Zugwind einer scharfen Debatte, 5. den Baldachin einer aufgerüschten Yuppie-Culture, 6. den kurzen Sommer der Apathie, 7. das Kartell linker Einsichten, 8. das Glöckchen des Freisinns, 9. den Punchingball der eigenen Vergangenheitsbewältigung, 10. jeden Rülpser der Avantgarde, 11. den Mullverband ausgleichender Sinnstiftung, 12. die Klüfte lebenslänglicher Selbstungewißheit, 13. die disziplinierte Philharmonie der Wohlmeinenden, 14. das Fixierbad des Negativen, 15. den Triumphhügel einer Nationalstiftung. Müller (Heiner) spricht vom Phantom der asozialen Marktwirtschaft, und Peter Scholl-Latour vom Angstgespenst der nuklearen Proliferation, und Harry Mulisch vom Badewasser des Totalitarismus, mit dem man das Kind der Utopie nicht ausschütten solle. Auch außerliterarische Vorgänge lassen sich unprosaisch ausdrücken.

Auch Berufszweige, die ausschließlich Klartext reden, wird

immer wieder so poetisch zumute. Im »ABC der modernen Wirtschaft« verliert sich der Begriff der Liquidation im Nebel unterschiedlicher Definitionen. Diskussionen sind das Salz in der Suppe der Demokratie, laut Oskar Lafontaine, der sich, als er in Sachen Hinterziehung verleumdet wurde, in den Abgrund der Schweinerei geworfen fühlte. Die Grünen geißeln das Figurenschieben auf dem Schachbrett des Kabinetts, die Gauck-Behörde den Mantel des Vergessens, der über den Stasi-Akten liegt, die UNO die Geißel des Krieges. Militärische Terminologie benutzt das Fenster der Verletzlichkeit. Blutrichter Roland Freisler nannte die Sondergerichte »die Panzertruppe der Rechtspflege«. Hitler: »Wer dieses Volk kennt, dem sinken die Schleier irriger Vorstellungen über Ziel und Sinn dieser Partei vom Auge, und aus dem Dunst und Nebel sozialer Phrasen erhebt sich grinsend die Fratze des Marxismus.« Stalin: »Die ganze ältere revolutionäre Generation muß ausgerottet werden, sie ist ein Mühlstein am Hals der Revolution.« Lenin: »Revolutionen sind Lokomotiven der Weltgeschichte.« Treuhand-Chefin Birgit Breuel am 26.12.91: »Die Bauindustrie ist die Lokomotive des konjunkturellen Aufschwungs.« Saddam Hussein schwingt für die Mutter aller Schlachten die Fackel des Islam, Ajatollah Chomeni verfluchte den Giftstachel des Friedens, Gandhi ging auf den Feldzug des Ungehorsams.

Wer also nicht an Suggestivlinge wie Poeten, Tyrannen und Technikfetischistinnen erinnern möchte, erlege sich das Zölibat der Brillanzvermeidung auf. Wer nicht mehr so penetrant wirkungsvoll sein will, der würge Genitivmetaphern ab! Ohnedies wird niemand eine finden, die – im Engpaß der immer nur noch virtuoser aufgeschäumten Kombinationen – nicht zu ungewollten Überlappungen führt. Wer arglos vom Schleier der Erinnerung o. ä. schwafeln möchte, der sei daran erinnert: dem vergeßlichen Nostalgiker wird alles Schleier und alles Erinnerung: Paramahansa Yogananda zündet die Kerze der Erinnerung an. Magnus Enzensberger spricht vom Entenfluß der Erinnerung. Rühmkorf taucht durch die große Welle des Vergessens. Über die entscheidende Szene mit Joseph und Potiphars Frau wirft Thomas Mann den Schleier des Zartgefühls. Kaum ein heutiger Guru läßt es sich nehmen, vom Schleier des Ego zu künden, und vom Schleier der Unwissenheit. Paramahansa Yoganandas Leinwand der Dualität heißt bei meinem Lieblingsguru Bayazid al-Bistami Schleier der Dualität. Al Hariri (1024–1122) hüllt sich in den Schleier der Bekümmernis; über Quasimodo liegt – laut Victor Hugo – ein Schleier der Traurigkeit und Milde. Auf Leuten, die allein sind, liegt – laut Kurt Tucholsky – ein kaum wahrnehmbarer Schleier von Irrsinn. Edgar Allan Poe strandet am Ufer der Erinnerung. Margot Bickel schreitet durch die Wiesen der Erinnerung. Marcel Proust baut am unermeßlichen Gebäude der Erinnerung. Ray Bradbury wandert durch die langen Flure der Erinnerung. Enzensberger spricht vom Oxyd der Vergessenheit, Edgar Allan Poe vom Schleier der Seele, Baudelaire vom Schleier ihrer Unschuld, Heinrich Mann von den verfließenden Schleiern meiner Sehnsucht. Rühmkorf guckt in den Rückspiegel unserer Erinnerung. Ein Krimi von Fanny Morweiser hieß: »Die Kammern der Erinnerung« (ZEIT-Magazin 4.5.90). Botho Strauß wird gerichtet vom Tribunal der Erinnerung. Im Januar 94 warnte Bill Clinton, der eiserne Vorhang dürfe nicht durch den Schleier der Gleichgültigkeit ersetzt werden. Marx: Schleier der Warenproduktion. Nietzsche: Schleier der Täuschung. Heidegger: Schleier des Seins. Adorno: Schleier des gerade Bestehenden. Kein Schleier der Beliebigkeit kann die Vorratskammern meiner Beispiele unverbindlicher umspielen.

Dabei ist all dem rechtzeitig vorgebeugt worden. Wenn Václav Havel im Zarathustra die Strümpfe des Geistes, die Schlachthäuser und die Garküchen des Geistes aufgefallen wären, hätte er nicht am 17.3.83 an Samuel Beckett schreiben können, dieser sei für ihn ein Gott im Paradies des Geistes. Wenn Botho Strauß in seiner Prägephase, will sagen: seinen Lehrjahren auf Arno Schmidts Turnhallen des Geistes, den Albino des Geistes, der Magermilch der frommen Denkungsart gestoßen wäre, hätte er die ernstgemeinte »Atemhülle des Geistes« trotzdem gewählt – für den Zen sind Buddhas Lehren – laut Daisetsu Teitaro Suzuki – das Papier, um den Abfall des Intellekts aufzuwischen. Schon in Karolingerzeiten hing die Genitivmetapher manch einem ihrer Produzenten aus dem Hals heraus: Aurelius Prudentius Clemens (348–405) wich dem Stereotyp vom Auge des Herzens aus und sprach vom Bauch des Herzens, ein gewisser Guigo vom Fuß des Geistes, Gottfried von Breteuil gar vom Bauch des Geistes, welchselbigem von Alanus und Petrus Venerabilis der Magen des Geistes an die Seite gestellt ward, allesamt übertroffen vom Heiligen Aldhelm von Malmesbury (640–709), der in seine Predigten nicht nur den Hals des Geistes ernsthaft einbaute, sondern obendrein die Vulva der regenerierenden Gnade: ein letzter Versuch, der Gürtelrose der Poesie den Zusatzgürtel wahnwitziger Überpointierung umzuschnallen, dem Meer der Körperteilmetaphern den Finger des Überdrusses in den unempfindlichen Hals zu stecken, und schon hörte sich Dantes »Rücken unseres Urteils« unweigerlich nach Diminuendo an.

Wer also Gefahr läuft, sich nach wie vor als sprachmächtiger Metaphoriker zu betätigen, lausche eine Minute vorher tief hinein ins persische Märchen von Aziz, dem jungen Kaufmann, allwo als Schutzimpfung ebenfalls die Panazee des Zutodereitens verabreicht wird, zur Erzeugung von Freßzellen der Antipathie. Zunächst werden die poesielüsternen Zuhörer scheinheilig weichgemacht und eingelullt im Zaubergarn urvertrauten Wohlklangs: Der Becher seines Lebens war mit dem Wein des Glücks gefüllt, die Schale seines Daseins floß über vom Rebensaft des Reichtums, derweilen das Schlafgemach seiner Erwartungen im Kerzenlicht erfüllter Wünsche strahlte und der Mantelzipfel seines Herzens frei vom Staub irdischer Leiden war, und der Spiegel seiner Seele frei vom Rost des launischen Geschicks. Aziz wandelte auf dem Teppich des Wohlstands durchs Lusthaus der Sorglosigkeit, streckte sich auf den Polstern des Genusses, die Braut der Lust hingeschmiegt an die Brust seines Begehrens. Die Blumen seines

150

Gemüts erfrischten sich in den Parkanlagen des Frohsinns, der Zephir des Glücks ließ die Rosenknospen seines Herzens lächeln auf den Wiesen des Paradieses und in der Glut der geselligen Gelage. Doch als der Lenz der Munterkeit – gebettet auf den Teppich der Lustbarkeiten – den Gipfel der Wonne erklomm, zeigte sich der Schatten eines Fremdlings am Horizont seines Schicksals. Der Unbekannte nahm Platz, warf einen Blick auf die Versammlung der Freunde – aus den Schmuckkästen seiner Augen rollten die Perlen der Trauer über die Mantelzipfel seiner Wangen. Der Spiegel der allgemeinen Freuden überzog sich mit dem Rost der Besorgnis; ein Schrei der Angst fuhr durch die Seelen der Zechenden. Die Zügel der Selbstbeherrschung entglitten der Hand des Aziz, der fragend – gepackt von den Strudeln der Ungeduld – in den verschlossenen Schrein des Geheimnisses drang, indem er mit der Hand der Nachforschung den Mantelzipfel des Fremden faßte – so effektvoll und schön wurde noch nie aus der überbordenden Badewanne der elephantiasisch aufgequollenen Totalpoesie der Stöpsel urplötzlichen Tatsachensinns gezogen!*

---

* Einen ähnlichen Sturz aus den Wolken der Phantasie hinab auf den Teppichbelag der Realität gab es dann nochmal bei Maria Rilke, aber nicht mit eingebautem Augenzwinkern, sondern eher aus Versehen. Mitten in den Dauerstrom seiner Genitivmetaphern, wird urplötzlich ein Passagier eingeschmuggelt, der sich strukturell genauso wie eine Genitivmetapher anhört, sich aber ausnahmsweise als ein unverhofftes Realium entpuppt: »die Säulen der Tempel«, die in der weiten Landschaft der Klagen auf einmal so parodistisch klingen wie eben nur noch der Mantelzipfel des persischen Fremdlings, ein weitergedachter Aldhelm von Malmesbury.

Sätze

Unerlaubtes Angeln ist strengstens verboten!

Wir bitten deshalb auch in Ihrem Interesse um Verständnis, wenn der Verzehr von Speiseeis und anderen unverpackten Eßwaren in unseren Fahrzeugen nicht gestattet ist. Folglich ist der Verzehr von verpackten Eßwaren in unseren Fahrzeugen gestattet. Sobald man aber die zu verzehrenden Eßwaren auspackt, ist ihr Verzehr ab genau diesem Moment nicht mehr gestattet. Man wird zum Mitbringen von verpackten Eßwaren geradezu aufgefordert und darf sie dann in Ihrem Interesse doch nicht verzehren. (In Ihrem? Wieso soll es in unserem Interesse liegen, meine Eßwaren unverzehrt zu lassen? Wenn alle gleichzeitig ihre Eßwaren verzehrten, wäre das eine schöne homogene Runde, die erst demjenigen unangenehm würde, der als einziger keine Eßwaren mitgebracht hat und in dessen Interesse auch andere Leute auf das Auspacken und Verzehren ihrer Eßwaren verzichten sollen.)

Auch wenn man die Anwesenheit amerikanischen Militärs spürt, ist Mikronesien bis heute eine weitgehend intakte, unberührte Natur geblieben. Folglich läßt sich die Unberührtheit von Natur, wenn sie sich schon von der Anwesenheit amerikanischen Militärs nicht stören läßt, erst recht nicht von der Anwesenheit jener Touristen stören, die die Anwesenheit amerikanischen Militärs spüren. Folglich läßt sich unberührte Natur nirgendwo stören und berühren, allenfalls spüren. *Wenn Sie also die Unberührtheit Gomeras genießen wollen, dann fahren Sie gleich hin, bevor es zu spät ist.* Folglich sind die, die dieser Aufforderung nachkommen und sofort nach Gomera fahren, andere Leute als jene Leute, derentwegen die Unberührtheit Gomeras in Kürze ungenießbar sein wird.

In diesem Gebiet ist es verboten, a) die Landschaft zu verunstalten oder ihren Charakter zu verändern, z. B. Müll und Schutt an nicht dafür vorgesehenen Plätzen abzuladen oder störend wirkende Reklameschilder aufzustellen, b) außerhalb der dafür vorgesehenen Plätze zu zelten. Folglich dürfen Reklameschilder, die nicht störend wirken, in diesem Gebiet aufgestellt werden.

Das Besteigen von Bäumen, Brunnen, Denkmälern, Plastiken und ähnlichen Einrichtungen ist verboten. Abfälle sind ausnahmslos in die hierfür vorgesehenen Behälter abzugeben. Personen, die mit Herstellungs- bzw. Erhaltungsarbeiten in den Anlagen beauftragt sind, unterliegen nicht den Bestimmungen der Parkordnung. Folglich muß ich, um einmal ein Denkmal legal zu besteigen oder um meine Abfälle ausnahmslos auf den hierfür nicht vorgesehenen Rasen abgeben zu dürfen, mit Herstellungsarbeiten in den Anlagen beauftragt werden.

Geodätischer Festpunkt. Beschädigung oder Entfernung ist strengstens untersagt. Folglich wird hier mit zweierlei Elle gemessen, nämlich eine leichte Beschädigung als ebenso verwerflich eingestuft wie völlige Auswuchtung und Mitnahme des geodätischen Festpunkts. Anders gesagt: *Camping, Baden, unerlaubtes Angeln und andere Wassersportarten sind strengstens verboten!* Folglich ist erlaubtes Angeln nicht ganz so streng verboten wie unerlaubtes Angeln. Völlig unerlaubt hingegen ist verbotenes Angeln.

Wir bitten die Besucher unseres Lesesaals Essen, Trinken, Rauchen und laute andauernde Unterhaltung zu vermeiden. Folglich brauchen leise andauernde Unterhaltungen sowie laute kurze Unterhaltungen, die auch sehr störend sein können, nicht vermieden werden.

Zwischen diesen drei Arten von Hilfsmitteln besteht aber eine unfruchtbare Wechselbeziehung. Bei ihrer genauen Vergleichung zeigt sich nämlich, daß die Dichterlexika sich auf die Artikel und die Arbeiten von Ruf, Müller und Verbeeck stützen, daß die Verfasser der Artikel die Dichterlexika und ebenfalls die Arbeiten von Ruf, Müller und Verbeeck benützen und schließlich, daß Ruf, Müller und Verbeeck ihrerseits die Dichterlexika und die Artikel verwertet haben. (Hanns Peter Holl: »Bild und Wort. Studien zu Konrad Weiss«, Berlin 1979) Folglich kann auch heute noch, dank Ruf, Müller, Verbeeck und Holl, die sekundäre Literatur erfrischend sein, ja fruchtbar, dies aber nur, falls sich auch weiterhin Ruf, Müller, Verbeeck und Holl, samt allen ihren Artikeln, Arbeiten, Lexika und Studien, wundersam unaufdröselbar, teils benutzend, teils verwertend, irgendwie in ungefähr drei bis vier zwei- bis dreifach gegabelte Schwänze beißen – Ouroboros lebt!

Gewiß, man kann von Handke nicht verlangen, daß er ein anderer sein solle als der, welcher er nun einmal ist. (Ein bekannter Literaturkritiker. Quiz: Welcher?) Folglich kann man von anderen durchaus verlangen, daß sie andere sein sollen als die, welche sie nun einmal sind, nur von Handke kann man das nicht verlangen, selbst wenn andere dem Verlangen genauso wenig nachkommen wie Handke. Keiner kommt solchem Verlangen nach, weder die, von denen man's verlangt, noch der, von dem man es gar nicht erst verlangt, da er diesem Verlangen nie und nimmer nachkommen würde, jedenfalls nicht, solange er Handke oder auch ganz anders heißt als Handke – usw.

MULTIFLEX-CHRISTBAUMSTÄNDER, mit mehr Sicherheit mehr Freude am Weihnachtsfest! Im Geschenkkarton für 89,- DM frei Haus. Folglich kann dieser Christbaumständer nicht zu Weihnachten verschenkt werden, trotz Geschenkkarton. Denn dieser stünde dann unter einem Christbaum, der nicht richtig verankert wurde und so die Freude am Weihnachtsfest, aufgrund mangelnder Sicherheit, mindert. Oder der Geschenkkarton muß schon vor der Bescherung überreicht werden, damit der Christbaum pünktlich bereitstehen kann, dann allerdings ohne das Zentrum der Bescherung, einen MULTIFLEX-CHRISTBAUMSTÄNDER im Geschenkkarton.

Ohne Rücksicht auf Brandumfang nächsten Feuermelder betätigen und sofort Pförtner über Brandort und Brandumfang verständigen. Folglich soll ich den Pförtner über einen Brandumfang verständigen, an dem ich vorher ohne Seitenblick vorbeilief?

Noch sind die Befürworter der slowakischen Selbständigkeit in der Minderheit. Trotzdem wächst in der Slowakei die Sorge, daß der Staat auseinanderbrechen könnte. (ZDF, 10.10.91) Folglich kann nicht beides, Minderheit wie Sorge, in gleichem Tempo weiterwachsen, da die Minderheit, sobald sie zur Mehrheit wird, keinen mehr übrigläßt, der sich diesbezüglich sorgen könnte.

Selig sind, die da Leid tragen; denn sie sollen getröstet werden. Folglich tragen die Leidtragenden, nachdem sie getröstet wurden, weniger Leid und sind ab diesem Moment nicht mehr selig.

Es kommt vor, daß Nicht-Handeln und Nicht-Parteiergreifen von mehr Weisheit zeugt als Handeln und Parteiergreifen für eine Konfliktpartei. (György Konrad) Folglich zeugt das Handeln und Konfliktparteiergreifen für eine Konfliktpartei meistens von Weisheit.

Die Kennedys drückten die Hände der glücklichen Menschen, zur Besorgnis ihrer Sicherheitsbeamten, die dennoch kein Unheil ahnten. (ZDF, 20.5.94) Folglich haben die Sicherheitsbeamten insgeheim doch Unheil geahnt; wozu wären sie sonst besorgt gewesen?

In die Fächer dürfen nicht eingelegt werden: Geldzeichen, Kunstgegenstände, Sparbücher, Wertpapier, Gutscheine, Urkunden, Briefmarken sowie Edelmetalle, gefährliche Stoffe und Gegenstände, insbesondere explosive und entzündbare, giftige, radioaktive, ätzende, ekelerregende oder ansteckende Stoffe sowie lebende Tiere. Folglich –

Zum KLEIST-GRAB: Frieden hier suchte
Des Dichters ruhelose Seele
Schone darum die Natur
Die ihn hier liebend umfängt. Darum? Folglich –

Für die Öffentlichkeit kann die Messe geschlossen werden, wenn ihre Funktionstüchtigkeit gefährdet ist. Folglich –

Den historischen Augenblick erkennt man daran, daß man ihn nicht erkennt. (Ulrich Greiner) Folglich –

Sogar wenn sie naß sind, sind sie schön trocken. (Pampers) Folglich –

Die Geduld der Bundesrepublik
ist nicht unerschöpflich

Tagsüber wurde der kleine Rainer gescholten: »Kannst du dich denn gar nicht benehmen?« Wenn es aber nachts vor der Tür knisterte und der kleine Rainer hochsensibel zusammenzuckte, dann nahm ihn seine Mutter auf den Arm und beruhigte ihn lächelnd: »Keine Angst, mein Kleiner, das ist nur die Diele.«
Wenn ein paar Häuser weiter der kleine Klaus im Haus randalierte, dann ermahnte den Kleinen seine Mutter und zeigte ihm, wo seine Grenzen sind. Der kleine Albrecht kippelte mit dem Stuhl; seine Mutter wurde ungemütlich: »Mußt du meine Geduld auf die Probe stellen, Albrecht?« Und wenn der kleine Helmut mit dem Stuhl wippte, hieß es: »Laß das, Helmut! Meine Geduld ist nicht unerschöpflich!« Wenn der kleine Michail eins hinter die

Löffel bekam, wurde die Begründung mitgeliefert: »Ich habe lang genug Nachsicht geübt«, und wenn er zu spät zum Essen kam, hieß es: »Wer nicht kommt zur rechten Zeit, der muß sehn, was übrig bleibt.« Hatte der kleine Fu was ausgefressen, wurde er angebrüllt: »Warte nur, du wirst mich noch kennenlernen!« Und wenn der kleine Mao Dresche bezog, wollten seine Eltern ihm nur eine Lehre erteilen. Und fassungslos guckten Hans-Heinrichs Eltern zu, wenn ihr Kind, statt brav mit Plastiksoldaten zu spielen, immer nur ungehorsam rumeierte. Eines Tages kam der kleine Dwight an einem Bretterzaun vorbei, auf dem stand geschrieben: »Killroy is watching you!«

Das sind und bleiben die Grundlagen jeder Weltgeschichte. Die gute Kinderstube bleibt präsent – in jedem Oldie ist ein Vorschulkind versteckt, und das will durchschimmern, bis zum ersten weißen Haar und bis zum letzten Atemzug. Kaum bombardiert die Nato serbische Stellungen, erläutert das Außenminister Klaus Kinkel so: »Der serbischen Seite muß gezeigt werden, wo ihre Grenzen sind.« Kaum läuft dem Kanzler Kohl etwas Außenpolitisches gegen den Strich, läßt er verlauten: »Die Geduld der Bundesrepublik ist nicht unerschöpflich.« Kaum verweigert der Irak den UNO-Kontrolleuren den Einblick in seine Atomanlagen, meldet ZDF-Korrespondent Albrecht Heise – fernab von Handkes Gewicht der Welt: »Und vielleicht fühlt sich Saddam bald wieder stark genug, um die Geduld der Welt aufs neue auf die Probe zu stellen.« Kaum eskalieren weltweit bewaffnete Konflikte, meldet Hans-Heinrich Schumacher: »Wir können nicht rumeiern, die Welt guckt fassungslos zu.« Und kaum holen Hilfsorganisationen ein paar unzureichend versorgte Patienten aus Groß-Serbien heraus, heißt es: »Wieder entschloß sich die Welt, ihr Gewissen zu erleichtern.« Und sobald Dr. Fu Man Chu bei seiner Tendenz, zusammen mit Goldfinger und Dr. Mabuse die Weltherrschaft zu übernehmen, erfolglos bekämpft wird, verweist er auf die nächste, noch schrecklichere Fortsetzung: »Die Welt wird wieder von mir hören!« Bereits Eisenhower, der Oberbefehlshaber der US-Streitkräfte in Europa, ermunterte die alliierten Landungstruppen zu Beginn des Einbruchs in die Normandie: »The eyes of the world are upon you!« Sogar Gorbi verblieb, als Wilna unabhängig werden wollte, in unabstreifbarer Kinderstube: »Wir haben mit den baltischen Republiken lange genug Nachsicht geübt.« Was kaum souveräner klang als kurz vorher die Verlautbarungen der chinesischen Regierung bei Verletzungen der sowjetischen Grenze: »Wir wollten der Sowjetunion nur eine Lehre erteilen.« Beinahe hätte sich Gorbi beim »Wer zu spät kommt, den bestraft das Leben« verhaspelt und die kümmerlichste aller Wahrheiten ausgesprochen: »Wer zu spät kommt, den bestrafen die Eltern.«

Der Ätna gilt − laut SPIEGEL − als »›vulcano buono‹, als ein Vulkan, der sich trotz seiner häufigen Ausbrüche gut benimmt«, und die dritte Duineser Elegie, die der späte Rainer Maria Rilke der Welt schenkte, gilt als eins seiner reifsten Werke:

»Kein Knistern, das du nicht lächelnd erklärtest,
so als wüßtest du längst, wann sich die Diele benimmt.«

Ist hier noch frei?

Eine kleine Formulierung ist von uns gegangen − oder zumindest im Begriff, auf Nimmerwiedersehn von uns zu gehen. Man hört und äußert sie immer seltener. In Staaten, die aus den Nähten platzen, klingt die Frage, ob hier noch frei sei, deplaziert. Doch auch dort, wo − zwischen Stullen auspackenden Omas − noch ein Platz frei ist, wird immer häufiger der eigenen Einschätzung der Platzverhältnisse vertraut: grußlos schiebt man seine Koffer rein, stumm die Mitreisenden zum Einziehen ihrer Beine nötigend. Wo der wohlerzogene Betrillerungs-Auftakt »Ist hier noch frei?« entsorgt wurde, geht das humane Schlußlicht »Gute Reise« meistens gleich mit. Niemand will mehr muffige Gesichter zu existentiellem Aufleuchten bringen. Um so höflicher stapeln sich die anonymen Bistro-Durchsagen von Station zu Station und unterbrechen meine unschuldige Anbändelung: »Kommt als nächstes Ulm?« mit dem orwellartig unabstellbaren, manch friedlichen Schlummer übersteuert durchkreuzenden Drehwurm: »Verehrte Fahrgäste. In wenigen Minuten erreichen wir Ulm.«

»Ist hier noch frei?« hatte den Todeskeim von Anfang an in der Brust. Wenn im Abteil nur ein einsames Mütterchen sitzt, sind fast nie fünf Mitreisende simultan aufs WC gegangen, unter Mitnahme ihres gesamten Gepäcks. Doch würde man mittels der erblindeten, unmündigen Schema-Erkundigung »Ist hier noch frei?« die eigene Kombinationsfähigkeit verleugnen. Nur bahnfahrende Fossilien spulen sie noch ab; sie können nicht anders und konnten nie anders. Wer sich weiterhin an sie klammert, macht sich der Leerformelbenutzung schuldig; wer sie ersatzlos fallenläßt, dessen nonverbaler Einzug in fremdes Revier riecht nach Feindlichkeit, nach Soldat, der die Kreise des Archimedes stört.

»Ist hier noch frei?« Wir werfen dir — o holde Formulierung — weinend zwei schlappe Stiefmütterchen aufs Grab. Wir winken dir nach mit tränennassen Taschentüchern, doch ach: Auch die karierten Bügelfalten-Wimpel starben aus, zugunsten von Tempo, und nicht genug: auch das Winkewinke starb aus. Die Fenster lassen sich nicht mehr runterziehen, so als wäre die Bundesbahn bereits Lufthansa-Filiale. Man steht vor Spiegelscheiben, abgesperrt von seinen Liebsten, zur Pantomime verdammt, im windgeschützten Bildausschnitt.

Personen und Handlung sind frei erfunden

Wie groß ist der Unterschied zwischen Mitmenschen und Romanfiguren? Seit Jahrzehnten versichern Nabokov, Kubelka, Grass, Knef und Wolf (Christa, nicht Ror!), Personen und Handlungen seien frei erfunden und Ähnlichkeiten mit lebenden Personen rein zufällig. Louis Aragon wälzt das gar noch aus: »Dies ist kein historischer Roman. Jede Ähnlichkeit mit Personen, die gelebt haben, jede Übereinstimmung der Namen, Orte, Einzelheiten kann bloß auf zufälligem Zusammentreffen beruhen, und der Verfasser lehnt dafür im Namen unveräußerlicher Rechte der Einbildungskraft die Verantwortung ab.« Wozu unveräußerliche Rechte auffahren, wenn dann die Leute im Buch kaum anders heißen und agieren als außerhalb. Duckmäuser und Atheisten seid ihr! Nicht mal an die eigenen Figuren wollt ihr glauben!

Heilige Unreflektiertheit! Erst müht sich der Romancier ab, die Fiktion glaubhaft zu machen, dann sägt er ihr im Vorspann die Realität vorbeugend ab − etwa aus Furcht, die eigenen Figuren könnten die privaten Bezugspersonen des Verfassers abklappern nach Übereinstimmungen mit sich selbst? Im Zeitalter der Namensvettern müßte kein Buchheld anders heißen als sein Leser; der in Beruf und Familienleben gleichermaßen versagende Hermann Müller wird überall und nirgends ausfindig zu machen sein, vor allem überall. Selten steht jemand so über den Dingen wie Claude Cueni in seinem »Tie-Break für Crazy Horse«, einem am 2.5.90 in Zürich uraufgeführten Monolog: »Die Geschichte vom Tennisspieler und seinem Double ist frei erfunden. Ähnlichkeiten mit lebenden oder verstorbenen Tennisspielern wären rein zufällig und in keiner Weise beabsichtigt.«

Solche Praxis griff um sich, bis in Sachbücher hinein: »Das vorliegende Buch gibt tatsächliche Begebenheiten wieder. Alle Fakten wurden wahrheitsgetreu aufgezeichnet, die Namen der meisten handelnden Personen jedoch aus begreiflichen Gründen geändert.« Und bis in Ratgeber hinein wie »Ein guter Brief gewinnt«, allwo es heißt: »Die Eigennamen in den Beispielsbriefen sind erfunden; Übereinstimmungen mit tatsächlichen Namen wären Zufall.« Am schönsten aber werden die Beteuerungen der Romanciers in Flensburger Sexheftchen à la »Feuerwerk der Lüste« verballhornt: »Das abgebildete Titelmodell steht in keinem Zusammenhang mit dem Inhalt des Romans.« Hier kann keiner mithal-

160

ten, auch nicht der freiwillige Humor Milorad Pavićs, der immerhin den Spieß um etliche Grade umdreht: »Alle Leser dieses Buches sind frei erfunden. Jede Ähnlichkeit mit wahren Lesern ist purer Zufall.«

Autoren bleiben hier unfrei, reden unbeeinflußbar weiter von ihren frei erfundenen Figuren. Selbst mein Lieblingsautor Späth (Gerold, nicht Lothar!) singt diesen Drehwurm mit und fällt so den Menschen in die Rücken, die in seiner »Commedia« zu Wort kommen und die vom Vorspruch unverdient zu Figuren gestempelt werden. Das verdirbt alles und ist zudem gelogen; denn von all den zweihundert im Buch aufgeführten Personen existiert nachweislich jede einzelne, und sowohl der Autor wie die betreffenden Personen wissen das auch sehr genau! Viel elastischer als Gerold Späth ging Bernd Späth in seinem Roman »Seitenstechen« die Sache an: »Wichtiger Hinweis für den Leser: Personen und Handlung dieses Romans sind frei erfunden. Sollten sich dennoch zufällige Ähnlichkeiten ergeben, so sind diese für die Betroffenen natürlich höchst unerfreulich.« Schön wär's. Sobald empirische Modelle in ein ästhetisches Kontinuum geraten, sei es demoliert oder großformatig 1:1, hört alle Unerfreulichkeit auf, und das Ärgernis, stümperhaft abgekupfert worden zu sein, geht in die Wohltat über, sich in verblüffender Naturwahrheit verewigt zu sehen, es sei denn, der Autor distanziert sich wie Klaus Modick von den eigenen Methoden: »Personen, die meinen, in diesem Buch vorzukommen, sind nicht gemeint.« Nichts gegen Objektivierung, doch läßt das kaum eine Person auf sich sitzen. Frechheit! Erst benutzt er mich, dann will er sich nicht zu mir bekennen! Historischer Rückblick: Bereits 1970 hatte Thilo Koch wirkungsloserweise verkündet: »Ähnlichkeit mit lebenden Personen ist beabsichtigt.«

Solange keiner aufsteht und klagt, geschieht dem Autor nichts. Und sobald jemand klagt, geschieht ihm auch nichts, mit oder ohne Vorbeuge-Kärtchen; denn es herrscht hierzulande die Freiheit der Kunst, und wer will schon das unerwünschte Denkmal, als das er sich wiederfindet, noch zementieren, indem er die eigene Verhunzung, samt indiskretem Dichter, an die Glocke hängt. Er kann sich zwar mit Unterlassungs- und Schmerzensgeldansprüchen erfolgreich wehren, doch die geschwärzten Textpassagen haben so oder so den längeren Atem, und wer es als unangenehm empfindet, als unverwandelter Hans Wollschläger in den Puff von Paris zu fahren, dem kann es passieren, daß er in revidierten Nachdrucken als Wülli Wüllenweber in die Ewigkeit eingeht, auf ewig in den Puff von Paris. Als ob nicht auch das Sein frei erfunden wäre und Ähnlichkeiten mit dem Schein rein zufällig!

Er ist nur halb zu sehen

Ich begann den »Mann ohne Eigenschaften« zu lesen und stellte mir aus irgendwelchen Gründen die Hauptfigur Ulrich schlank vor, allenfalls so mittelprächtig geformt wie ihren Autor. Zunächst klappte das sehr gut. Siebenhundert Seiten später erfuhr dann aber der Leser, daß Ulrich Sport treibe und breit und kräftig gebaut sei. Das warf mir alles um. Wer sich monatelang als Leptosom einbürgert, kann kaum noch umgedacht werden. Konnte Robert Musil nicht etwas weiter vorn andeuten, wie Ulrich ausschaut? Oder hatte ich nur überlesen, daß Ulrichs Korpulenz bereits auf S. 12 festgelegt worden war?

Nicht anders ging es mir, als ich den »Verdacht« von Friedrich Dürrenmatt las. Ich stellte mir den Kommissar Bärlach instinktiv einigermaßen dick vor; denn Hauptfiguren sind Teil ihres Autors. In der zweiten Buchhälfte sah Bärlach sich im Spiegel an der Zimmerdecke als eindeutig dürren Menschen.

Und das alles nur wegen »Der Mond ist aufgegangen«! Hier hatte ich mir seit jeher einen Vollmond vorgestellt – wem ging es beim Singen der ersten Strophe anders? Welcher Mond wäre nicht jederzeit als kugelrundes Urbild über schwarz schweigendem

Wald aufgegangen, höchst zweifelsfrei, äußerst unverrückbar, derweilen aus den Wiesen Nebel steigt, der weiße Nebel wunderbar?

Dann aber, Jahre später, wollten allerlei Zusatzstrophen mitgezogen werden, um uns arme Menschenkinder zu testen: »Seht ihr den Mond dort stehen?« Matthias Claudius verdächtigt uns also, wir hätten damals, bei Liedbeginn, woandershin geguckt! Und dann der Clou: »Er ist nur halb zu sehen.« Mitten in der schönsten Vollmondnacht − ein Halbmond?

Einen dünnen Ulrich zu einem dicken Ulrich umzugießen, und umgekehrt, das krieg ich grad noch mit Müh hin; das geht glatt über die Bühne; das laß ich mit mir machen. Aber vom Mond die Hälfte wegschneiden, nur weil ein apokryph dahersimpelndes Nachschiebsel sich plötzlich alles anders überlegt − nein, das geht nicht; das grenzt an Glaubensverlust.

Inzwischen weiß ich, daß Claudius bloß allerlei Reflexionen, angereichert mit astronomischen Kenntnissen, in sein Volkslied eingeschleust hat, was er mit seinem verallgemeinernden »So sind wohl manche Sachen« noch steigerte. Zum Glück schob der kalte Abendhauch das alles wunderbar beiseite.

Walter sah rauchend auf die Uhr

Sämtliche Romanfiguren gehen − seit der industriellen Revolution − zwei Tätigkeiten hochverläßlich nach: 1. alle gucken ständig auf die Uhr, 2. alle stecken sich ständig eine Zigarette an.

Oft treten keine weiteren Taten und Eigenschaften hinzu, und dies nicht nur bei Heinrich Böll. Dabei hat bereits Karl Kraus im November 1921 gebeichtet, daß er infolge einer angeborenen Unzulänglichkeit Romane nicht zu Ende lesen könne, weil er angeblich schon beim geringsten Versuch, sich zu erzählen, daß Walter beim Betreten des Vorzimmers auf die Uhr sieht, in tiefen traumlosen Schlaf verfällt. Nie hätte er, genau wie Paul Valéry, einen Roman mit dem Satz »Die Marquise ging um fünf Uhr aus« begonnen, genau wie der französische Romancier Claude Mauriac, worauf Heinrich Vormweg 1980 in seinem Nachwort zu Dieter Kühns Hörspielen aufmerksam machte. Und seit Hamm den Clov fragte »Wieviel Uhr ist es?« und seit Clov nicht »8 Uhr 59« antwortete, sondern »Soviel wie gewöhnlich«, ist es restlos anrüchig geworden, beim Betreten des Vorzimmers auf die Uhr zu gucken und dies dann auch noch in eine Erzählung einzubauen.

Doch Walter stört sich daran nicht. Jahrzehnt um Jahrzehnt rollt Walter rauchend und auf die Uhr guckend über Kraus, Valéry, Mauriac und Beckett hinweg, mal als Jack, mal als Kommissar Maigret, mal als Knudsen, mal als Raspe, mal als Christine, oft als Harry, doch jedesmal mit derselben automatischen Halsbewegung in Richtung Uhr, mit denselben mehr oder weniger verglasten Augen, mal mit, mal ohne Zigarette, und dies rund um jede Uhr, von früh um halb sieben bis zum Sendeschluß nach 0 Uhr und später. Und zwar ungefähr so:

06:40

Harry schaute auf seine Uhr. Bald Viertel vor sieben –

(Todd Strasser: »Kevin – allein zu Haus«, 1991)

08:00

Am besten so, daß du die Tür sehen kannst. Und die Uhr. Nimm dir vor, nicht zu oft hinzuschauen.

(Martin Walser: »Halbzeit«, 1960, 2. Teil, 9. Kapitel)

08:15

Er blickte auf die Uhr. Es war viertel nach acht.

(Alexander Lernet-Holenia: »Ich war Jack Mortimer«, 1933, S. 31)

08:25

Es war acht Uhr fünfundzwanzig, als Maigret vom Tisch aufstand und dabei seine letzte Tasse Morgenkaffee leerte.

(Georges Simenon: »Hier irrt Maigret«)

08:59

– wobei sein Blick auf die Uhr am Zürichhochhaus fiel, und die
zeigte neun –

(Bodo Kirchhoff: »Gegen die Laufrichtung«, 1993, S. 23)

09:00

Von dem beinah unmittelbar vor ihrem Fenster aufragenden Petri-
Kirchturme herab schlug es eben neun, und die kleine französische Stutzuhr sekundierte pünktlich.

(Theodor Fontane: »L'Adultera«, 1880, 2. Kapitel)

09:45

Die Frau drückte ihre Zigarette aus.

(Bodo Kirchhoff: »Gegen die Laufrichtung«, 1993, S. 12)

09:46 – 10:00

Er preßte sie an sich, las hinter ihrem Rücken 9.46 vom Zifferblatt
ab . . . und küßte sie bis 10.00.

(Vladimir Paral: »Die Messe der erfüllten Wünsche«, 1966)

09:59

Ein Blick auf die Armbanduhr zeigte Jack, daß es zehn war.

(Philip K. Dick: »Mozart für Marsianer«, 1982)

10:01

Ich hasse diese Uhr! Mit ihrem kleinlichen, erbärmlichen Tick-
tack zerstückelt sie die Zeit, die Zeit unserer Liebe, unserer Zärt-
lichkeiten, unserer Umarmungen.

(Heinz Flügel: »Wieder-Holungen«, 1977)

10:30

Es war halb elf. Ich steckte mir eine Zigarette an, schob das Kopf-
kissen hoch und malte mir aus, wie ich den Nachmittag verbringen würde.

(Heinrich Böll: »Die Postkarte«)

10:55

Die beleuchtete Turmuhr, die man über den Festungswällen sieht, zeigt fünf Minuten vor elf Uhr.

(Georges Simenon: »Maigret und der gelbe Hund«)

11:00

Knudsen sah auf seine Uhr: sie zeigte auf elf.

(Alfred Andersch: »Sansibar oder der letzte Grund«, 1957)

11:09

Die Zeit stand still. Raspe schaute auf die Uhr. Es war hoher Vormittag. Dann schaute Raspe wieder auf die Uhr.

(Rainald Goetz: »Irre«, 1983, S. 226)

11:11

Denn bald schon ist es 5 nach 12,
drum stell die Uhr auf 11 Uhr 11!

(Motto des Protokollers aus: »Mainz, wie es singt und lacht«)

11:47

Harry sah auf die Uhr. Mein Gott, gleich zwölf.

(Joseph von Westphalen: »Das schöne Leben«, 1993, S. 9)

Gegen 12:00

Christine greift nach einer neuen Zigarette.

(Bodo Kirchhoff: »Gegen die Laufrichtung«, 1993, S. 38)

Zwischen 12:30 und 13:00

Erst ab Mittag war Walther zuhause. Das ist ein Unterschied: einhalb ist nicht eins. Das ist klar. Die Frage ist nur: Stimmt einhalb? Er war ein Uhr mittag zuhause.

(Rainald Goetz: »Irre«, 1983, S. 29)

15:30

Er war erschöpft. Nach seiner Armbanduhr war es erst halb vier.

(Philip K. Dick: »Mozart für Marsianer«, 1982)

15:34

»Wie spät, Herr Peters?«: »Ä — 15 Uhr 30, Herr Landrat, vierndreißich.«

(Arno Schmidt: »Aus dem Leben eines Fauns«, 1953)

16:00

Dann schlugen die Glocken vier. Herrgott, dachte Knudsen, ich komme zu spät.

(Alfred Andersch: »Sansibar oder der letzte Grund«, 1957)

16:30

Ich will jetzt eine rauchen, sagte er nach einer Weile, sah auf die Uhr und staunte, daß es schon halb fünf war.

(Thommie Bayer: »Das Herz ist eine miese Gegend«, 1991)

17:10

»Die Marquise ging um fünf«, dachte Carlos Lopez. »Wo zum Teufel habe ich das gelesen?«
Er saß im »Cafe London«, Ecke Calle Perin und Avenida de Mayo; es war zehn nach fünf.

(Romananfang von Julio Cortázar: »Die Gewinner«, Frankfurt 1988)

17:11

Schneemann äußerte pressiert, es sei zehn bis zwölf Minuten nach fünf.

(Alfred Döblin: »Wadzeks Kampf mit der Dampfturbine«, 1918, S. 185)

17:12

Sag mal, heißt der wirklich Schneemann, sagte Raspe zu dem übertrieben starrgesichtig aufmerksamen Bögl, der nur unwillig den Kopf schüttelte und nicht antwortete.

(Rainald Goetz: »Irre«, 1986, S. 185)

17:20

Der bequeme Walther aber, der es nicht in der Art hatte, Zeit und Stunde sehr zu beachten, hatte die Stunde versäumt.

(Ludwig Tieck: »Eine Sommerreise«, 1834)

17:30

Jemand stellte etwas auf den Fußboden, und eine leise Stimme sagte: »Es ist halb sechs!«

(Georges Simenon: »Maigret und das Geheimnis im Schloß«)

18:03

Ich jedenfalls kann mich genau erinnern, wann bei mir die Erwartungshaltung umgeschlagen ist, ich habe nämlich in dem Moment auf die Uhr geschaut, und es ist drei nach sechs gewesen.

(Birgit Vanderbeke: »Das Muschelessen«, 1990)

18:11

Blick auf die Uhr im kalten Schlafzimmer: 18.11. Erst mal eine rauchen.

(Italo Svevo: »Zeno Cosini«, 1928)

18:30

Sie schaute auf die Uhr, es war halb sieben, normalerweise wurde bei ihnen um sieben gegessen, Papi mußte jeden Moment heimkommen –

(Franz Hohler: »Der neue Berg«, 1991, S. 202)

18:31

Er entzündete die Zigarette und saugte an der Spitze.

(Bodo Kirchhoff: »Infanta«, 1990, S. 418)

18:40

(Noch einmal die Uhr ins Laternenlicht: es war 18 Uhr 40 Minuten mitteleuropäischer Zeit.)

(Arno Schmidt: »Tina/oder über die Unsterblichkeit«, 1958)

Schätzungsweise so gegen 19:00
Siegmund sah nach der Uhr.

(Robert Musil: »Der Mann ohne Eigenschaften«, S. 838)

Ohne genauere Zeitangabe
Ulrich sah nach der Uhr.

(Robert Musil: »Der Mann ohne Eigenschaften«, S. 878)

Ich blickte auf eine Uhr, um die Wahrheit zu finden. Die Stunden gingen vorüber wie elfenbeinerne Schachfiguren.

(Anaïs Nin: »Haus des Inzests«, 1984)

Etwa zwischen 02:00 und 03:00
Er schlief allein, wagte kaum auf die Uhr zu schauen, wenn er mitten in der Nacht wach wurde.

(Norbert Gstrein: »Anderntags«, 1989)

02:10
Es war Mittwoch, genauer gesagt Donnerstag, denn der Wecker auf Maigrets Nachttisch zeigte zwei Uhr zehn.

(Georges Simenon: »Maigret und die braven Leute«)

Genau gleichzeitig
Willi krempelte umständlich die Feldbluse hoch, fingerte nach der Uhr, zog sie heraus und hielt sie nahe vors Gesicht: »Zehn nach zwei.«

(Heinrich Böll: »Vive la France«)

02:18
Willi krempelte wieder sorgfältig die Feldbluse hoch, fischte nach der Uhr in der kleinen Tasche oben am Hosenbund, hielt sie nahe vor die Augen: »Achtzehn nach ... denk an die Uhr!«

(Heinrich Böll: »Vive la France«)

02:38
Ich blickte auf die Uhr auf dem Nachttisch. Es war zwei Uhr achtunddreißig.

(Robert A. Monroe: »Der Mann mit den zwei Leben«, 1981)

Ohne Zeitangabe
Sie streifte ihre Uhr ab und legte sie zu Aschenbecher und Zigaretten, sie riß Blätter von der Rolle und schichtete sie und legte den kleinen Stoß neben die Uhr.

(Bodo Kirchhoff: »Infanta«, 1990, S. 137)

169

02:40

Er versenkte auch den zweiten Zigarettenstummel in die kleine Tasche vorne, die für die Uhr bestimmt war –

(Heinrich Böll: »Vive la France«)

02:45

»Wie spät ist es?« fragte der Posten kurz und fast herrisch. Ungeduldig und gereizt wartete er, bis Willi in seiner biederen Umständlichkeit das Manöver mit der Uhr vollzogen hatte.

(Heinrich Böll: »Vive la France«)

Ab etwa 03:00

Schlaflose Nacht: dafür gibt es eine Formel, qualvolle Stunden, ohne Aussicht auf Ende und Dämmerung hingedehnt in der vergeblichen Anstrengung, die leere Dauer zu vergessen. Entsetzen aber bereiten schlaflose Nächte, in denen die Zeit sich zusammenzieht und fruchtlos durch die Hände rinnt.

(Theodor W. Adorno: »Nur ein Viertelstündchen«, 1951)

03:15

Eine Uhr tickte in Gottes bleichen Händen, und es war bereits zu spät.

(Peter Ackroyd: »Die Uhr in Gottes Händen«, 1992)

Danach

Er stülpte den Stahlhelm über und zündete sich eine Zigarette an und rauchte in wahnsinniger Hast, den Rauch tief einziehend, zwei Zigaretten hintereinander, lefzend vor Haß, Wut und Verzweiflung.

(Heinrich Böll: »Vive la France«)

Zwischen 03:30 und 04:30

Das Menschenleben wird zum Augenblick, nicht indem es Dauer aufhebt, sondern indem es zum Nichts verfällt, zu seiner Vergeblichkeit erwacht im Angesicht der schlechten Unendlichkeit von Zeit selber. Im überlauten Ticken der Uhr vernimmt man den

Hohn der Lichtjahre auf die Spanne des eigenen Daseins. Die Stunden, die als Sekunden schon vorbei sind, ehe der innere Sinn sie aufgefaßt hat, und ihn fortreißen in ihren Sturz, melden ihm, wie er samt allem Gedächtnis dem Vergessen geweiht ist in der kosmischen Nacht.

(Theodor W. Adorno: »Nur ein Viertelstündchen«, 1951)

Unter den Völkern des Abendlandes waren es die Deutschen, welche die mechanischen Uhren erfanden, schauerliche Symbole der rinnenden Zeit, deren Tag und Nacht von zahllosen Türmen über Westeuropa hin hallende Schläge vielleicht der ungeheuerste Ausdruck sind, dessen ein historisches Weltgefühl überhaupt fähig ist.

(Oswald Spengler: »Der Untergang des Abendlandes«, 1917)

04:00
Sie warf einen Blick auf den winzigen Reisewecker neben ihrem riesigen Bett, der am Morgen so zurückhaltende Piepstöne von sich gab. Vier Uhr. Na großartig: Aufstöhnend warf sie sich auf die andere Seite.

(Elisabeth Dunkel: »Der Fisch ohne Fahrrad«, 1990, S. 12)

04:30
Penelope war bereits wie gerädert, als sie auf die Uhr sah und feststellte, daß es erst halb fünf war.

(Rosamunde Pilcher: »Die Muschelsucher«, 1990, S. 486)

04:45
Ingebartels, Ingebartels, Ingebartels, sagte die Uhr hinter mir mehrfach den Namen, und lachte dann flämisch auf: ho ho ho!: also 4 Uhr 45.

(Arno Schmidt: »Nachbarin, Tod und Solidus«, 1955)

05:00
Er schaltete das Licht ein. Er sah auf die Uhr. Es war fünf.

(Wolfgang Koeppen: »Das Treibhaus«, 1953)

05:09

Herbert ächzte, äugte nach der Uhr. 5 Uhr 09.

(Eckhard Henscheid: »Die Postkarte«)

05:23

Herbert sah nach dem Wecker. 5 Uhr 23.

(Ebenda)

07:00

Schläfrig zählte er die Schläge der Uhr, die verkündete, daß wieder eine Stunde vergangen war . . . sechs, sieben.

(Thomas Rosenboom: »Eine teure Freundschaft«, 1991)

Ohne Zeitangabe

Mayla rauchte wieder.

(Bodo Kirchhoff: »Infanta«, 1990, S. 139)

07:55

Als Walter bald darauf erwachte und das leere Bett neben dem seinen gewahrte, entsann er sich dumpf, daß während des Schlafes etwas im Zimmer vor sich gegangen sei, sah nach der Uhr, entdeckte den Zettel und streifte rasch die Nachtbefangenheit ab, denn er hatte sich vorgenommen, an diesem Tag besonders früh aufzustehen und zu arbeiten.

(Robert Musil: »Der Mann ohne Eigenschaften«, S. 1196)

Die Namen wechseln, der Blick auf die Uhr bleibt. Und ab 08:00 kann alles wieder von vorn losgehn. Und das steigert sich: Inzwischen wird nicht nur der dauerhafte Walter von seinen Autoren gezwungen, auf die Uhr zu schauen, sondern bereits die Autoren selber machen Walter nach, und sei es unter dem Decknamen Peter Sloterdijk, der gegen Ende seines Vortrags über die sokratische Maieutik und die Geburtsvergessenheit der Philosophie, den Zuhörern mitteilte: »Nun zwingen mich die Umstände, meine Damen und Herren, doch wieder auf die Uhr zu schauen.«

Doch nicht auf die Uhr zu schauen, das ändert wenig. Wenn Walter nicht auf die Uhr guckt, dann schält er eine Mandarine. Das

Leben will halt weitergehn. Die Natur findet immer einen Weg, und sei es quer durch die Kunst, gesäumt von den Scherben wirkungsloser Sprachlupe. Vorreiter in Sachen Mandarine war mal wieder Altmeister Musil, und zwar auf S. 835, allwo es nachweisbar heißt: »Walter schälte eine Mandarine.« Das hatte Folgen: Auf S. 500 von »Infanta« schält Mayla eine Mandarine, auf S. 96 Kurt Lukas ein Ei und auf S. 40 schiebt Mayla den Rest der Mandarine in den Mund. Und in »Homo faber« kauft Herbert – also mehr oder weniger Harry! – eine Ananas, also beinahe eine Mandarine! Christa Moog schält in ihrem 1990 in Klagenfurt verlesenen Text Birnen, ehe Harry von Duckwitz auf der ersten Seite seines zweiten Romans zum Mandarinenschälen zurückkehrt.

Wohl dem Walter oder Harry, der den Befehl »Harry, schäl sofort eine Mandarine!« standhaft verweigert! Zaghafte Harrys schälen zunächst noch pro forma in fiktiver Luft herum. Konsequente Harrys überwinden die kollektive Zappelmasse aus Uhrguckerei und Schälerei und beginnen irgendwann mit der utopischen Tätigkeit, keine Mandarine zu schälen! Dann brauchst du nicht länger Hampelmann sein, nie wieder die Wunde der Fiktionsprosa vertiefen, nie wieder Harry sein!

Weiter so, Harry!

Wer es kennt, nimmt Kukident

Diese Zeile – die als Prosasatz ganz anders lauten würde, nämlich: »Wer Kukident kennt, nimmt es« – bescherte mir von frühauf logische Schwierigkeiten, ja Schuldbewußtsein: ich kannte es dank Onkel Ottos Einkaufstips sehr wohl, nahm aber trotzdem nicht Kukident. Erst später erkannte ich, daß es nicht genügt, es zu kennen, man muß Kukident auch brauchen. Wer es dereinst brauchen wird und schon seit siebzig Jahren kennt, wird Kukident nehmen.

Nachdem ich diesen Werbetrick durchschaut hatte, konnten mir auch seine Nachfolger nichts anhaben, vom Schoeller-Eis-crem-Spot »Wer noch nicht überwältigt ist, kann das nachholen«, bis hin zum Lied der Mignon: »Nur wer die Sehnsucht kennt, weiß was ich leide«. Ich lernte zig Leute kennen, die nachweislich die Sehnsucht kannten und trotzdem von meinem Leiden nichts wußten, mich vielmehr für einen Scherzkeks hielten und mir Gruben gruben, ohne bis dato selbst hineinzufallen. Wie oft kam ich zuerst und mahlte trotzdem nicht als Erster, und wie oft ließ ich gezwungenermaßen mein Mißtrauen fallen, um denjenigen zu glauben, die die Wahrheit sprachen, obwohl sie vorher einmal gelogen hatten. Kurz: Wer drauf wartet, daß Volksmundweisheiten auch auf ihn mal zutreffen, kann lange warten.

Überhaupt: Wer-Sätze blieben merkwürdig unsympathisch. Wer-Sätze öffneten die falschen Alternativen. In meinem Flohmarktbuch »Freundschaft mit Büchern« von Helmut Bode fand ich die Warnung: »Wer seine Bücher verleiht, muß damit rechnen, daß er sie beschädigt oder gar nicht zurückerhält.« Das klang so unversöhnlich wie: »Wer nicht arbeitet, soll auch nicht essen.« Kaum tröstlicher die Verheißung einer Peugeot-Anzeige: »Wer hart arbeitet, verdient eine angemessene Beförderung.« Die American Airlines drücken das so aus: »Wer hoch hinaus will, braucht gute Verbindungen.« Noch ungeschminkter die Hoesch AG, die immerhin einen Querbezug zu Kukident herstellte: »Wer seine Chancen im Wettbewerb vergrößern will, muß seine Zähne schärfen.« Wieder etwas versöhnlicher das Flex Control 4550 universal cc, der Spitzenrasierer der Firma Braun: »Wer an die Spitze will, muß im Kopf beweglich sein« – was Friedrich Schiller bereits vor zweihundert Jahren vorausgeahnt hat, in seinem Vers:

»Wer den Besten seiner Zeit genug getan,
Der hat gelebt für alle Zeiten.«

Nirgendwo Hoffnung: Selbst die Bibel ließ ausschließlich pädagogisch auffallend überholte Rezepte los: »Wer sein Kind liebhat, der züchtigt es«, oder unhaltbare Drohungen: »Wer Wind sät, wird Sturm ernten.« Ich säte Stürme, erntete Windstille und zog aus all diesen dubiosen Aussagen den Schluß: Wer seine Sätze mit »wer« anfangen läßt, hat niemals recht. Doch hört sich dieser Satz genauso autoritär, unwahr und unschön an wie alle diese Wer-Sätze, vor allem der aus dem vorletzten oder vorvorletzten TV-Interview mit Salman Rushdie, wo dieser behauptete: »Wer keine Angst hat, ist ein Idiot.« Hier hakt Günther Nenning wahlverwandt ein und meldet in der ZEIT vom 1.1.93: »Wer vor dem, was jetzt gerade wiederkehrt, keine Angst hat, ist ein Idiot. Wer, inmitten der Angst, keine Hoffnung hat, ist ein noch größerer Idiot.«

Wer nun aber den Schluß zieht, aber heute nie wieder Wer-Sätze verfassen oder lesen zu wollen, dem entgehen ab sofort Wer-Sätze, um die es vielleicht schade wäre − Walter Benjamin: »Wer heut' als Heinrich von Ofterdingen erwacht, muß verschlafen haben.« Etliche Wer-Sätze sind mir regelrecht ans Herz gewachsen, vornweg der Rilkevers: »Wer jetzt kein Haus hat, baut sich keines mehr, wer jetzt allein ist, wird es lange bleiben.« Inhaltlich stimmt so ein Vers zwar hinten und vorn genauso wenig wie der Kukident-Vers, nämlich nicht mehr überein mit dem heutigen Boom im Bausparvertragswesen, und erst recht nicht mit dem Bewußtseinsstand von Wohnungssuchenden, die nicht gleich ans Bauen denken. Außerdem hat ein Single statistisch höhere Kopulationsfrequenzen als fast jeder, der jetzt nicht allein ist. Auch damals schon traf Rilke nicht völlig den Kern, denn manch einer hatte ein Haus und baute sich trotzdem noch eins dazu, oder auch zwei, derweilen der, der keines hatte, anschließend erst recht keins hatte. Doch schwingen in solchen Versen Leseebenen mit, die über Mietprobleme, Eigentumswohnungen und sonstige Realitätsbezüge zu Recht erhaben sind.

Dennoch: Wer immer strebend sich bemüht, wer niemals einen Rausch gehabt, wer sich der Einsamkeit ergibt, wer oft sein Brot mit Tränen aß, wer ab heute fast alle Wer-Sätze freiwillig zu vermeiden strebt, den können wir zwar nicht erlösen, wohl aber zehn Minuten lang ungeschoren lassen.

Kurze Sätze sind mir zu kurz

Selbst etwas längere Sätze sind mir, auch dann, wenn sie ein Einschiebsel – gern auch zwei! – enthalten, ab und zu zu kurz, wenn nicht sogar fast immer viel zu kurz.

Und unvollständige Sätze sind mir geradezu zuwider. Vor allem subjektlose Sätze. Wie die folgenden, willkürlich irgendwo rausgegriffenen, aus Bundesbahnreklame: »1 Jahr Deutschland. Für alle. Für die Hälfte. BahnCard.«

Oder aus »TV-Movie«, der großen deutschen Spielfilmzeitschrift: »Und die Narben im Gesicht? ›Alles Frauen‹, lacht Hoenig. Eine von Inge Blau, eine von Angelika Guß. Keine vergessen. ›Gute Narben‹, sagt er. Er trägt sie fast wie Trophäen. Oh, er hatte ›schöne Frauen‹. Er hatte ›gute Granaten‹. Er hatte die ›letzten Biester‹. Genüßlich, wie er das ausspricht. – Seine wilde Vergangenheit. Der kleine Heinz aus dem Harzort Harlingrode. Seine Bande gegen die Januschewski-Crew. Einmal schlug er sogar Lehrer Bodensack in den Magen. Schlosserlehre. Rockmusiker. In der Gruppe ›The Dee‹ spielte er Gitarre. Mit 16 Flucht aus der Provinz. Berlin.«

Doch nicht nur im Volksmund stirbt das Komma aus. Das geht bis in die höchsten Etagen.

Meine Kollegen schreiben nur deshalb nicht so toll wie ich, weil sie keine Allergie gegen Martin Walser haben: »Ich wollte zu dir. Klar. Im Mund hatte ich noch Englisch. Die Sonne schien. Ich sank einfach ins Gras. Es war am Nachmittag. Die Sonne war schnell hinter den Tannenspitzen des nächsten Waldes versackt. Ich mußte aufstehen. So mutlos wie ein von Anfang an mißglückender Vergleich. Welch eine Idee, diese Strecke zu Fuß zu machen. Ich hätte vielleicht jemanden anrufen sollen. Rasch nach Krailling hinüber ins Telephonhäuschen.«

Sondern man schreibt bereits selber so. Franz Hodiack: »Die vom Bau werden immer lauter. Sie erhitzen sich. Schneiden Speck. Streiten. Reißen vom Brot, spalten die Zwiebeln mit der Faust. Halten Reden.«

176

Oder Urs Allemann: »Fernbedienung. Kleiner schwarzer Kasten. Kühl. Glatt. Kunststoff. Liegt gut in der Hand. Oval vielleicht. Ich stell mir das Kästchen eiförmig vor. Fahr mir manchmal über die Wange damit. Über den Schenkel.«

Ende der Satzbrockenzitate. Sie stammen alle vom heutigen Standard-Ghostwriter. Von Rudi Ment.

Zur Not könnt ich sowas auch. Mach ich aber praktisch nie. Aus Gründen. Bevorzuge nun mal Bandwurmsätze. Mit vielen Kommas. Lieber ein zu langer Satz als zehn zu kurze. Lieber ein verquollenes, unluzides, völlig in sich selbst verbissenes, kaum ohne Atemnot zu durchwanderndes, einknickendes, über sich selber stürzendes Satzungetüm als ein einwandfreier Stummelsatz: tausend Scheibchen, Hackreste und Leichenteile, die die DGL in der Gegend rumliegen läßt, gebe ich für eine einzige klassische Periode von beispielsweise mir, oder Hermann Broch, oder Franz Kafka — dort beginnen sich innerhalb weniger Zeilen ganze Entwicklungen zu stauen und zu entrollen, ja, Welten zu öffnen, und zwar so: »Wenn man sich am Abend endgültig entschlossen zu haben scheint, zu Hause zu bleiben, den Hausrock angezogen hat, nach dem Nachtmahl beim beleuchteten Tische sitzt und jene Arbeit oder jenes Spiel vorgenommen hat, nach dessen Beendigung man gewohnheitsgemäß schlafen geht, wenn draußen ein unfreundliches Wetter ist, welches das Zuhausebleiben selbstverständlich macht, wenn man jetzt auch schon so lange bei Tisch stillgehalten hat, daß das Weggehen allgemeines Erstaunen hervorrufen müßte, wenn nun auch schon das Treppenhaus dunkel und das Haustor gesperrt ist, und wenn man nun trotz alledem in einem plötzlichen Unbehagen aufsteht, den Rock wechselt, sofort straßenmäßig angezogen erscheint, weggehen zu müssen erklärt, es nach kurzem Abschied auch tut, je nach der Schnelligkeit, mit der man die Wohnungstür zuschlägt, mehr oder weniger Ärger zu hinterlassen glaubt, wenn man sich auf der Gasse wiederfindet, mit Gliedern, die diese schon unerwartete Freiheit, die man ihnen verschafft hat, mit besonderer Beweglichkeit beantworten, wenn man durch diesen einen Entschluß alle Entschlußfähigkeit in sich gesammelt fühlt, wenn man mit größerer als der gewöhnlichen Bedeutung erkennt, daß man ja mehr Kraft als Bedürfnis hat, die schnellste Veränderung leicht zu bewirken und zu ertragen, und wenn man so die langen Gassen hinläuft, – dann ist man für diesen Abend gänzlich aus seiner Familie ausgetreten, die ins Wesenlose abschwenkt, während man selbst, ganz fest, schwarz vor Umrissenheit, hinten die Schenkel schlagend, sich zu seiner wahren Gestalt erhebt.«

That's Kafka. Der Spannungsbogen, der durch den langsam anschwellenden Stufengang dieses Bandwurmsatzes läuft, quer durch alle Staudämme, Zenitschleusen und Zwischenwasserfälle, wird in einem Bandwurmsatz Italo Calvinos noch stärker gespannt, und zwar, indem das Subjekt des Satzes, das bei Kafka noch zu Fuß unterwegs war, nun den Radius des Satzes vergrößert, indem es in einer Eisenbahn sitzt, wechselnde Räume durchfährt, um auf den Schluß zu all die angetippten Stichworte der ersten Satzhälfte, Herodot, Ägypten, Enzyklopädie, Band »Rh-Stijl«, nachdem man sie weiterfahrend bzw. weiterlesend auf allerlei Umwegen über Bienenschwärme, Kohlenstaub und Tunneldurchquerungen bereits seit längerem hinter sich verstreut hat, vollzählig wieder einzusammeln und mitzunehmen, alles in ein und demselben Atemzug, und zwar der Reihe nach folgendermaßen: »So kann ich nun jetzt, nachdem fünfhundert Millionen Jahre vergangen sind, umherschauen und sehe über dem Felsenriff die Böschung der Eisenbahngleise und den Zug, der darüber fährt, mit einer Gruppe holländischer Mädchen, die zum Fenster hinausschauen, während im letzten Abteil ein einzelner Reisender sitzt, der Herodot in einer zweisprachigen Ausgabe liest, und der Zug verschwindet im Tunnel unter der Autostraße mit dem Plakat »Fly Egypt Air«, auf dem die Pyramiden zu sehen sind, und ein kleiner Dreiradlieferwagen mit Speiseeis versucht, einen großen Laster zu überholen, der mit Exemplaren des Bandes »Rh-Stijl« einer Enzyklopädie in Teillieferungen beladen ist, aber dann bremst er ab und reiht sich wieder hinter den Laster ein, da ihm die Sicht behindert wird durch einen Bienenschwarm, der die Straße überquert, aufgestiegen aus einer Reihe von Bienenhäusern auf einem Feld, von dem gewiß gerade eine Bienenkönigin mit dem ganzen Schwarm im Gefolge davonfliegt, in der Gegenrichtung zum Rauch des Zuges, der jetzt am anderen Ende des Tunnels wieder hervorkommt, so daß nichts mehr zu sehen ist wegen dieser Wolke von Bienen und Rauch und Kohlenstaub, nur ein paar Meter weiter oben ein Bauer, der den Boden mit einer Hacke aufreißt und ohne es zu merken ein Stück von einer neolithischen Hacke ähnlich der seinen zutage fördert und wieder begräbt, in einem Garten um ein astronomisches Observatorium mit zum Himmel gerichteten Teleskopen, an dessen Schwelle die Tochter des Hausmeisters sitzt und das Horoskop in einer Illustrierten liest, auf deren Titelblatt das Gesicht der Hauptdarstellerin des Films *Cleopatra* prangt — all das sehe ich und bin durchaus nicht verwundert, denn das Fabrizieren der Schale implizierte auch das Fabrizieren des Honigs in den Bienenwaben und der Kohle und der Teleskope und des Reiches der Cleopatra und der Filme über Cleopatra und der Pyramiden und der Tierkreiszeichen der chaldäischen Astrologen und der Kriege und der Reiche, von denen Herodot spricht, und der von Herodot geschriebenen Worte und der in allen Sprachen geschriebenen Worte, einschließlich der von Spinoza auf holländisch geschriebenen Worte und der vierzehnzeiligen Zusammenfassung des Lebens und der Werke Spinozas in dem Band »Rh-Stijl« der Enzyklopädie in dem Laster, der jetzt von dem Dreiradlieferwagen überholt wird, und so scheint mir, daß ich, indem ich die Schale machte, implizit auch den ganzen Rest gemacht habe.«

Der Bandwurmsatz ist nicht ganz so alt wie die Menschheit. Im Gilgamesch-Epos wird er vernachlässigt. Aber nur aus rein technischen Gründen. Auch damals schon war das Hirn nicht genötigt, unbedingt nur Brocken auszuschütten, sondern konnte — voll ausgereift und durchdifferenziert — zur sprachlichen Bewältigung nicht ausschließlich lapidarer Gedankengänge antreten. Spätestens 170 n. Chr. zeigt der vollendet auseinandergefaltete Bandwurmsatz überall seine Präsenz. Lucius Apuleius formuliert tausendmal nuancenreicher als jeder heutige Rudi Ment: »Himmelskönigin, magst du nun die gütige Ceres sein, die Urmutter der Früchte, die, froh über die Auffindung der Tochter, die tierische Nahrung der in alter Zeit verwendeten Eichel beseitigt hat, um milde Speise zu weisen, und jetzt die Scholle von Eleusis bewohnt, oder die himmlische Venus, die mit Hilfe des von ihr geborenen Amors am Uranfang der Dinge die verschiedenen Geschlechter vereint und das Menschengeschlecht durch ewig erneuten Nachwuchs fortgepflanzt hat und jetzt in dem meerumfluteten Heiligtum von Paphos verehrt wird, oder des Phöbus Schwester, die, mit lindernden Mitteln die Niederkunft der Schwangeren erleichternd, so viele Völker hat gedeihen lassen und jetzt im herrlichen Tempel von Ephesus angebetet wird, oder die durch das nächtliche Geheul Schauder erregende Proserpina, die in der Dreigestalt den Ansturm der Gespenster bändigend und die Riegel der Erde verschließend, in verschiedene Haine sich verliert und an mannigfachen Kultstätten um Gnade angefleht wird, du, die du mit deinem fraulich sanften Schimmer alle Städte erhellst, mit feuchter Glut die fröhlich keimenden Samen nährst und nach dem Umlauf der Sonne dein wechselnd Licht richtest, unter welchem Namen, nach welchem Brauch, in welcher Erscheinung auch immer man dich anrufen muß, hilf du mir jetzt in meiner äußersten Trübsal, laß du mein zusammengebrochenes Glück wieder erstarken, und nach Erduldung der grimmen Schläge gib du mir nun Rast und Ruh!«

Die Schönheit der drei bisherigen Beispiele klassischer Bandwurmsätze, an der kein Übersetzer rütteln kann und die alle Flachatmer zum Stammeln verurteilt, müßte in der Lage sein, jeden Bandwurmsatzgegner nachhaltig umzustimmen. Dennoch hat es seit jeher Schachtelsatz-Gegner gegeben. Bereits 1898 klagte Mark Twain in angenehmer Ausführlichkeit über die Länge des deutschen Satzes: »Er handelt von vierzehn oder fünfzehn verschiedenen Gegenständen, jeder in einer eigenen Parenthese eingeschlossen, mit zusätzlichen Parenthesen hier und da, die wiederum drei oder vier Unterparenthesen einschließen, so daß Hürden innerhalb der Hürden entstehen; schließlich werden alle Parenthesen und Unterparenthesen zwischen zwei Überparenthesen zusammengeballt, deren eine in der ersten Zeile des majestätischen Satzes liegt und die andere in der Mitte der letzten Zeile – und danach kommt das Verb, und man bekommt zum ersten Mal heraus, wovon der Mann gesprochen hat; und nach dem Verb – nur als Verzierung, soweit ich es ausmachen kann – schaufelt der Schreiber ›haben sind gewesen gehabt haben geworden sein‹ oder Worte ähnlicher Bedeutung hinein, und das Monument ist fertig.«

Bedenklich wird Schachtelsatz-Gegnerschaft erst heutzutage, seit Rudi Ment als Sprach- und Stil-Lehrer auftritt und unter dem Decknamen Wolf Schneider die Haupt- und Nebenschachteln meiner schönsten Schachtelsätze, und zwar in seinen Büchern »Deutsch für Profis« und »Deutsch für Kenner«, madig zu machen versucht, indem er mir droht, daß ich bald, wenn ich so weitermache, nicht mehr von meinem Publikum verstanden werden würde. Hierzu kann ich nur sagen: Wer an meinen Bandwurmsätzen scheitert, den können auch meine Stummelsätze nicht retten.

Alle Profis und Kenner werden von Wolf Schneider aufgefordert, ab sofort sein zu lassen, was sie sowieso nicht mehr können. Keiner soll sich im Zusammenbasteln klassischer Perioden verausgaben, sondern Extreme meiden: »das Optimum an eingängigem und attraktivem Deutsch durch einen lebhaften Wechsel von mäßig kurzen und mäßig langen Sätzen« erzielen – mäßig lang deshalb, weil Wolf Schneider von seinem Vorbild aus dem Jahre 1944 abhängig bleibt: Ludwig Reiners hat den Bandwurmsatz »die Nationalkrankheit unseres Prosastils« genannt – und mäßig kurz deshalb, weil Zwergsätze und Asthmastil in Reiners Stillehre genauso wenig empfohlen werden wie Schachtel- und Kettensätze. Schneider, angestiftet von Reiners, ungeläutert von Kafka, Cal-

vino, Apuleius und Mark Twain, wirft Zopfstil = preußisches
Kanzleideutsch und die Periode klassischer Dichter, statt in zwei
Töpfe, bloß in einen davon. Die Fallbeispiele werden zeitgemäß
abgetauscht: Wo Reiners Heinrich von Treitschke, Helmut von
Moltke, General von Scharnhorst, Bismarck, Goethe, Kleist und
Löns zitiert, zitiert Wolf Schneider aus taz und FR, Kraus und
Kleist und Goethe, bedient sich aber derselben Argumentation wie
Reiners: Lange Sätze machen den Stil insgesamt undurchsichtig
und unrhythmisch, weshalb Ludwig Reiners Sätze von Grillparzer,
Hebbel und Stifter tadelte, um das durchsichtige Deutsch unserer
Wehrmacht zu loben: soldatische Sätze würden ihren Schwung
von hartem, kühnem, zupackendem Geist erhalten, derweilen aus
dem Schachtelsatz bloß eine müde, unentschlossene, zerfahrene
Lebenshaltung blicke. Reiners empfahl dem deutschen Unterricht
einen neuen Volkssport: das Zerschlagen langer Satzgefüge, nicht
aller, aber tendenziell fast aller, und zwar durch Verwandlung
eines undurchsteigbaren Durcheinanders aus Nebensätzen –
»Die Armee durfte ihre Bestimmung nicht erfahren, indem
schwerlich zu hoffen war, daß sie dem Rufe eines Verräters gehorchen würde« – in eine straffe übersichtliche Anordnung von
Hauptsätzen: »Die Armee war schwerlich bereit, dem Rufe eines
Verräters zu gehorchen. Sie durfte ihre Bestimmung nicht
erfahren.«

Solche Entschachtelungsspielchen, die ein mißlungenes Vorher
und ein verbessertes Nachher tendenziös einander gegenüberstel-
len, hat Schneider von Reiners voll übernommen, mit dem Unterschied, daß Ludwig Reiners immerhin einen mittellangen Satz
Schillers gerade noch als übersichtlich einstufte, derweilen für
Wolf Schneider bereits ein Fasse-dich-kurz-Stummel à la »Meister
werden konnte einst nur der Geselle, der die Tochter oder die
Witwe seines Meisters heiratete« bereits entschieden zu unübersichtlich ausfällt, weshalb Wolf Schneider folgende Verbesserung
vorschlägt: »Meister werden konnte einst nur der Geselle, der die
Tochter seines Meisters heiratete – oder dessen Witwe.« Hier

führte der Zeigefinder des Herrn Beckmesser stracks ins Fettnäpfchen des Herrn Ballhorn. Da ist nichts übersichtlicher geworden, sondern eine ganz andere Aussage entstanden: Die nachgelieferte Witwe hatte offenbar während der langen Gesellenzeit nie gleichberechtigt und organisch neben ihrer Tochter gestanden, deren Jugend sie womöglich kraft Reife und Attraktivität von Anfang an überstrahlt hat, derweilen sie für Wolf Schneider nur als allerletzte Wahl in Frage kommt, am kurzen Seil des Gedankenstrichs urplötzlich im letzten Moment, als unschöner Knalleffekt, herbeigezogen vom Entschachtelungspedant Wolf Schneider, der sich bei dieser Tätigkeit auf die achtjährige Forschungsarbeit des Paderborner Instituts für Kybernetik beruft, auf deren hämische Resultate, die da deprimierenderweise lauten: Sechzig Prozent aller Leute hören auf, einen Satz zu verstehen, der von Mark Twain stammt bzw. mehr als vierzehn Worte enthält. Dreißig Prozent kriegen allenfalls Elf-Wort-Sätze mit. Schneiders saftloser Kommentar: »Dabei ist zu beachten: Die Unterstellung, Texte zum Lesen dürften länger sein als Texte zum Hören, ist populär, aber dubios (S. 69 f.).« Statt also bis in die Grundfesten zu erschrecken, aufgestört einen Blick in die Zukunft fortschrumpfender Kulturvoraussetzungen zu tun und über Strategien zu brüten, wie man die Leute dazu bringen könnte, nach und nach – wenn's auch schwerfällt – Sätze mit sechzehn bis neunzehn Worten zu verstehen – es müssen ja nicht gleich zweiundneunzig Worte pro Satz sein, wie in Hermann Brochs »Tod des Vergil« –, kommen die Paderborner Resultate, genau wie die unverantwortliche These des Tübinger Sprachwissenschaftlers Erich Straßer, unser Kurzzeitgedächtnis habe beim Zuhören eine Speicherkapazität von sieben bis maximal vierzehn Wörtern, Wolf Schneider und seinem Weg zu gutem Stil bzw. seiner argumentativ hinterfütterten Identifikation mit dem irreparablen Irrwahn, daß das viel zu Kurze immer noch zu lang sei, genauso gelegen wie Schopenhauers angebliches Votum gegen Schachtelsätze, oder wie jener extrem dümmliche Spruch des Sprachphilosophen Ludwig Wittgenstein, den Schneider Lang- und Vielschreibern wie mir über den Schreibtisch zu hängen empfiehlt: »Alles, was man weiß, nicht bloß rauschen und brausen gehört hat, läßt sich in drei Worten sagen.«

Plädiert der bekannte Sprachphilosoph Ludwig Wittgenstein wirklich für Dreiwortsätze von Martin Walser à la »Die Sonne schien« oder Sten Nadolny »Es war kalt«? Und wieso ist dieses Wittgensteinzitat, das neben jedem davonschwebenden Bandwurm schwerstbehindert einherhumpelt und das eigentlich von Gabriel Laub stammt, von Wittgenstein lediglich als Motto benutzt wurde, für Wolf Schneider nicht viel zu lang? Statt sich in drei Worten sagen zu lassen, führt es vorn ein unnötiges »Alles« und in der Mitte eine unnötige Schachtel mit sich. Außerdem hören sich rauschen und brausen viel zu ähnlich an, als daß nicht eins davon (z. B. »rauschen«) genügen würde.

Immer wieder blähen sich Einschiebsel zum Krebsgeschwür auf, das seinen Träger, den krebskranken Körper, zur aufbrechenden Hülse macht, und dies leider bereits ab Lucius Apuleius: »Thessalien − denn dort liegt der Ursprung meiner Abstammung mütterlicherseits, und daß sie sich von dem bekannten Plutarch und seinem Neffen, dem Philosophen Sextus herleitet, verschafft mir Ruhm − Thessalien also suchte ich in Geschäften auf.« Das führt perverserweise so weit, daß sich schließlich die Hülse auf den Tumor des Einschiebsels bezieht und stützt, wie wiederum in einem Kafka-Satz: »Gerade an diesem Abend − Gregor erinnerte sich nicht, während der ganzen Zeit die Violine gehört zu haben − ertönte sie von der Küche her.« Wolf Schneider spielt einen die Polyphonie verbietenden Papst − Vorsicht: Reinerssche Klemmkonstruktion! − und bewegt sich so − und sei es wider Willen − einem analphabetischen Fernziel entgegen, mit der amusischen Begründung, es genüge nicht, daß das ideale Ohr Gottes das akustische Ineinander durchschaue, sondern es komme darauf an, die Textverständlichkeit für die jederzeit überforderte Gemeinde zu erhöhen. Dem Rudi Ment muß dringend beim Schrumpfen geholfen werden. Deshalb: Nieder mit der Kunst der Fuge! Wozu Melodien übereinanderschichten, wo man das Zeug doch bequem und übersichtlich als Nebensatzkonstruktionen hintendran hängen könnte? Schneider weiß nichts von Schuberts himmlischen Längen, er zählt bloß die Atempausen, verpaßt vor lauter Mitgestoppe die schönste Musik.

Wer nicht schreiben kann, will wenigstens entschachteln, obwohl das Wort Entschachtelung eher aus Ludwig Reiners Zeiten stammt und dementsprechend im Lexikon »NS-Deutsch« von Brackmann/Birkenhauer zwischen Entfeinerung, Entjudung, Entnordung, Entrassung, Entrümpelung und Entstädterung, entrahmter Frischmilch, Entvolkung, Entwarnung, entwehrt und entwelschen stehen müßte. Also ab sofort bitte Vorsicht! Nie wieder entschachteln wollen! Nie wieder Hirnwindungen bügeln!

Das verbessernde Antasten, das Beschneiden und Zurückschneiden blieb nicht ohne eine Eigendynamik, die zu dem immer exzessiveren Verstümmeln von Obstbäumen und schöngewachsenen dreihundertjährigen Dorflinden paßt. Am Schluß stehn nur noch Strünke und Rumpfleichen, die den Autos nicht mehr die Sicht nehmen, in der Stadtlandschaft herum, statt weitausgreifende, melodisch durcheinanderflutende Baumkronen und Buschmassen. Hierzu ein episches Epigramm von Ulrich Sonnemann: »Nachdem die Betonierung des deutschen Waldes endlich im ganzen Bundesgebiet ohne siechende Überreste zur Gewährleistung einer gesunden Wachstumsordnung gelungen war, wurde er als Dachwald der entstandenen Einheitsstadt von den Landesforstministerien völlig neu angepflanzt, unterschied aber von dem einstigen sich nicht nur durch seinen viel betonteren Mischwaldcharakter, da er mit dem älteren schlank ragender Fernsehantennen bald in jener träumerischen Ausgewogenheit sich durchwachsen hatte, von der letzterer ohnehin lebt, sondern mehr noch durch die Besonderheit, die nur zu Anfang für das Schalenwild, auch Vögel hörte man seltener, das Problem schuf, dem erst deutsche Tierliebe sich gewachsen zeigte, als sie durch Einhegung auf erlesenen Sonderdächern, den dann berühmt gewordenen Halaliminarien, die Lösung fand, um die die Welt uns beneidet: daß der unzähligen abrupten Schluchten wegen, Canyons, die den Colorado beschämen mußten, flossen die Ströme eines unerschöpflichen Blechverkehrs doch majestätisch auf ihrem Grunde dahin, man zwar nirgendwo mehr recht weit im Wald – sogar Holzwege waren ja abgeschafft – wandern konnte, zu seinem Vorteil aber bei Sonntagsspaziergängen einfach durch Fahrstuhlfahrt zu jeder oberen Endstation gleich im Grünen war; welchen Wandel das Volk, zur Verhäuslichung auch seines Naturverbrauchs still herangereift und für Heimhumus aufgeschlossen, auch von so ausgesuchten Feinheiten in der Planung der Ministerien stark angetan wie daß Dachrinnen, die mit der Stimme von Bächen rauschten, was ihnen beizubringen deutscher Tontechnik ohne einen einzigen Tropfen Wasser gelungen war, einen nun allabendlich schon ab neunzehn Uhr – zu allem Überfluß ohne Extragebühr – in den Schlaf murmelten, mit Begeisterung aufnahm.«

Solche Ungetüme bilden eine kaum ersättliche Gegenbewegung zur Verkarstung jeglicher Landschaft. Um das fehlende Wuchern abgestorbener Bäume wettzumachen, nimmt die ihrerseits so gut wie ausgestorbene Periode, hervormäandernd aus flächendeckender Begradigung, noch einmal alle Kraftreserven zusammen, um ein Gebilde hervorzuwürgen, das alle Rudis, denen es in den Fingern juckt, die Heckenschere der Stilsicherheit anzusetzen, das stachlige Sonnemann-Monstrum, dieses verdrehte Mahnmal versunkener Differenzierung und Überdifferenzierung, zu bändigen, die ellenlange Angelegenheit in schöne, kleine, mundgerecht abgepackte Einzelportionen zu zerlegen, pro Teilschritt ein Satz, doch prallen hoffentlich alle diesbezüglichen Ambitionen an diesem Plädoyer für eine Vergrößerung und Verkomplizierung des Gordischen Knotens – querliegend im Zeitalter seiner permanenten Zerschlagung – ab: diesem ehrfurchtgebietenden Schlag in die Visage aller Kurzzeitgedächtnisse, die im Zeitalter des Waldsterbens weiterhin – z. T. mit gar nicht so verkehrten Argumenten – fürs Abholzen plädieren.

186

Ludwig Reiners ging beim Abholzen immerhin vorsichtig vor; den namhaftesten Bandwurmdichtern wurde ein Extra-Bonus eingeräumt: »Wer einen Carlos, einen Grünen Heinrich oder einen Hutten geschrieben hat, der mag gelassen seine Perioden bilden, wie ein Gott sie ihm eingibt. Ihm kann kein Stilbruch etwas lehren, es kann von ihm nur lernen. – Wir anderen wollen uns der natürlichen Grenzen unsrer Sprache bewußt bleiben: kurze, meist beigeordnete Sätze sind für uns das beste Ausdrucksmittel unserer Gedanken und Gefühle.« Soso: Kleist darf. Stockhausen aber soll gefälligst leichtverdaulich bleiben. Sir Popper wird von Wolf Schneider – auf Kosten Adornos – hochgejubelt. Sehr aufschlußreich. Nicht minder Ranickis Lob von Hilde Spiel und Ernst Robert Curtius. Auf Kosten wiederum von Adorno und Benjamin. Die haben angeblich in ihren Essays nur selten das Bedürfnis verspürt, uns, ihren Lesern, verständlich zu werden. Uns, für die kurze Sätze genau das richtige sind. Um nämlich unsere kurzgehaltenen Gedanken und Gefühlchen auszudrücken. Wobei man uns kundig und verantwortungsvoll die Hand führt. Uns animiert, beim Heino mitzupfeifen. Obwohl wir sowieso nie eine Wagneroper komponieren wollen. Zwecks Verunsicherung der Paderborner Verständlichkeitsforschung.

Allenfalls wolln wir einfach so drauflosschwadronieren. Wie uns unsere Schnäbel wuchsen. Ohne groß drauf zu achten, ob dabei Deutsch für Kenner rauskommt.

Und siehe, kaum kommt das Maulwerk mal so richtig in Schwung, kommt im Nu nichts anderes zustande als – ein guter alter Bandwurm, ganz unverhofft, ohne daß so ein Wurm seitens seines Schöpfers, der in diesem Fall Henscheid heißt, kunstvoll konstruiert werden müßte, übrigens eine Inhaltsangabe von Wagners Ring, ungeschönt und ungekürzt aus dem Mund eines stilistisch wundersam unbeleckten Pop-Freaks: »Logo, über den alten Wotan in Wagners ›Ring‹ ist ja schon elend viel an Deutung heruntergerotzt worden, jeder Programmwisch haut da mächtig auf den Putz und bohrt rum – aber fast immer ist das doch schattiges

187

Geseire und wird dem Typ überhaupt nicht gerecht, denn an sich ist er ja ein beknackter alter Spinner, dieser Wotan, und eigentlich hängt er ja in dieser Tetralogie ziemlich rum mit seinem Weltherrschaftsshit und Welterlösungsschrott und seinem Gedöns mit dem Nibelungen-Ring, da hat er natürlich irgendwo einen riesigen Schlag im Hirn – aber die Musik ist echt dufte, die läuft voll rein bei mir, die törnt mich an – und irgendwo seh ich's dann auch ein, wenn der Chaot in seiner Götterdämmerungskiste voll angesäuert rummotzt, über die Musik kann ich den Greis voll verstehen, da werd ich high, da hör ich den ganzen ›Ring‹ 15 Stunden lang highfi durch – dabei ist der alte Sack zuerst der hinterletzte Kacker, wenn er da im ›Rheingold‹ zuerst den Walhall-Schuppen baut und irr hinklotzt für sich und seine ganzen Götter-Freaks, da ist er mir noch ehrlich zuwider, aber dann, wenn die ganzen Troubles so auf ihn zukommen, wenn der Alberich Ärger macht von wegen Absahnen, und später Fafner und Fasolt, weil die auf Freia stehen, eine ziemlich einsame Schnecke, wie sie ihn ansäuern, und er, Wotan, aber trotzdem die Power behält, dann seh ich den Typ klar ein – und wenn er dann am Schluß vor dem ganzen Walhall-People sein ›Abendlich strahlt der Sonne Auge‹ über den Planeten röhrt und den Hammer ganz hoch hängt, das macht mich an, da könnt' ich oft durchdrehen, na ja, in der ›Walküre‹, da macht ihm ja dann wieder die alte Eule Fricka eine heiße Show, weil Siegmund auf seine Schwester Bock gehabt und sie natürlich voll durchgebumst hat, und Fricka redet Stuß von wegen Ehemoral, und Wotan ist also wieder echt sauer, was die Pfanne quatscht, und er kriegt wieder einen Satz heißer Ohren – aber wieder bleibt er der große King und semmelt dafür dem Hunding eins rein, und zum Schluß gegen die Brünnhilde, eine riesige Tussi, behält er dann voll die Übersicht, draus wird dann eine echt irre Scene mit allem Dings und dem Glimmermann Loge, der den Feuerzauber drauf hat, und Wotan voll Rohr ›Leb wohl, du schönes, herrliches Kind‹, und dann, bevor er die Mücke macht, nochmals ›Wer meines Speeres Spitze fürchtet, durchschreite das Feuer nie‹ – an sich find ich ja so Stabreim-Quatsch Kiki, aber hier bei Wotan macht's mir unheimliche Vibrations, so daß ich jedesmal unwahrscheinlich schnell ins Lollipop-Disco in die City drücken und eine der alten Tanten dort anmachen, abschleppen und aufreißen muß – und dann auf der Matratze mach ich später sofort stereo mit ›Siegfried‹ weiter, da gräbt ja Wotan dann als ›Wanderer‹ rum, da ist er schon echt ganz kaputt, blickt aber irgendwo trotzdem noch voll durch, zuerst erbt der Mime von ihm Taucherbrillen, da wird die ganze Nibelungen-Story nochmals durchgezogen, dann schafft Wotan sich bei Fafner rein, der ziemlich verratzt im Wald rumbrettert, ein irre schlaffer Typ, der nur auf seiner Matte döst – und ab da wird dann immer clearer, daß es mit Wotan ex und hopp geht, ist ja auch die ganze Message der Tetralogie, zuerst fragt er nämlich bei Erda, was noch so läuft mit Weltgeschichteladen und so, aber die flüstert ihm auch nichts Gutes, dann macht wieder Siegfried Terror und hebt ihm den Speer ab, und jetzt guckt Wotan logo ganz schattig in die Scheiße, aber wie er da trotzdem sein letztes Wort hinreimt, ›Zieh hin, ich kann dich nicht halten‹, da ist echt viel resignierender Sound drin, und später in der ›Götterdämmerung‹ mischt Wotan dann ja auch gar nicht mehr mit, da steht er schon voll im Wald – aber gerade that's it, dieses völlige und totale Ausflippen find ich so irre gut, gerade diese echte Tragik, wie der Greis merkt, daß der Ofen aus ist, die Götter-Klitsche dicht, der Hammer runter, weil eben die großen Singles ausgeklotzt haben und der Plebs die Trips macht – dieser ganze abgeschlaffte abendländische Kulturhitpessimismus, dieser ganze astrein abgefuckte tragische Rotz – da hab ich echt Feeling dafür, und der alte Mythenheini, das merk ich direkt, ist genauso irr ausgeklinkt wie ich.«

So ein Satz fegt jeden hinweg, der sich das Bandwurmverfassen als Schwerarbeit vorstellt, als mühsames Zusammenleimen im Grunde ganz einfacher Sätze, die dann der arme Leser wieder auseinanderfummeln muß, um zum Verständnis zu gelangen, getreu dem schlaffsten aller Wahlsprüche: Erst das Verständnis, dann die

Kunst. In der Krypta des Formulierens aber geht es wahrlich anders zu. Da muß nicht endlos gebosselt werden, sondern die Eingeweihten im Tempel des Bandwurms haben − im freien Flug quer durch die eigenen Satzkonstruktionen − eher das Problem, irgendwann den Punkt in Sicht kommen zu lassen. Rechtzeitig abzubremsen.

In jedem Vortrag Rudolf Steiners − nicht nur im vierten von zwanzig Vorträgen über Geisteswissenschaft und Medizin, gehalten am 24. März 1920 in Dornach − finden sich Würmer, deren Länge und Verschlungenheit Zeugnis dafür ablegt, daß selbst die ungeschönt mitgeschnittene freie Rede sich nicht kurzatmiger als das geschriebene Quasi-Stegreif-Wort verhält, sich also von ihrer kompletten Einschiebselei nicht davon abbringen läßt, die innere Peristaltik kontinuierlich weiterlaufen zu lassen, so als entspräche den intelligentesten Hirnwindungen der Windungsreichtum der Darmsysteme, samt aller Sackgassen und Zusatzschnipsel: »Wenn Sie wirklich das ausführen − den jüngeren Herren lege ich das besonders ans Herz −, daß Sie vergleichende Studien machen über die Umformung des ganzen Darmsystems, sagen wir, von den Fischen herauf über die Amphibien, Reptilien − besonders die Beziehungen der Amphibien, Reptilien in bezug auf das Darmsystem sind außerordentlich interessant −, hinauf zu dem Vogel auf der einen Seite, zu dem Säugetiere und dann bis herauf zum Menschen auf der anderen Seite, so werden Sie finden, daß merkwürdige Umformungen der Organe stattfinden, das Auftreten zum Beispiel der Blinddärme, desjenigen, was dann beim Menschen zum Blinddarm wird, bei niederen Säugetieren oder da, wo die Vogelorganisation etwas aus sich herausfällt und Blinddarmansätze beim Vogel auftreten; die ganze Art und Weise dann, wie sich aus dem bei den Fischen ja ganz und gar nicht vorhandenen Dickdarme − man kann nicht reden von einem Dickdarm bei den Fischen −, durch den Heraufgang durch sogenannte vollkommenere Ordnungen das ergibt, was Dickdarm ist, was dann Blinddärme und beim Menschen Blinddarm ist − gewisse andere Tiere haben mehrere Blinddärme −: da finden Sie ein merkwürdiges Wechselverhältnis!!« − während Sie zwischen Atemstrom und Bandwurmbewegung oft überhaupt kein Wechselverhältnis finden, und zwar dank solcher Autoren, die einfach nicht zum Schachtelsatzbilden geboren wurden und die es dennoch nicht lassen können, sich auch auf diesem Glatteis zu verdrehn. Ihnen gedeihen Schachtelsätze, die relativ kurz bleiben und trotz angestrebter Kleist-Schulung so unübersichtlich, unluzide und unduftig werden wie Novellenanfänge von Bodo Kirchhoff: »Der Entlassene, ein nicht mehr junger Mann von Anfang dreißig, begibt sich vom Gefängnis am Rande der Stadt zu einem Café im Zentrum, dem Ort, an dem sein Verbrechen geschah, als er nämlich einen Mann erstach, den die Frau, an die der Entlassene immer noch denkt, eine Ärztin, ihm, der ein bekannter Tennisspieler war, plötzlich vorgezogen hat.«

Solchen Darmverschlingungen ist entweder eine doppelte Portion Wolf Schneider zu gönnen, oder ein Schuß Wolfgang Hildesheimer, der jeden Möchtegernschachtelsatz folgendermaßen persifliert: »Wieder ist, wie Du, lieber Max, wahrscheinlich bereits festgestellt hast, ein Jahr vergangen und ich weiß nicht, ob es Dir so geht wir mir: allmählich wird mir dieser ewigwährende Zyklus ein wenig leid, −« hier hört der Satz eindeutig auf, doch wird er, der Schachtel zuliebe, in die Länge gezogen, und zwar so: »− wozu verschiedene Faktoren, deren Urheber ich in diesem Zusammenhang, um mich keinen Unannehmlichkeiten, deren Folgen, die in Kauf zu nehmen ich, der ich gern Frieden halte, gezwungen wäre, nicht absehbar wären, auszusetzen, nicht nennen möchte, beitragen.«

Doch dürfte das Bilden selbst solcher Schachteln mehr Spaß machen als »Deutsch für Profis« zu verfassen. Die arg begrenzten Lustgewinne des Entschachtelns verschwinden neben der Wollust orchestral loslegender Großhirnrinden und ihrem Dahingleiten auf Einschiebseln und weitergedrehten Stromschnellen, immer der holoistischen Maxime getreu: Das Netz ist mehr als die entschachtelte Summe einsam und linear vor sich hinkriechender Fäden. Und vor allem: Lasse sich niemand von Paderborner Studien beeinflussen! Auch dort ist Rudi Ment als Ghostwriter tätig. Unsereins hingegen behauptet: Erst ab ungefähr dem vierzehnten Wort beginnt frühestens ein Satz zu atmen und sich aufzuschwingen: vorher bleibt alles nur Hackverschnitt und Gebell, statt Muskelspiel, Baumkuchenarchitektur und Satzmelodie.

Gattungen

Gestocher in der Wunde des Romans

Als Literaturkritiker, der weit und breit einzige, begnüge ich mich nicht − im Gegensatz zur Meute der Buchkritiker − mit Fitzelei und Symptombekämpfung, sondern steige hinunter zur Radix, nicht gleich wie Fritz Mauthner zur Kritik der Sprache, vorerst immerhin zur Kritik der literarischen Gattungen.

Und zwar so: Jede Gattung leidet daran, über sich hinauszudrängen und in sich eingesperrt zu bleiben − Begabung schützt vor Ansteckung nicht! Und Gattungsüberlappungen lindern kaum. Beim Luftballon sind Orgasmus und Exitus beneidenswert identisch. Ich hingegen kann noch so sehr die Gattung der Sprachglosse sprengen, sofort danach sitz ich im Knast eines Thesenpakets, eines Leselibrettos, eines Wenderomans fest. Denn ich brauche Gattungen, um mich in ihnen auszudrücken, und sei es die von mir erfundene des Verwechslungs-Quiz.

Nur werden halt Gattungen nicht froh unter der Pflege derer, von denen sie gewählt werden und die hinterher behaupten, die Gattung habe sich aufgedrängt. Als ob der Roman nichts Vordringlicheres zu tun hätte, als sich irgendwelchen Romanciers aufzudrängen!

Gestorbene Autoren wachsen nach, gesprengte Gattungen nie. Dies aber merken die Autoren nie und können es nicht lassen, sich weiterhin ausdrücken zu wollen. Dann werden zeitlebens längst geplatzte Luftballons aufgeblasen, bis zum nächsten Leben, worin noch viel geplatztere aufgeblasen werden wollen.

Wenn ich es mir verkneife, große Würfe zu unterhöhlen, hack ich auf der kleinen Form herum. Am Haiku kritisiere ich dessen Unfähigkeit, die ganze Welt hineinzukriegen in die Kirschblüte seiner drei Zeilen. Idealistische Systeme, Mammutromane und

193

Mega-Zyklen scheitern an ihrem Überformat, Epopöen an ihrer Unfähigkeit zur Mauserung oder wenigstens Häutung. Kriegshymnen und Laudationes leiden an ihrem fehlenden Wahrheitskern. Lyrik leidet insgesamt an der Penetranz, mit der sie sich immer gleich von vornherein doch allzu sehr nach Lyrik anhört. Komödien und Tragödien knabbern an ihrer Einseitigkeit, Tragikomödien an ihrem Zwittertum. Romane haben ein gespaltenes Verhältnis zu mir. Entweder werden sie ungeduldig, kaum daß ich in ihnen lese, oder sie hören sich – sobald ich sie schreibe – anders an als Romane. Die Gegenseitigkeit, auf der das beruht, nervt mich seit längerem. Jede Wunde, in die ich als gläubiger Thomas meinen Finger lege, zerfällt in Unterwunden, für jeden Finger eine. Ach ja, der Roman und ich werden vorerst schmerzlich auseinandergehalten. Denn:

Romane sind inhuman: Das Leben – einfallslos daherkommend, oft an Romane erinnernd, konstruiert wirkend – besteht aus quirlender Bevölkerung, aus unmotiviert angerissenen, unproportioniert und oft folgenlos verkleckernden Situationen. Im Roman hingegen haben alle auftauchenden Leute immer gleich eine Funktion, sonst tauchen sie gar nicht erst auf. Wer sich nicht in den Vordergrund boxt, magert zur Nebenfigur ab.

Romane leiden konstitutionell an Unausgeglichenheit: Nebenfiguren lenken ständig vom Protagonisten ab. Parallelhandlung fällt permanent der Haupthandlung in die Flanke. Höhepunkte werden umlagert, grundiert, hochgeschubst von Durststrecken. Lesefluß – auch wenn ich alle Rückblenden und Abschweifungen überblättere – leidet abwechselnd an Dünnpfiff und Verstopfung. Romane sind einerseits überbevölkert (Erzählungen unterbesetzt), andererseits wird immer nur eine Auswahl von Typen vorgeführt, also das Resultat suspekter Vorauswahl, behaftet mit der kompletten Fehlbarkeit einer Einmann-Jury.

Romanciers machen alles falsch: Behalte ich ungebrochene Anschauungsform bei, zwecks schlichten Erzählens, wohn ich hinterm Mond. Isoliere ich avancierterweise meine Wahrnehmungsbilder, wird mein Roman sofort handlungsarm = statisch. Romanciers ohne eigene Sprache öden an. Romanciers mit eigener Sprache werden penetrant: und dies − je nach Leser − nach wenigen Kapiteln, spätestens nach zwei, drei Trilogien.

Romanfiguren sind Schwundtypen, zu dumm, um an den eigenen Mangelerscheinungen zu leiden, an Gesichtslosigkeit, die sie zu anthroposophischen Puppen macht. Falls ausnahmsweise eine Figur kein Pappkamerad bleibt und plastisch wird, schimmert der Pappkamerad trotzdem voll durch. (Kein Romanheld tritt mir so glaubhaft und lebenswahr vor Augen − auch Adrian Leverkühn nicht − wie Oberinspektor Derrick; vor allem Wilhelm Meister nicht.) Sodann sind Romanfiguren viel zu unsensibel, um den aufgezwungenen Exhibitionismus zu spüren, mit dem sie sich im Schaufenster des Romans in mehrere Slips gucken lassen müssen, und viel zu schwach gebaut, um − bei aller angeblichen Eigendynamik − ernstlich am Gängelband und Stilwillen ihres Autors zu zerren, über dessen Einzugsbereich und IQ sie sich keine 3 cm erheben können. (Jean-Paul-Figuren produzieren keine anderen Dschungelsätze als Jean Paul; Goethe-Figuren deklamieren hochklassischer daher als zwölf Goethe-Ableger. Ganz schlimm bei Schmidt: Der braucht bloß passiv und objektiv die Reden seiner Umwelt mitzustenografieren, schon klingt alles inkurabel nach Schmidt. Kein Stilwechsel hilft da heraus. Strawinsky konnte noch so sehr von sich selber abzuweichen versuchen, selbst in seinem Zwölftonballett »Agon« haut sein Strawinskysound unverkennbar durch.)

Romanleser sind Schwundtypen: Statt vor der Glotze zu hocken, hocken sie vor der Glotze des Romans, ausgeliefert einem Alleinunterhalter, und schalten sie um, läuft auf der nächsten Seite dasselbe Mono-Programm. Sobald ihnen das Sätzchen zugeworfen wird: »Harry sah sich um«, bildet sich in ihren Hirnen gehorsam ein Harry ab, der sich gehorsam umsieht − Marionetten hängen an Marionetten. (Unökonomisch: Alles muß man selber machen, jede noch unverfilmte Visage sich mühsam selber vorstellen, unkreativ an den zugeworfenen, allzu homogen vorgekauten Happen hängen. Im TV werden Gesichter und Hüften, die das Buch nur nachbetet, wenigstens vollplastisch sichtbar.)

Romanciers sind Schwundtypen: Wer Romane produziert, pflegt Porträtmalerei – und vertraut ihr nicht. Denn außerhalb des Romans läßt man sich nicht von Martin Walser schildern, sondern von Isolde Ohlbaum knipsen, glaubt also doch ans Foto und nicht ans Malen. – Romanciers machen solange Abstriche von sich selbst, bis sie in tendenziös verbesserter Auflage übrigbleiben, als Kreuzung aus Planskizze und Fehlgeburt; man möchte Distanz zu sich selber schaffen, Claus heißen statt Klaus, Brenner statt Burger, Haller statt Hesse, K. statt Kafka – das nennt sich dann Objektivierung! Unreflektiert funktioniert man so vor sich hin – das nennt sich dann kontrollierter Anbau. (Sobald ich mir die Romanfigur Harry von Duckwitz vorzustellen versuche, steht mir immer ein Foto des Romanciers Joseph von Westphalen vor Augen. Einzig ich mag in meinen Romanen nicht irgendeinem Ullbert Hollmann meinen eigenen Krempel in die Sandalen schieben, sondern umgekehrt: Ich nenne irgendwelche Ärsche zielgenau Ulrich Holbein und nehme – neben den Taten anderer Leute – sogar deren Eigenschaften samt Outfit auf meine persönliche Kappe. Das ist ein Novum in der Literaturgeschichte, das ich baldmöglichst bundesweit zu plagiieren bitte, ansonsten ich nicht epochemachend sein werde.)

Romane eines allwissenden Erzählers bleiben katholisch, unbeleckbar von jeder Aufklärung, die diesem Dr. Allwissend in stiller Stunde mal sagen sollte: »Unter uns, weißt du nicht, daß du nur die ohnmächtige Überkompensation des eingesperrten Individuums bist? Entgrenze dich lieber mal ein bißchen – du Gotthülse, die vor lauter Allwissenheit nicht mitkriegt, daß sie sich einen Perspektivschlamassel einbrockt, aus dem kein Romancier von europäischem Rang je wieder rausfindet?«

Ich-Romane behalten Scheuklappen: Ein Ich benutzt sein

Publikum als Sexpartner, es teilt mit ihm seine Leiden und Freuden, seine Befindlichkeiten, seine Mißliebigkeitsgefühlchen, und weil das Publikum im immergrünen Zeitalter der Gleichschaltung zufällig aufs Haar genauso denkt und fühlt, aber die eigene Misere nicht so richtig in Worte fassen kann, wird dieses eine kleine Ich prompt für die Leistung, die andern nachgeahmt zu haben, exemplarisch, kühn und unnachahmlich genannt. Dabei hatte auch dieses wie jedes Ich nichts aufzutischen als sein bißchen Milieu bzw. Welthaltigkeit und seine mehr oder minder glänzende Beobachtungsgabe: Kamera läuft! Mitdenken verboten!

Romanciers denken zuviel: Um in der Tradition von Nooteboom, Musil, vor allem Broch zu stehn, fallen Autoren von europäischem Rang reihenweise auf ausgerechnet ihre schwächste Seite rein und bauen in ihre Romane ungehindert reflexive Passagen ein, die traditionellerweise so oder ähnlich lauten: »Jeder von uns träumt davon, erotische Konventionen, erotische Tabus zu durchbrechen und berauscht in das Königreich des Verbotenen einzutreten. Aber es fehlt uns allen der Mut.« (Milan Kundera: »Die Unsterblichkeit«)

Romanfiguren denken zuviel: Entweder müssen sie die – z. T. hochgezüchteten – Meinungen ihres Autors loswerden, statt eigene, vielleicht gar nicht so verkehrte Ansichten. Oder man redet, wie alle Leute außerhalb des Romans sowieso reden.

Romane sind manipulierte Mitschnitte: Ständig spürt der Leser deutlich: Hier wurde verschärft, auf daß ein bißchen Pepp in die Sache komme; dort wurde etwas wunderbar Unwichtiges weggelassen: ach, wenn das hätte drinbleiben dürfen, dann wäre vielleicht alles gerettet gewesen!

Und schon nehme ich, an einer beliebigen Stelle, meinen gläubigen Finger wieder heraus aus der Wunde des Romans. Und obwohl ich essentiell gestochert zu haben glaube, schließt sich die Wunde prompt mit Schmatzlaut genüßlich zu. Auffallend ungestört machen alle Spätherbst-Novitäten weiter, humpeln in ihren

Sackgassen vorwärts, vormedial durchs Präkambrium, segeln dahin in ihren flächendeckenden Fettnäpfen, links und rechts Romanleser und Romanciers mitschleifend, unreformierbar, für immer unverwundbar, vorwärtsgepustet von ihren Klappentexten: »Das macht diesem Schriftsteller im deutschsprachigen Sprachraum keiner nach!« Und ewig behaupten die Romanciers: »Harry betastete seine Jacke, fand die Zigaretten nicht.«

Aphoristanien, Land der Zufallstreffer

Was ist der Unterschied zwischen Zufallstreffer und Ausrutscher? Schlechte Stellen bei guten Autoren sind nicht viel besser als gute Stellen bei schlechten Autoren, die fast immer wesentlich besser sind als schlechte Stellen bei guten Autoren. Im Yin steckt ein Tröpfchen Yang, also auch in jedem Goethe ein Stümper, und der schleust in die reife Leistung jede Menge Ausrutscher ein. (»Nichts ist höher zu schätzen als der Wert des Tages.« »Wer klare Begriffe hat, kann befehlen.« »Der echte Deutsche bezeichnet sich durch mannigfaltige Bildung und Einheit des Charakters.«) Und in jedem Yang steckt ein Tröpfchen Yin, in jedem Normalkopf eine klitzekleine Jahrhundertgestalt, und die streut ab und zu Zufallstreffer in den Murks, die bisweilen sogar von Wolf Schneider stammen können. (»Kein Pfarrer kann sein Kind so sittsam zeugen, daß nicht Pornographie daraus würde, wenn man den Zeugungsakt beschriebe.«) Das hat sich die Kunst naturgemäß bei der Natur abgeguckt: lange kommt nichts, und auf einmal liegt im anorganischen Teller des Archaikums − der Zufallstreffer Ursuppe.

Ausrutscher sind insgesamt nicht häufig: erst muß jemand gefunden werden, dessen Œuvre nicht in toto ein einziger vollgültiger Ausrutscher wäre. Zufallstreffer werden immer seltener, im immer größeren Eimer. Wem nur alle drei Wochen ein Glanzlicht in die engere Auswahl trudelt, der ist kein Aphoristiker; so einer muß öfter können, mindestens einmal pro Tag, gern zweimal hinternander – fortschreitendes Alter kein Hindernis. (Mancher Zufallstreffer, der sich Geniestreich nennen läßt, sitzt als Decefix-Tarnkappe auf dem Ausrutscher, dem das Wort Fauxpas nicht weiterhilft.)

Wo geht er hin, der Aphorismus, und wo kommt er her, samt seiner Mundbewegungen? Er perlt herauf aus dem Palaver des Lebens, Kopfnicken fordernd, Lächeln auslösen wollend, ein Stegreif-Goldkorn, das fortrollt und einwandert in eine wasserdichte Schutzzone namens Aphorismensammlung – peng! Tür zu.

Wie jedes Hirn leicht feststellen kann, stößt es pausenlos Stuß und Ausschuß aus, auch das Hirn des Aphoristikers, der mitten in der Überflutung fleißig sein Sieb rüttelt, auf einen Siebrest hoffend, der sich Aphorismus nennen läßt. Die Rüttelbewegungen werden immer verzweifelter, das Treibgut rarer, die Maschen feiner, doch die Botanisiertrommel bleibt leer, nein, umgekehrt: wird immer voller. Damit überhaupt was reinkommt, muß zwischendurch Schrott mitgenommen werden.

Dichter, die die Durststrecken zwischen zwei Zufallstreffern kurzzuhalten versuchen, produzieren Dichtung, in die vor lauter Verdichtung keiner mehr reinbeißen kann. Rosinenkuchen bleibt von ausgerolltem Teig, Strauß-Polkas von Brillenbässen abhängig. »How could it happen?« ruft die Ewigkeit aus, sobald Volltreffer und Ausrutscher Arm in Arm in sie einwandern.

Spontan aufgeschriebene Gedankenblitze glühen nächstentags nur noch halb so geistvoll. Ein Besatzungswechsel oder Klogang genügt – und die Stimmung, aus der der Zufallstreffer euphorisch aufstieg, verebbt im rundherum unverbindlich weiterschwabbelnden Gewäsch. Kaum keltere ich aus dieser Erfahrung einen Aphorismus hervor, kaum stell ich ihn wohlfeil ediert zwischen andere Glanzstücke, wird mir bei der Wiederbegegnung mit ihm nicht wohl. Ich erkenne ihn kaum wieder, obwohl er sich selber optimal treu blieb:

Wie er dasteht, dieser Aphorismus, in exklusiver Einzellage, mit welcher Verkündermiene! Strotzend vor Anspruch und Zitabilität. Widerlich! Dieser arrogante Wahrheitskern! Das geht ja schon fast in Lyrik über! Solche Schaumschläger haben hier nichts zu suchen! Statt auf der Zunge zu zergehen, bleibt er auf ihr hocken und begehrt Einlaß in mein kostbares Langzeitgedächtnis. Raus hier!

Aphorismensammler vergehen sich 1. an introvertiert gebauten Aphorismen, 2. auch an exhibitionistischen Aphorismen. Wie gern würde ein Zufallstreffer aus abgeblendetem Hintergrund unverhofft hervorleuchten. Statt dessen muß er herausgepellt im Spotlight stehn, Prachtexemplar spielen, und kaum wirft er seine Maske ab und zieht sich vom Präsentierteller zurück, verknackst er sich den Fuß im Hohlraum zwischen sich und dem nächsten Aphorismus. Es lebe das Unauffällige!

Allen Aphorismen, von deren psychischen Nöten die dazugehörigen Aphoristiker wenig mitbekommen, kann ich nur dringend empfehlen: Hört auf, eurer bescheuerten Vorzeigbarkeit zu trauen! Unterscheidet euch von den Topmodels dieser Welt! Kriecht anderswo unter, dort drüben, um die Ecke, wo keiner euch vermutet! Doch der Einstieg in den Ausstieg stellt jeden Aphoristiker vor Probleme.

Der Eimer wächst, die Nieten schwappen über, mittendrin aber sitzt das große Los und poliert Aphorismen. Fast jeder davon klingt unweigerlich so oder ähnlich: »Es ist die Sehnsucht der Verstorbenen, die an uns zehrt, ihre Liebe macht uns und die Dinge vergänglich.« Auch das noch. Dieser Aphorismus hat zwar meinen Tip befolgt, hat sich nicht als zahlendes Mitglied einer Aphorismensammlung disqualifiziert, sondern in einem Ruhrpottroman des Dichters Ralf Rothmann Asyl gefunden. Doch sein Unterschlupf half ihm nichts, ich hab ihn hervorgezerrt, ins Flutlicht gestellt, wo er nun jeden Ruhrpott überregional transzendierend, doch zitternd und rotgeworden sich seiner angestrebten Allgemeingültigkeit und Zeitlosigkeit schämt.

Jetzt aber — Achtung! Jetzt kommt ein Aphorismus, der sieht anders aus! Der funkelt von Geschliffenheit! Zwar stammt er aus einer Aphorismensammlung, doch Souveränität spritzt ihm aus allen Poren. Er öffnet das Sprachröhrchen und verkündet in mittlerer Lautstärke: »Geistesgeschichte: dieses endlose Defilee hochschwangerer Embryos.« Warum guckt er so schuldbewußt hinter seiner Nase hervor, dieser Aphorismus? Er fühlt sich sichtlich lange nicht so wohl wie sein Aphoristiker, der den Namen Ulrich Horstmann trägt und von dessen Schöpferwonnen das Kleinod noch tropft. Doch auch dieser Aphorismus leidet am Namensschildchen, mit dem er geboren wurde und auf dem »Aphorismus« steht. Und darf das Ding nicht ablegen, sondern wird hinausgehoben, raus aus der inspirierten Einsamkeit ihres Kreators, hinauf und hinein in die überbelegte Luft der Gegenwart, wo ganz andere Aphorismen schwirren, sich wechselseitig plattrollen, wo man vor lauter universell präsentem aphoristischen Glanz den Wald und das Reh nicht mehr sieht — und statt den Namensschildchen einzelner begnadeter Aphoristiker nur noch hinter Leuchtreklame versteckte anonyme Crews: »Zukunft, das ist für uns heute.« (Deutsche Bundespost) »Intoleranz können wir nicht tolerieren.« (Siemens AG) »Zweitens sorgen wir fleißig dafür, daß möglichst viele Leute möglichst wenig Erdgas verbrauchen.« (ruhrgas aus Mülheim an der Ruhr) »Die einzigen Bäume, die Umweltschutz kaltläßt, sind Schlagbäume. Und der einzige Fluß, der an der deutsch-deutschen Grenze endete, war der Informationsfluß.« (Infozentrale der Elektrizitätswirtschaft, Abteilung 304) »Der Einstieg in den Ausstieg stellt besonders die Entwicklungsländer vor Probleme.« (Bundesumweltministerium) »Es wäre ja nicht das erste Mal, daß in München ein Krokodil startet und in Bonn eine Eidechse ankommt.« (Bayrische SPD)

Seit Sendeminuten 300000 DM kosten und mtv-Tempi obligatorisch abfärben, erhält Aphoristik, bei aller Fasse-dich-kurz-Pflicht, etwas geradezu kostengünstig Beschauliches, Ausuferndes, Episches. Wohl dem, der noch ab und zu einen in die Hose gehenden Zufallstreffer zu produzieren vermag, zwischen Fisch und Angel. Das ist nicht jedem gegeben. Wer kann von sich sagen, es gelänge ihm mühelos, ein drittklassiger Autor zu sein? Beileid all denen, auf deren Monitoren Gratwanderung und Qualitätslinie mäanderlos weiterlaufen, ohne Ab und ohne Auf: ohne je einem Ausrutscher aufzusitzen, ohne je sich selber einen Zufallstreffer abzuluchsen.

Hymne und Standpauke

Hymne und Standpauke, tausendmal älter als die Menschheit, standen sich auf physikalischer Ebene als Plus- und Minuspol gegenüber, auf botanischer als Rose und fleischfressende Tulpe, dann als Paradiesvogel und Beutelteufel, vorchristlich als Sonnengesang und Schiedsspruch, im Gladiatoren-Rom als hoch- und als runtergehaltener Daumen, im Mittelalter als Marienlyrik und Strafpredigt, im Alltag als positives und negatives Urteil.

Dann aber kam Hegel und wies in seiner »Enzyklopädie der philosophischen Wissenschaften« dem positiven Urteil nach, daß dasselbige genausowenig ein wahres Urteil sein könne wie das negative Urteil, und schon standen Hymne und Standpauke geoutet da, jede in ihrer nie wieder verdeckbaren Einseitigkeit. Halbierte Wahrheitskerne schrumpften fort.

Doch Natur findet immer ihren Weg, falls nicht quer durch Kunst, dann wenigstens dicht dran vorbei. Während sich das Heldenepos zum polyphon vertieften Romankosmos weitete, jenseits rappeldürrer Plus- und Minuspunkte abgestufte Perspektiven auftürmend, blieben Laudatio und Verriß ihrer Vorstufe treu: Wahrheitskern ja oder nein, Hauptsache, die Hymne tut wohl und die Standpauke weh.

Obwohl Kritiker nicht weniger hochsensibel vibrierende Hirn-zellen (14 Milliarden) im Kopf tragen als Künstler, die es immerhin auf zwei, drei Romanebenen und vierhundert Zwischentöne brin-gen, nutzen sie ihren Wortschatz bloß, um ihr Doppel-Mantra »Bravo!« – »Buuh!« zu untermauern – statt mitzumusizieren und ebenfalls zu komponieren. Kritische Tätigkeit unterfordert alle, die sich mit ihr begnügen.

In denselben Festsaal gesperrt, badet links Prinzessin Differen-zia in lyrisch tiefschürfenden Träumen auf der Erbse ihres Ner-venkostüms, rechts verharren überfütterte Gourmets auf musku-lärer Ebene (Grobmotorik in puncto Daumenstellung), Haare im Bohneneintopf rügend: Kritik bleibt Kulinarik – ein asketischer Kritiker würde nur solche Bücher verdammen können, die ihn insgeheim aufwühlen. Lustmolche dagegen pendeln zwischen Festbankett und Kantinenfraß, haben also seit Jahrzehntausenden vergessen, daß mittlerweile kein Neandertaler mehr – zwecks Überleben in feindlicher Umwelt – auf eindeutige Einschätzun-gen angewiesen zu sein bräuchte: Arterhaltung kann heute betrie-ben werden, ohne alles in Speise- und Giftpilze einzuteilen: Unkraut kann schöner als Kraut, gute Bücher können schemati-scher, weniger aufschlußreich, also schlechter sein als schlechte Bücher. Menschen aber frönen weiterhin dem Gut-für-uns und Schlecht-für-uns, und Kritiker dem Mittelalter-Wahn, der Teufel sei böser als Gott, und Nutzvieh gut und Schädlinge ungenießbar und deshalb »würgbares Vieh« (Homer). So werden Lyrikerinnen zur Madonna gekrönt, zur Hexe gestempelt, von unterwürfigen Inquisitoren – alles Autoritätsprobleme, diesseits von Eleganz, Erkenntnis, Kunst, keineswegs jenseits von den Nachwehen perpe-tuierten Deutsch-Leistungskurses. Keine Schulentlassung half: Greise benoten Greise und Nachwuchs; Nachwuchs benotet Nach-wuchs und Greise, faßt Inhaltsangaben ab, hakt Pflichtlektüre ab.

Beichte eines Kritikers: »Die Würde der Kunst ist unantastbar – ich aber darf dran rumfummeln. Denn ich liebe die wahre Kunst und möchte sie nicht umdrängt sehen von Mißwuchs. Ich beuge mich vor dem Sieger und trete – zwar uncaritativ, doch umsichtig – das Mediokre in seine wohlverdiente Gruft. Unbestechlich und mutig greife ich die schwachen Minuten vielbeachteter Jahrhundertgestalten an! Meinen Frust, kein Großer zu sein, kompensiere ich, indem ich Kleinkram per Applaus größer mache, um am Puls der Großen, die ich effektvollerweise zwischendurch mal wieder etwas kleiner mache, irgendwie mitzuwachsen, bis vor lauter krähendem Efeu keiner derer mehr den Baum sieht, die ihren Vorkostern, nur weils in der Zeitung stand, jede gelobte Wurst abkaufen. Dabei bring ich es bloß zu so genießbaren Hymnen wie: ›Ein Werk, an dem wir nicht vorbeikommen und das einen Platz unter den Ewigkeitswerten der Erzählkunst verdient.‹ Oder zu genauso wenig verdaulichen Standpauken wie: ›Härtlings Sprache bleibt merkwürdig blaß.‹«

Immerhin weiß sich der Hoch/Runter-Daumen mythologisch und kosmisch gut abgesichert: Kali hatte in ihrem Tempel auch nur zwei Extrem-Gesichter drauf, null Zwischenstufen, und warum soll dem Computer-Zeitalter das Plus-Minus-Denken unangemessen sein? Atavismus darf nicht einseitig negativ beurteilt werden. Schon Bruno Bettelheim erkannte: »Kinder brauchen Hymnen.« Immerhin können sich Hymniker in ekstatische Begeisterungsstürme, Standpauker in heiliges Zürnen hinaufschaukeln, schöne Urgefühle, wie sie sonst nur Weltenbauern zukommen – und wer wollte der arg gebeutelten Menschheit solche beneidenswerten Ersatzhandlungen mißgönnen?

Doch Prinzessin Differenzia geht an Frau Buchkritik nicht gänzlich einflußlos vorbei. Sensible KritikerInnen spüren das infantil Vorsintflutliche am Lob wie am Tadel und entlaufen der Zwickmühle durch Wohlabgewogenheit des Urteils, dem Surrogat für Nuancenreichtum. Zum positiven und negativen Urteil, die Hegel gleichermaßen negativ einstufte, um das sogenannte unendliche Urteil zu bevorzugen, tritt in der Buchkritik ebenfalls eine dritte Kategorie, die – statt über die zweite und erste hinauszuschreiten – irgendwo zwischen Scylla und Charybdis einen Mittelwert herstellt: dann erscheint zwischen gutem und schlechtem – das mittelmäßige Buch, das für hegelgeschulte Geister – unendlich anspruchsvolle Gourmets! – genausowenig in Frage kommt wie das gute = schlechte Buch. Der Wunsch nach einer vierten Kategorie erwacht. Statt dessen stapelt sich dem Kritiker eine vierte, sehr häufige Buchsorte, worin gut/schlecht/mittelmäßig unkoordiniert abwechseln. Und während der Roman andere Gattungen – Aphoristik, Lyrik, Lesedrama, Essay, Feuilleton, Satire, Standpauke, Literaturkritik, Sprachglosse, Kochkunst, Hymne, Reportage, Mysterienspiel, Wirtschaftsteil, Themen der Zeit, Orchestermusik, Holzschnitzerei – freßgierig aufsaugt, kommt es auch im kritischen Sektor zu einer Art Fusion: Hymne und Standpauke – die ansonsten zwei Köpfe benötigen, einen frohlockenden, einen schlachtenden – bringen es bescheidenerweise zu einer Pseudo-Hybridform; mangels Plus/Minus-Synthese lassen sich die verquirlten Teilmengen per Magnet leicht wieder auseinanderdividieren – hier wird die Deutsch-AG zur Physik-AG. Wobei die Zutaten gern durch ein »aber« verlötet werden, entweder so: »Was Brigitte Kronauer schreibt, mag bisweilen etwas zu lang geraten sein. Aber wie sie schreibt, ist ein Genuß«, oder so: »Das nötigt uns zu menschlichem Respekt. Aber mit Literatur hat das nichts zu tun.«

Hier wird die Wohlabgewogenheit zum Wechselbad, aus dem kein Autor trocken rauskommt. Heimlich muß er als Naturwesen reagieren, über ein unwahres respektive genauso unwahres Urteil entweder sich ärgern oder dran aufgeilen, also beide Male in derselben, oft überwundenen Sackgasse landen. Seine beherrschte, rückfallgefährdete Mimik spottet seiner Großhirnrinde. Er kann noch so sehr behaupten, er lese seine Kritiken nur flüchtig, es wird nicht stimmen. Höchstens kann er masochistisch drüberstehn, über dem Drüberstehen des Kritikers, der ihm seine Entgleisungen, Grenzen und Gefahren zeigt, entweder so: »Jelineks größte Gefahr ist, daß ihr ihre Wahrnehmung zum Programm wird«, oder so: »Grünbein ist damit der Gefahr entgangen, kitschig zu sein.«

Was aber kann ein Kritiker tun, um eingeweihter zu werden in die Tempel, die ihn a priori ausspuckten? Er kann sich noch so abstrampeln, um stilistisch nicht an Ranicki zu erinnern, er wird es nicht schaffen: genießbare und ungenießbare Kritiker sehen sich hundertmal ähnlicher als tolle und blöde Bücher. Er kann gebildete Kompetenz auffahren: »Das Buch schmeckt nach dem, was Nietzsche an Wagner behagte – nach ethischer Luft, faustischem Duft, Kreuz, Tod und Gruft.« Das zeigt nur, daß er aus oral-taktiler Phase nicht rauskam.

Er kann kunstphilosophische Reflexionen einbauen: »Das allegorisierende Erzählen birgt die Gefahr in sich, daß die Details entwertet werden zugunsten der Idee, für die sie stellvertretend stehen.« So mutiert der Daumen der Kritik zum Zeigefinger.

Er kann versuchen, genuin zu formulieren, Hochglanz-Aperçus, Marke Hausmacher, hervorzuspritzen: »Handke ist ein Mönch ohne Kloster.« Er kann als Essayist die subjektive Note rausstreichen: »Ich möchte niemanden ärgern, indem ich hier den Inhalt nacherzähle oder eine Pointe verrate.« Doch kann er nicht verbergen, daß er trotzdem nicht an Polgar-, Kerr- und Tucholskyepigonen erinnert.

Er kann den Beruf wechseln, Poet werden: die Kacke ist nur, daß deren Rezensionen auch nicht insiderhafter schmecken als das Fast-food der amusischsten Kritiker, nicht erkenntnisdefizitloser, sondern auch bloß appetitmachend, abratend oder didaktisch: »Was wissen wir von rumänischer Literatur?« (Kunert) Es kann halt nicht jeder Dichter so subtile Buchkritiken schreiben wie Starkritiker Stanislaw Lem in seiner Doppelbesprechung des »Gigamesh« von Patrick Hannahan und des »Ulysses«, oder wie Arno Schmidts Kritik des sanften Unmenschen Adalbert Stifter.

Diese fatale Zweigleisigkeit, hier Hymne, da Standpauke, hier der verhinderte, dort der rezensierende Poet, hat sich nicht erst im Medienzeitalter eingeschlichen: Rilke betätigte sich mit seinem »Rühmen – das ist's!« als Laudator der kompletten Schöpfung, also auch seiner Rivalen, und Karl Kraus erledigte Tagore, Tolstoi,

Tucholsky sowie den Rest der Welt, abzüglich weniger, unnötiger Ausnahmen. Organisch polarisiert sich jede Geistes- und Ungeistesgeschichte in einerseits Hymniker, Ethiker, Hoffende, Positivlinge, Sonnyboys, Smilies, Verantwortungs- und Friedenspreisträger namens Konfuzius, Leibniz, Hume, Albert Schweitzer, Elisabeth Kübler-Ross, Václav Havel, Franz Alt, Jörg Zink, Margot Bickel und andere Optis, Oberflächenglätter und Heilsarmeestifter, die alles viel zu rosig sehen – und andererseits in Polemiker, Abrater, Warner, Mahner, Droher, Wahnpatienten, Apokalyptiker, Lüstlinge des bösen Blicks, Mittäter namens Ulrich Horstmann, E.M. Cioran, Thomas Bernhard, Günther Anders, Beckett, Leopardi, Yang Dschu, Buddha und Kassandra, die alles viel zu schwarz sehen. Die Euphorie der einen, angesichts ihrer Naturwunder und Lichtblicke, Hand in Hand mit den Depressionen der anderen, mitten in deren aufgerundetem Unheil, all diesen pausenlos untergehenden Abendländern und hochgehenden Pulverfässern, führt auf geradem Weg bis hinab in die Plus-Minus-Physik. Und wenn alle, die – unabhängig von Hegel – viel zu positive, und alle, die viel zu negative Urteile bilden, vertretbare Mittelwege beschreiten wollen, kommen bloß mittelmäßige dabei heraus, oder zusammengesetzte Urteile, also unbefriedigendes Flickwerk.

Arme Kunst, es ergeht dir wie deinem scheinbaren Gegenteil – alles nur Tendenzdichtung. Alle wohnen unter exakt demselben Dach, die Hochzüchter nicht anderswo als die Besudelten – wobei das Reh sich kaum trösten kann, daß es den Wolf überlebte. Stürben aggressive Sekundärköpfe aus, würden bis dato friedliche Primärköpfe sich selber zerfleischen, was sie zur Hälfte ohnedies tun. Biologisches Gleichgewicht im Zeitalter der Zwischenhändler: Hand in Hand rutscht man täglich unter sein Niveau, statt auch nur eine Sekunde über sein – so oder so niederdrückendes – Niveau zu gehen, um alldort wunderbar unendliche Urteile zu fällen, nein: zu bilden, über mindestens ebenso unendliche Debütromane, bis alsdann, im nächsten Leben – laut Buddha –, der bisherige Poet als Ex-Kritiker über dem übernächsten verkappten Dichter stehen wird, jedem Geist seinen Körper, jedem Gänsekiel seinen Rotstift, einer der Aufhocker des anderen, jedem Computer seinen Computer, Aufhocker seiner selbst, zum Schreiben nicht unbedingt geboren, unbeirrbar Textmasse ausdruckend.

Wer läßt sich von anderen hindern, sich über diese anderen zu stellen? Auch ich steh in dieser Minute ganz oben, überblicke souverän die Durchschaubarkeiten der Großen und ganz Großen. Wenn ich jetzt andeute, daß mir dieser trügerische Zustand nicht behagt und ich eigentlich ganz anders bin, habe ich mich erneut moralisch über alle erhoben, die sich problemlos ganz toll finden. Meine Hybris bedarf der Zurechtweisung solcher, denen aus psychologischen und karmischen Gründen jetzt schon der Daumen zuckt. Und schon wird mein Sockel kippelig – keiner kann meine Ausführungen über Hymne und Standpauke kritisieren, ohne sich nicht, ob er will oder nicht, über mich zu stellen. Herbei, herbei, ihr untergebutterten Überbieter! Weist mich in meine Grenzen – statt die euren zu sprengen!

Die elenden Stilistiken

Es waren einmal drei Brüder, Ludwig, Wolf und Theo. Der dritte war ein Stemmler, der zweite ein Schneider und der erste ein Reiners. Der erste stellte ein Gebot auf, welches da lautete: »Du sollst einfach und verständlich schreiben!« Der zweite wollte auch eins aufstellen, es fiel ihm aber kein anderes ein. Also stellte er dasselbe Gebot auf – doch schlich sich eine Abweichung ein: »Du sollst noch einfacher schreiben! Und noch verständlicher!« Der dritte lief hinterdrein, statt aber seine älteren Brüder pfiffig aus ihrer Verirrung und Versteinerung zu erlösen, verbreitete er das Gerücht, alle bisherigen Brüder seien bloß Amateure gewesen: »Um nur die drei erfolgreichsten zu nennen: Eduard Engel war

Reichstagsstenograph, Ludwig Reiners Jurist und Textilkaufmann, Wolf Schneider betätigt sich als Journalist und Publizist.« Theo Stemmler, das sicher nicht letzte Licht auf absteigender, immer strengerer und engerer Linie, leidet gutgelaunt am Henkel-Syndrom: Im Vollgefühl, offiziell zuständig zu sein, werden große Namen gestürzt. Martin Henkel stürzte wenigstens ein echtes Denkmal; der Stemmler unterzieht lediglich den Schneider den Entflechtungsspielchen des Reiners, zur Strafe, daß dieser ihn auf den dummen Gedanken brachte, ein Gebot zu formulieren, und zwar wie immer haargenau dasselbe Gebot: »Schreib so idiotensicher wie möglich!«

Ludwig, der Textilkaufmann, hatte das Schlichtheits-Ideal wenigstens noch mit Beredsamkeit vorgetragen; Theo, der Hochschulmensch, übt sich im Verwässern verdünnten Wassers; unfrisch an unwichtigen Fundstücken mäkelnd, ironisch sein wollend, sich kümmerlich überlegen fühlend, ein Nicht-Ich, das auf Dauerknopfdruck losklingelt bei Stellen, die ihm nicht simpel genug vorkommen: »Umständlicher geht's nimmer.« Selbst das gelungene Schnörzelchen einer Heiratsannonce »– und auch sonst mit beiden Beinen in keiner Wolke stehend«, der einzige Trostblick im Territorium angeblicher Ausrutscher, wird in »Stemmlers kleiner Stil-Lehre« des Bildbruchs geziehen, als Bildbastard verleumdet. Wie bieder müssen Leute sein, die sich widerstandslos von noch biedereren Leuten besseren Stil beibringen lassen wollen?

Don Quixote kämpft gegen Windmühlen, Wolf Schneider gegen Don Quixote, genauer: gegen Schachtelsätze – für kurze überschaubare Gestalten, genauer: für Sancho Pansa: der eine soll, statt auf einer Sitzgelegenheit, auf einem Stuhl Platz nehmen, der andere Quark essen, statt ein Magermilchprodukt. Die Zukurzgekommenen als Urworte rühmen und die verschraubt Zusammengesetzten verdammen, das ist Rassismus, nicht Stilistik.

Das ist das Elend bisheriger Stilistiken, daß sie immer nur von

Typen abgefaßt werden, die manchmal gar nicht so übel schreiben, stellenweise sogar sehr gut, bestenfalls überdurchschnittlich,
korrekt statt individuell, also unbrillant, verwechselbar, also doch
nicht so gut, also miserabel. Wer nicht schreiben kann, will wenigstens Schreiben lehren. Sie lehren Stil, ohne eigenen Stil, meinen
also mit Stil nicht Stil, sondern richtigen Sprachgebrauch. Die
Welt wird zur Sonderschule gemacht, aus der der Stil-Lehrer ein
überladenes Lallen heraushört, um nun die Laller schlankerem
Lallen entgegenzuführen. Eigentlich müßten Stilistiken von Dichtern und Denkern stammen, die aber lieber — statt ihrem Stil auf-
zuhelfen — unbeleckte Neuinterpretationen und Wenderomane
loslassen.

Da das dritte Brüderchen versagte, wurde ein viertes nötig, und
da keines kam, sah ich mich — obwohl ich jede Menge Unwichti-
geres zu tun hätte — veranlaßt, mich zu opfern, herabzusteigen
aus meinen poetischen Höhen, hinab ins trockne ABC stilisti-
schen Wohlverhaltens, als der weit und breit erste Stilistiker, dem
nie und nimmer VHS-Sätze entfleuchen können wie: »Die Wahl
des richtigen Wortes erfordert Sorgfalt.« (Stemmler) »Wer die Ein-
schübe trotzdem häuft, könnte wissen, daß er bestenfalls zur
Hälfte verstanden wird. Warum schreibt er dann?« (Schneider)
Oder: »Hegel ist nicht nur ein Büßer unserer Sprache, sondern
geradezu ein Opfer seines Stils geworden.« (Reiners)

Einzig ich schreibe keinerlei Deutsch für Kenner, Profis und
Frigide, sondern Deutsch für angehende, unreflektierte und sonstige Genies, nebenbei auch für Stilisten und Stilistiker, bin also
nur halb so alltagsnah, mitbürgerfreundlich, schnellöslich wie
Eike Christian Hirsch in seinem kishonhaft vergnüglichen
»Deutsch für Besserwisser«. Wobei ich es grauenhafterweise nicht
unterbinden kann, daß die Nachteile meiner Gattung auch auf
mich — bei aller Gegenwehr — abfärben. Auch ich muß Paradebeispiele hervorkramen, Adjektive lüften, Leuten und Formulierungen aufs Maul schauen und auf den defekten Wahrheitskern
fühlen, und schon steh ich wider Willen als Deutschlehrer da,

punkteverteilend, als Nochbesserwisser, unduldsam als Merker im Gemerk der Meistersinger von Nürnberg. Und als ein solcher sehe ich auf einmal so merkwürdig stemmlerhaft aus, so schneiderförmig ... sogar scheine ich noch dreimal rassistischer und überhaupt schlimmer zu sein als meine Brüder; denn ich habe sympathische Rivalen einfach Zukurzgeratene geschimpft; das macht man nicht, und ich hab's gemacht. Ach könnte ich endlich in meine bevorstehenden Briefromane abwandern! Dort dürfte ich blühen, statt dauernd nur Unkraut und Kraut zu jäten.

Nur wär ich halt als Romancier bloß ein Romancier unter Romanceusen und Romanciers. So aber entsage ich jedem Romanciergetümmel als einer, der meinen drei Halbbrüderchen nachläuft, um ihnen a tergo ein bißchen in die schlichte Parade zu fahren, bunten Gegenwind aufblühen zu lassen, für Bildbastarde zu plädieren, für Stilblüten, für wohldosierte Überfrachtung, für Engführungen, für plausible Unverständlichkeiten u. v. m.

Und wenn ich gestorben bin, werden die von mir andeutungsweise abgemurksten Brüder zwar ebenfalls gestorben sein, doch ihr geistiger Vater, des Namens Rudi Ment, wird sie längst millionenfach neu aufgelegt haben, ich dagegen, das unerläßliche Gegengewicht, werde nach meinem Ableben erstmal ein Weilchen wegbleiben.

Per Satire geißeln sich ihre Opfer

Satire bessert keinen: Kein Satireopfer stürzt − sobald es sich erkannt fühlt − vom Wohnblock, keins kriecht errötend unter den Tisch, Namensänderung beantragend. Statt dessen werden die einen immer anlaßgebender, die andern immer mundfertiger, die Opfer immer dickhäutiger, die Satire immer indiskreter. Selbst an Aristoteleskennern geht Frau Katharsis nach wie vor unbefriedigt vorbei.

Satire will keinen bessern: Wollte sie jemanden bessern, so würde sie ausschließlich Veränderbares geißeln. Nase und Neger werden nicht kleiner oder weißer, indem man sie spitzen Stiftes degradiert.

Satiriker paktieren mit verarschbarer Welt: Utopisch richtigzustellen und auszubügeln erregt weniger als zweckfrei zu geißeln und zu verhunzen. (Kaum eine Spottdrossel merkt, daß sie sich – laut Schiller – nach einer besseren Welt zu sehnen hätte; jeder sehnt sich – wie Lessing – bloß nach würdigeren Gegnern als Pastor Goeze.)

Per Satire geißeln sich ihre Opfer: Kulturkritik ist nichts dagegen. Grinsende Gnadenstöße schmeicheln dem Kleinmut der Betroffenen tiefer als der seriöseste Verriß. Zwischen Täter und Opfer waltet biologisches Gleichgewicht: Lieber als Abwasserkopf mit Zinken und Schrumpfrumpf rumzappeln, an den Schandpfahl geschnallt, als nicht gewesen zu sein. Welch Genugtuung, daß nicht nur ich mich unausstehlich finde, sondern auch andere mich.

Auch Spiegel sind Zerrspiegel: Satire verzerrt die Welt, bis Satire dabei rauskommt. Übertriebenes wird übertrieben, Verzerrtes verzerrt. Kehre ich von der Nase der Satire zurück zum Ausgangsmodell der realen Nase, so kommt mir diese klein vor. Andererseits sind auch reale Nasen oft sehr groß, zwar millimetermäßig etwas kleiner als in der Satire; da aber Satire von Haus aus übertreibt, nehme ich ihr die Übergröße der Nase nur zur Hälfte ab; die reelle Nasengröße hingegen schockt.

Kunst ist harmloser als Satire: Andere Gattungen ahmen die Welt bloß nach, teils bejahend, teils lamentierend. Dichtung rückt bloß Details zueinander, zwecks Verdichtung. Satire überführt sowohl Kunst wie Welt der Lächerlichkeit und steht somit über Kunst und Welt.

Satiriker sind selten Satirikerinnen: Es wimmelt von Keiftanten, Kabarettistinnen, Kritikerinnen, Pessimistinnen, NFS-Rechtsberaterinnen, sogar Polemikerinnen. Doch das Quantum Inhumanität/Animalität/Diabolismus, das zur Satire gehört, bringen Satirikerinnen immer wieder nicht auf. Das Quantum Selbstironie, das zum Satiriker gehört, bringen selbst viele männliche Satirikerinnen nicht auf.

Satiriker sind selten Satiriker: Karikaturen hinken hinterm Idol her, Karikaturisten hinter ihrem Begriff. Keine Satire ohne Unendliches, dem ein Endliches nicht entspricht, weshalb dieses solange gegeißelt werden muß, bis das Endliche aufgrund seiner Züchtigung in sich geht und dort, im Inneren, reuevoll dem Unendlichen ein wenig näherkommt: von klassischer Ästhetik aus gesehen, sind viele Satiriker, mangels Unendlichkeit, keine Satiriker, sondern bloß Weltmeister des Humors. (Hegel und Schiller bestreiten Kishons Behauptung, als junger Mann sei er eines Morgens als Satiriker erwacht.)

Ohne Atheismus keine Satire: Im Auge des Satirikers sind Christen eine Hammelherde, und Päpste polnische Kartoffeln, die im Nachthemd die Erde nach Spuren abschnüffeln, Hobby: Aberglauben; und Hausschuhe stehen neben dem Kreuz, das im Schlußbildchen von einem Biber durchnagt wird. Und bevor Gott tot ist, werden seine Reflexe geprüft. Aus christlicher Sicht ist ein Satiriker jemand, der den Balken im eigenen Auge übersieht, zugunsten der Splitter, die er – statt sie dem geplagten Nachbarn caritativ rauszuziehen – schadenfroh zu Gebälk aufbauscht.

Ohne Christentum keine Satire: Beide wohnen – wie Liebe und Haß – in derselben WG. Aus lutherischer Mahnpredigt und Streitschrift wuchs die preußische Standpauke hervor, aus der die profane Erledigung hervorwuchs. Im reinen Geist der Kritik kippen Büromensch und Jachwe ineinander um: der eine schafft sich Sachen vom Tisch, der andere schickt sauren Schwefel. Jeder Gott kühlt irgendwann ab und macht friedfertig Überstunden; im unverfälschten Satiriker bricht immer wieder die alte Zornader durch. Das Raubtier drängt zum Altar der Satire; kein Pfiff von oben hält die Hand mit dem Schlachtermesser von der Gurgel des Lämmchens zurück.

Satire und Christentum sind ungefähr dasselbe: Gott schuf abwegige Erdenklöße, und mangelnde Selbstkritik redete sich ein: »Siehe, es war gut.« Satire produziert ebenso komische Figuren, genauso stapelweise, und trägt so zur Selbstregulierung Gottes bei. Der Herr schenkt seinen sterbenden Schäfchen ewiges Leben; der Teufel entlarvt seine Mitmenschen als Schafe und tötet und verewigt sie kritzelnd auf dem Papier, dessen Blätter ehern tragen Recht und Schuld von Erdentagen.

Der Satiriker ist ein gekränkter Idealist: Die Basis satirischer Tätigkeit legte Platon: Die Erscheinung parodiert die Idee. Schatten werfen Körper. Als Kreuzung aus philosophischem Idealisten und Fallstudie mit Verfolgungswahn sitzt die satirische Weltspinne im System, ohne drauf zu achten, ob sich da reelle Verfolger abzeichnen, oder ob die Fliegen, die der Signalfaden meldet, wirklich von draußen kommen und nicht a priori zum Netz gehören, oder zum Subjekt, das in scheinbarer Mitte auf scheinbar nachrückende Objekte lauert. Sobald ich mir meine Opfer nach meinem Pfeil zurechtschnitze, bestimmt mein Bewußtsein das Sein.

Satire fußt auf Reflexbewegungen: Hauskatzen kennen nur zwei Träume: entweder wehren sie sich im Schlaf gegen übermächtige, seit Jahrmillionen ausgestorbene Feinde, oder sie fangen im Schlaf kleine bewegliche Objekte. Nicht nur Kampfhähne müssen ab und zu ihr Zwischenhirn-Aggressionsprogramm ablaufen lassen, einerlei, ob da überhaupt Geeignetes auftaucht, woran man sich draufloshackend abarbeiten kann, einerlei gegen wen, Hauptsache geistvoll.

Satire tötet mehr, als sie müßte: Nicht nur Kampfhunde finden kaum Zeit, ruhig einzuatmen beim Non-stop-Beißen. Ein Wolf, solo unterwegs, reißt stets mehr Schafe, als er fressen kann, immer gleich fünfzehn auf einmal. Vorchristliche Menschen staunten: Auch Tiere opfern den Göttern! Wem opfert der Satiriker? Dem Geist der Satire? O nein, die Satire frönt dem Geist des Zwischenhirns!

Insektensammeln macht süchtig: Je weniger Leute ein Satiriker niedermacht, desto kleiner bleibt sein satirisches Vermögen. Um nicht zu verkümmern, muß er immer gezielter und ungezielter die Kopfzahl vergrößern. Auch vergrößerte Insekten erweisen sich als aufspießbar. (Karl Kraus begnügte sich mit dem Untertitel: »Eine Erledigung«. Eckhard Henscheid erledigt in »Erledigte Fälle« 24 deutsche Menschen auf einmal: die Überbietung des tapferen Schneiderleins liegt nicht nur an der Qualität der Klatsche, ebenso an der steigenden Quantität der Fliegen.)

In der Satire feiern Idealismus und Zoologie Hochzeit: Um über den Dingen zu stehen, braucht die Satire was zum Abstützen, am besten Leichenberge. Die Kategorie der Unendlichkeit, die klassischer Satire anhaftet, realisiert sich in unendlichem Blutdurst.

Die Kritiker der Wanzen sind selber mies im großen ganzen: Kunst und Satire = Mona Lisa und Daisy Duck. Karikatur und Karikaturist = Masochist und Sadist. Während sich per Satire ihre Opfer geißeln, sieht der Satiriker seinen Opfern nicht unähnlich. (E. Henscheid betreibt Zombiefledderei; der unschuldigen E. Kübler-Ross muß er Leichenfledderei ankreiden. Unseren Lautesten − Reich-Ranicki − betitelt er Betriebsmephisto, Kahlkopf, bewährten Fun- und Troublemaker, Spaßkrachmacher: das alles − minus Kahlkopf − könnten Selbstdefinitionen sein. Heine sah sich als Brahmane, der versöhnlich alles Ungeziefer auf sich krabbeln läßt, feierte sich als Opfer seiner Opfer − tückische Versöhnung! Denn hier bleiben Heinekritiker − Menschen wie du und ich − weiterhin Insekten. Auch Kraus verschweigt seiner Gemeinde, daß die Wollust, Insekten zu zerquetschen, für Einsamkeit usw. vollauf entschädigt. Wobei sich diese Wüste gar nicht erst auftäte, wenn man sich rechtzeitig mit der Beute arrangieren würde, von Mensch zu Mensch, statt von Geist zu Floh.)

Satire ist unnötig: Die Welt ist bereits dadurch bestraft, daß sie ihrem Schöpfer angeknackst aus den Händen rollte. Es muß nicht dauernd eine Karikatur daherhumpeln, um nette Leute anzupflaumen: »Ihr seid auch bloß Saftsäcke!«

Satire ist sterblich: Ohne Objekt bleibt die satirische Zunge ohne Schleifstein, das satirische Hirn ohne Prüfstein. Dann geht der Satiriker so zugrunde wie die Intelligenzbestie ohne stupide Antilope.

Satire bleibt aufdringlich: Die Welt, unirritierbar, rollt weiter, die Satire immer hinterher, als defekte Kamera einem mißlungenen Antlitz auf der Spur.

Zur Hälfte ist alles nur halb so schlimm: Nicht alle Satiriker produzieren pausenlos Beißlust − Schiller unterschied 1. strafende und 2. scherzende Satire, also 1. Fackel und 2. Titanic, Hüsch, Eichborn, Semmel Verlach. (Versöhnliche Ulknudeln wollen wie Dieter Hildebrandt den Leuten nur ein Bonbon anhängen, auf daß dieses eine Zeit lang getragen werde, länger nicht. Kishon-Klappentexte versichern, Kishon-Satiren seien voll von Charme, bestens in Humor verpackter Weisheit, tiefer Menschlichkeit und liebevollem Verstehen für die kleinen, verzeihbaren menschlichen Schwächen.)

Satire und Mystik schließen sich aus: Mystiker sitzen nie dort, wo die Spötter sitzen. Der eine leidet an Gottes Unerreichbarkeit, der andere weidet sich daran, Dumpfnüsse als Kackspechte zu denunzieren.

Mystik und Satire sind eins: Die eine entlarvt, die andere entschleiert. Der Mystiker verbrennt als Falter im Licht; der Fackel-Kraus sieht sich als Licht, an dessen Lampenschirm die Insekten abprallen.

Nicht nur Opfertiere sind Opfertiere: Satireleser sind Opfer eines Rattenfängers, der sich nach überfüllten Sälen sehnt. Satireopfer sind Opfer ihrer naturgegebenen Verformbarkeit. Satiriker sind Opfer ihres Unvermögens, ihrem automatisierten Zuschnappen auszuweichen.

Alle sind eins: Der Karikaturist irrt, wenn er sich der Lächerlichkeit, die Witzfigur, wenn sie sich der Mittäterschaft nicht teilhaft glaubt. Die perverse Affinität zwischen Deïxfiguren und Deïxfans geht in heilige Identität über.

Zwischen den Zeilen
und hinter den Kulissen

Das Mahabharata strandet an seiner Uferlosigkeit

Über die Werke von Giovanni Andrea Dragoni heißt es bei Alfred Baumgartner: »Sie wirken z. T. etwas steif, sind aber durchaus nicht ohne künstlerischen Wert.« Auch die Werke von Pietro Taglia »wirken etwas steif, bringen aber doch fallweise Wendungen von künstlerischem Schwung«. Über die Werke von Giovanni Matteo Asola heißt es bei Alfred Baumgartner: »Daß ihre breite Klangwirkung eine gewisse Gleichartigkeit zur Folge hatte, lag in der Natur der Sache.« Die Werke von Homer Herpol stellen laut Alfred Baumgartner »vollendete Meisterarbeit dar, der vielleicht der Funke Genialität fehlt, der bei einem Kunstwerk nicht entbehrt werden kann«. Alle diese Werke scheitern ganz einfach an ihrer Mittelmäßigkeit.

Doch wäre es für keinen Kleinmeister eine Lösung, wenn er an dessen Stelle eine Jahrhundertgestalt wäre. Zwei, drei Etagen höher fängt das generelle Scheitern erst so richtig an. Dort pflegt man auf hohem Niveau − wenn nicht noch höherem − geradezu regelmäßig zu scheitern, allen voran Robert Musil, der sich beim Scheitern und Stranden unüblich viel Mühe gab: Um keinesfalls zu stranden, kalfaterte er sein Schiff wieder und wieder, bis zu dreißigmal pro Bauteil, sicherte hochreflektiert alles x-fach ab, bis die erreichte Qualität hinsichtlich Wasserdichte − also Ewigkeitsfähigkeit − vorzeitig auf seinen Mann ohne Eigenschaften zurückschlug: es kam zum berüchtigten Leerlauf des Bosselns am längst Hartgewordenen, wovor bereits das I-Ging umsonst gewarnt hat. Kein Nimbus schützt: Auch Ovids Metamorphosen sind − laut Herder − an ihrer Überkultiviertheit gestrandet sowie − laut Hegel − an ihrer Unursprünglichkeit.

Wer nicht an seiner Gebrochenheit strandet, scheitert an seinen Unstimmigkeiten zwischen hohem Anspruch und eigener Begrenztheit, so oder so vor allem an sich selbst. Am umwerfendsten scheitern idealistische Systeme, Mammutromane und Mega-Zyklen, worauf bereits Dr. Walter Schmähling aufmerksam machte, in Sachen »Blechschmiede« von Arno Holz: »Ein gewaltiger Entwurf, eine Fülle treffender Satiren – aber das Werk scheitert an seiner Maßlosigkeit.« Und Klaus Mylius gab hinsichtlich Mahabharata zu bedenken: »Eine gewisse Maßlosigkeit – die ja auch schon im Umfang zum Ausdruck kommt – beeinträchtigt den Realismus der Schilderung des Geschehens erheblich.«

Uferlosigkeit, so heißt die Monumentalklippe, auf die die Überformate zutreiben, all diese Nordlicht-Nibelungenringe, die nur ganz selten an sich halten können. Grashalme, Zettels Traum, Herzgewächse, Wüstenplanet, Medusa, Perry Rhodan – all diese Saurier hätten sich bloß etwas beherrschen sollen, kleiner bleiben, etwas mehr Demut zeigen, alles in Maßen.

Als würden nur halb so uferlose Entwürfe nicht ganz genauso an sich selber scheitern! Auch Zaunkönige stranden am Tod, mit und ohne Uferlosigkeit. Deren Bekämpfer halten sich an die Bauernregel, daß weniger mehr sei und tief fällt, wer hoch steigt: Hitler, Hegel und Marianne Fritz, deren 3387 Seiten langer Roman »Dessen Sprache du nicht verstehst« sicher nicht ganz so ausufernde Maße gebraucht hätte: wozu muß das siebenmal länger sein als die Ilias, die auch schon ruhig hätte etwas kürzer sein können!

Haß auf alles Maßlose fußt entwicklungsgeschichtlich auf Abwehrmechanismen gegenüber Kohldampf plus Freßneid: Klein-Fritzchen bekam oft gesagt, er solle beim Essen nicht so schlingen. Unabstreifbare Kinderstube: Kaum erwachsen, zeigt Prof. Dr. Fritz Martini auf alle, die sich immer noch nicht benehmen können, und wirft Theodor Däubler vor, ihm fehle der Wille zur Auswahl und Bändigung. Wer auf seinen Dichtertraum aufläuft, schärft die Brille fürs Scheitern derer, die es an seiner Stelle geschafft haben. Obwohl sekundäre Literatur und Buchkritik viel zu wohlerzogen sind, um je auszuufern, erlauben auch sie sich eine Mini-Maßlosigkeit, sie beurteilen Objekte und stranden – zusammen mit Alfred Baumgartner, Dr. Walter Schmähling und Prof. Dr. Fritz Martini – beim Beurteilen der Werke Homer Herpols, Hegels und Holzens an der Kümmerlichkeit ihrer Meßlatte: wer dem Weltall vorrechnet, es dehne sich maßlos aus, läßt sicher nicht das Rinnsal ungerügt, daß es zu dünn sei. Daß aber einer überdosieren, überfrachten, ausufern könne und trotzdem weder scheitern noch stranden noch auflaufen noch anecken, das können sich die Köpfchen nicht vorstellen. Die kennen nur eins: Wenn du irgendwo anstößt, egal wo, läuft das Ei aus, also Vorsicht, Bübchen! Und schon darf der Rahmen der vorliegenden Arbeit nicht gesprengt werden. So steckt der Mensch in seinem Loch und rüttelt noch nicht mal als Gorilla – wie damals in »Dumbo« – gar fürchterlich an seinen Stäben, um die unverhofft rausgerüttelte Stange erschrocken wieder einzusetzen.

Und wenn der Mythos vom Scheitern ebenfalls »zum Scheitern verurteilt« wäre? Zwar nicht ausgerechnet an Uferlosigkeit, aber an der Tatsache, daß es sich beim Scheitern um ein konformistisches Lügenmärchen handelt? Das funktioniert nur per Ikarus-Komplex, seitens der Flugunfähigen, die die hochgeschaukelten Künstler ständig absacken sehen wollen – vielleicht scheitert gar keiner! Scheitert eine Welle, indem sie sich am Strand bricht? Ohne Brechung keine Welle.

Zumindest Kleinmeister scheitern nie. Sie sind zu klein zum Scheitern. Nämlich entweder nicht massig genug zum Scheitern – oder viel zu massig, um überhaupt auf große Fahrt zu gehen.

Schon im Wort scheitern steckt ein Wurm: es fußt auf einem Kraftaktkult, dessen Körper in jeder Sportschau 0,5 cm zu kurz springen; und auf Theologie, wo man in der Auseinandersetzung mit seinem Glauben zeitweise zu scheitern pflegt. Scheitern kommt also für unsereins nicht mehr so recht in Frage, seit ich aus dem Beethovenalter raus bin. Wer kauft mir heut noch innere Zer-

rissenheit u. ä. ab? Gestrandet wird in der Mottenkiste des Segel-
schiffs; ohne den anachronistisch unverschmutzten Strand einer
Schatzinsel – plus Moby Dick – kein waschechtes Stranden –
nein und nochmals nein: Das klappt alles nicht mehr, ich strande
und scheitere nur aufgrund bedürftig nachzuckenden Sprachge-
brauchs; kenne den Masochismus Befriedigenderes als dauernd
nur zu scheitern. Ab sofort spiel ich da nicht mehr mit, auch wenn
mir öfters was danebengeht.

Unangenehm, daß Primärliteraturproduzenten keine andere
Erziehung genossen haben als Alfred Baumgartner, so daß also
hier und da sich eine durchaus gescheiterte Existenz findet, die
sich kleinlaut eintrichtert, daß sie eine gescheiterte Existenz sei,
bis hinauf zu Kafka, nein: bis hinab zu Kafka, dem mittlerweile
auffälligsten Opfer der Ideologie des Scheiterns. Als wenn das
Badengehn nicht ein ebenso erkenntnisträchtiger Vorgang sein
könnte als das Hervorwürgen sternstundenverwöhnter Spitzen-
leistung.

Eine Pyramidenspitze ohne Fundament brächte es zu keiner
Pyramide. Ein I ohne I-Tüpfelchen ist tausendmal weniger als eine
halbe Sache. Literaturgeschichte, ein maßlos dahinbrodelndes
Mahabharata, ein Kathasaritsagara, ein Ozean der Märchen-
ströme, tausend Jahre Anlaufzeit, sechs Jahrtausende umfassend,
Autorenkollektive, Mitläufertum, Kanonverwässerung – falls ein
Ozean sich verwässern läßt.

Natürlich wird immer viel zu viel Treibgut mitgeschleppt, Stofffülle, Sandsäcke, sorgfältige Arbeit, die aber z. T. etwas steif wirkt
– auch ich ersticke permanent im Unkraut, in fremdem nicht
schlimmer als in eigenem, habe bei aller Leuchtkraft im Schatten
von viel lichtloseren Gestalten zu segeln, durchs Sieb der Zeit, dem
letzten Bibliothekskadaver entgegen. Wobei alle meine Anläufe,
etwas stromlinienförmiger einherzuwandeln, auf Augenhöhe, also
anders als Däubler Willen zur Auswahl und Bändigung zu entfal-
ten, desgleichen alle Versuche, maßlos ödematöse Kunstgebilde zu
kürzen, kläglich gescheitert sind: Schwab machte Homer mundge-

recht, Hesse entschlackte den Titan, Döblin kürzte und vereinfachte »Berge, Meere und Giganten«, Alma Mahler-Werfel strich den »Stern der Ungeborenen« auf die Hälfte zusammen, wobei das Beste flöten ging, umsonst: Das überall viel zu lang Geratene blieb so lang wie von Anfang an; auf Dauer ward nichts wirklich liquidiert, alles mitgeschleppt im Tuttifrutti-Mahabharata, das mit seiner breiten Klangwirkung eines Tages scheitern wird, falls der Mythos des Scheiterns dann immer noch gepflegt wird. Hauptsache, kein Scheiterndes läßt sich beim Scheitern vom Weitermachen abhalten; wer merkt schon, daß er scheitert; ich z. B. merke nichts davon. Ich scheitere immer weniger und werde immer uferloser. In diesem Punkt geht es mir wie meinem Lieblingsschmöker Mahabharata, und wie jedem andern Organismus: Ballaststoffe müssen sein! Lebenswichtig! Immer wieder zwischendurch fehlt auch mir künstlerischer Schwung; auch soll Adorno laut Hartmut Scheible Grenzen schriftstellerischer Begabung gezeigt haben, zu schweigen von den Defiziten seines Theoriegebäudes. Meine Romane scheitern an ihrer Stofffülle, und meine schwer zugängliche Lyrik scheitert immer wieder an meinen Bemühungen, angesichts des Zusammenbruchs der europäischen Kultur ein gewandeltes Menschentum aus der Innerlichkeit der Seele zu bilden ...

Als Gegenmittel gegen mein platonisches Eingekerkertsein in mich selbst weiß ich nur eins: Maßlosigkeit! Per Uferlosigkeit scheine ich in Richtung jener Unendlichkeit zu streben, die außerhalb meiner Formgebung ausgebreitet liegt. Außerdem bin ich Protestant: Je größer meine Aussichtslosigkeit, desto imposanter und erlösender das auf den letzten Drücker erfolgende »Ist gerettet«! Und außerdem weiß ich als Mahabharatologe, daß in Buch XVII, dem Mahaprasthanikaparvan, Yudhisthira bei seinem Tod seinen Hund mit in den Himmel nehmen darf, wie der Holy Antonius sein Schwein, folglich sind auch alle meine verkorksten Opuscula und Nebenäußerungen jetzt schon wunderbar gerettet und im Sinne Hegels unzerknautscht aufgehoben!

Nie werde ich scheitern, und gehe auch mein Dichten und Trachten noch so sehr in die Hose! Auf diesen Zustand freue ich mich jetzt schon sehr. Die Gefahr ist halt nur, daß Alfred Baumgartner und Homer Herpol genauso gerettet sein werden wie ich.

Werde ich alle meine Lieben im Jenseits wiedersehen? – Ja, aber die anderen auch.

Wie gut sind diese Verse?

»Von einem Wort zum andern
Verflüchtigt sich, was ich sage.
Ich weiß, daß ich lebendig bin
Zwischen zwei Klammern.«

Diese Verse nähme ich gern als Buchkritiker unter die Lupe, nur müßt ich vorher wissen, wer sie verfaßt hat. Falls sie bereits aus der Tang-Dynastie stammen, also z. B. von Du Fu (712–770), dann sind diese Verse erstaunlich frühreif, geradezu modern, eindeutig von höchster Qualität, kongenial übersetzt von Günther Debon. Und falls sie gar von Li Tai Bo stammen, besteht sowieso kein Zweifel, es sei denn, Hans Bethge hat sie nachgedichtet. Sehr schön – und rührend! – wäre die Strophe auch dann, wenn sie von Ho Nansorhon (1563–1589) stammte. So oder so oder so antizipiert das Bild von den Klammern (die das lebendige Individuum offenbar schon damals bös zusammendrückten) förmlich die Kälte des erst tausend Jahre später beginnenden Industriezeitalters.

Falls hingegen das Gedicht mal wieder aus dem Tagebuch von Bianca stammt (Schülerin, 17, Bielefeld), oder von Astrid Gehlhoff-Claes (geb. 6.1.1928), handelt es sich eindeutig um den vorletzten Kitsch, was mich nicht abhalten kann, zumindest Bianca zu weiteren Arbeiten zu ermuntern. Die ersten drei Zeilen könnten sogar aus Erbauungs-Titeln wie »Ehe die Spuren verwehen« stammen, klingen in jedem Fall eher nach Lyrikerin als nach jenen Lyrikern, die noch nicht ihrerseits nach Lyrikerin riechen. Seit 1945 kann kaum noch jemand beschwören, ob »die blutende Wunde der Schöpfung« aus heutiger Hausfrauenlyrik stammt, oder nicht doch bereits von Gottfried Benn.

Leider wächst mein Verdacht, daß besagte Poesie – überschrieben mit dem vielleicht weiterhelfenden Titel »Gewißheit« – aus diesem Jahrhundert stammt, womöglich gar von einer noch unter uns weilenden Lyrikerin – von welcher? Brecht-Enkelinnen kommen schon aufgrund ihrer kühneren Enjambements nicht in die engere Auswahl. Zwar klingt die Strophe verdächtig zeitlos, doch verjährt sie prompt, sobald sie von 1993 stammt. Nie würde Friederike Mayröcker solche Harmlosigkeiten über ihre Lippen lassen; Sarah Kirsch, Ulla Hahn, Karl Krolow und Peter Härtling zwar schon eher, doch letzten Endes hoffentlich genauso wenig – oder etwa doch? Wer war es? Wer rät mit? Monika Littau? Olly Komenda-Soentgerath (die Lyrik von Jaroslav Seifert ins Deutsche übersetzte)? Der NDS* ist natürlich alles zuzutrauen. Sage mir, wer das Ding wann und in welchem Alter verfaßte, oder ich verschweige, wie unsterblich dieser Schwachsinn ist.

Oder handelt es sich etwa um eine bis dato unveröffentlichte Jugendsünde von Krüger, Albertsen-Corino, Wüllenweber, Horstmann oder Holbein? rainer schedlinski, ginka steinwachs und kurt marti können es schon deshalb nicht sein, weil die ihre lyrik in kleinschrift abfassen. Überhaupt: Ein/e Zeitgenosse/in (Zutreffendes bitte streichen) kommt nicht äußerst in Frage; denn spätestens seit dem frühen Rilke werden Zeilenanfänge nicht mehr großgeschrieben, außer bei der Rückfallyrik Grünbeins u. v. a.

Viel verzeihlicher sieht die Sache aus, wenn das Gedicht »Gewißheit« nicht aus alten und neuen Bundesländern stammt, sondern aus Polen oder Peru, Korea oder Nevada. Pablo Neruda,

---

* Neueste deutschsprachige Simplizität

Jaroslav Seifert (der Lyrik von Olly Komenda-Soentgerath ins Tschechische übersetzte) und Joseph Brodsky unterliegen nicht den unmenschlichen Einreisebedingungen in Richtung Parnaß, also dem Druck, daß immer alles superneu sein und sich gewaltsam von vergleichbarer Poesie unterscheiden muß. Im Einzugsgebiet des Nobelpreises darf jederzeit gute alte Dichtung entstehen, unbeirrbar standfest und als Dichtung sofort erkennbar, mehr oder weniger tagoreförmig gebaut, statt daß flapsig rumgejandelt und rumgerühmkorft wird. Kurz: Paz war's, Octavio, keine Lyrikerin, ein Vollmann, und übertragen hat's Fritz Vogelsang. (Dinescu, Herta Müller und Richard Wagner hingegen hätten sich sowas wiederum weniger erlauben dürfen; das Wort Klammer wäre viel zu bagatellisierend gewesen im Angesicht dessen, was diese Dichter an troubles hinter sich haben.)

Für wen das Gedicht jetzt nur noch halb so gut ist, weil nicht Du Fu der Dichter ist, tut nicht nur Paz unrecht, sondern vor allem Ulla Hahn und all denen, die man momentweise verdächtigt hat. Die Qualitäten eines Kunstwerks können doch wohl nicht von der zufälligen Größe des Verfassernamens abhängen, und davon, ob sein Wortlaut rechtzeitig da war, nach dem Motto: »Je später, desto schlechter«. Und: »Gedichte sind nur dann herrlich, wenn sie von großen Namen sind.« Immerhin verfaßte Paz die Sache nicht 1993, sondern 1961.

Und wenn es doch Sarah Kirsch war? Nein, die war es nicht; ich bleibe bei Octavio Paz. Denn seit wann lautet deutscher Gesang im Original so hier:

> »Yo sé que estoy vivo
> Entre dos paréntesis«

Nirgendwo ein Verwechslungs-Quiz, das nicht genau in die hiermit angerissenen Probleme hineinführte — und so schnell nicht wieder raus!

Von wem stammt dieses Zitat?

Bisherige Quizspiele basieren auf dem Grundsatz der Ratbarkeit, der aber im Zeitalter der Redundanzen kräftig schwankt. Seit sich die SPD vom Wähler mit der CDU verwechseln läßt, und Gottschalk mit Haribo, und das Literarische Quartett — laut Walter Jens — mit Jacobs Kaffee wunderbar, wird die Zeit reif für ein etwas ausgebauteres Verwechslungs-Quiz — Schwierigkeitsstufe 1, nein sogar 2:

Kapitalismus, Kommunismus — alles der gleiche Müll.
Stammt dieses Zitat von a) Heiner Müller, b) E.M. Cioran, c) Bruno Jonas oder d) Mstislaw Rostropowitsch? — Genau! Müller war's! Oder? Hätte er es bloß sein können, derweilen es in Wirklichkeit E.M. Cioran war? So oder so ist hier Vorsicht geboten: Was eindeutig von Bruno Jonas ist, kann jederzeit hinterrücks von Rostropowitsch sein. Wer hier richtig rät, hat aufgrund der fortschreitenden Identität von Treffer und Niete tendenziell falsch geraten. (Es war übrigens Rostropowitsch.)

Der Steuerlügner Kohl hat nach wie vor noch starke Traditionen von Satelliten- und Lakaienmentalität und schlägt die Hacken zusammen, das hat man gern —
Sagte das a) Oskar Lafontaine, b) Günter Grass, c) Michael Rutschky oder d) Reinhard Lettau? — Hier rät jeder instinktiv Lafontaine und hat sofort null Punkte. Andere gehen auf Nummer sicher und raten Lettau. Und siehe: Von dem stammt es zwar, allerdings hat hier bloß ein Nachbeter den Vorbeter beerbt bzw. ein Vorbeter den Nachbeter mit variierbarer Nahrung versorgt, folglich war's dem Geiste nach doch von Lafontaine. Wer darf nun den Scheck nach Hause tragen — Sie oder Sie oder Sie?

Ist, was ich tue, überhaupt der Mühe wert? Doch nur, wenn es von oben her ein Licht empfängt. Und ist es so, — warum sollte ich

225

mich sorgen, daß mir die Früchte meiner Arbeit nicht gestohlen werden?
Wer formuliert solche Skrupel so? Früchte meiner Arbeit? Von oben her ein Licht empfangen? War das: 1. Jörg Zink? 2. Elisabeth Kübler-Ross? 3. Dr. Franz Alt? 4. Bianca, 17, Bielefeld, ins Tagebuch? 5. Fridolin Stier? 6. Ernesto Cardenal? 7. Ludwig Wittgenstein? 8. Luise Rinser? – Hier rät man alles, außer hoffentlich Wittgenstein, und siehe da: Null Punkte! Denn: Grausam, aber wahr: Es war – Ludwig Wittgenstein.

Aus den Träumen der Menschen, wenn sie dieselben genau anzeigten, ließe sich vielleicht vieles auf ihren Charakter schließen. Es gehörte aber dazu nicht etwa einer sondern eine ziemliche Menge.
Georg Christoph Lichtenberg? Friedrich Schiller? Friedrich von Hardenberg? Friedrich Hebbel? Oder Friedrich Nietzsche? – »Keiner!« würde doch wohl jeder ausrufen, »sondern von Freud stammt dies!« Es sei denn, frühere Jahrhunderte haben dem Freud, der seine Verspätung überleben wird, alles vorzeitig weggeschnappt. Erschreckend bleibt hierbei, daß damals Verwechslungen offenbar bereits genauso grassieren durften wie heute. Noch eklatanter wird das bei den beiden nächsten Beispielen:

> *Doch beim Gaffen in den Gassen*
> *Sollen wir die Augen brauchen*
> *Und uns dort nicht treten lassen*
> *Auf die armen Hühneraugen,*
> *Die uns ganz besonders plagen,*
> *Wenn wir enge Stiefel tragen.*

1. Wilhelm Busch? 2. Joachim Ringelnatz? 3. Robert Gernhardt? 4. Heinrich Heine? 5. Jugendsünden eines Anonymus, der später Maschinenbau machte? 6. Mainz bleibt Mainz 1993? Null Punkte! – Auflösung: Kein Busch-Epigone, sondern der Busch-Antizipator Heine.

Das Außer-dem-Sein muß kein rechtes Sein sein. Ein unrechtes Sein außer dem Sein ist ein Bild — also muß jenes außer dem Sein ein Bild des Seins im Sein sein.

Hat Heidegger diese eindeutig von Heidegger stammende Erkenntnis bei Schelling oder Novalis geklaut, oder eher Dietmar Kamper bzw. Odo Marquard bei Heidegger? Oder kann bereits Plotin so verquer herumphilosophiert haben wie die geschlossene Gesellschaft seiner Urenkel? Nein, nie und nimmer war man bereits 400 n. Chr. reif für solche Gedankengänge! — Völlig daneben geraten: Es war Novalis, von dem auch jener Marxaphorismus stammt, den Marx von Heine hatte, daß Religion Opium für das Volk sei. Hätten Sie's gewußt?

Das Auto massiert Organe, die dem Masseur unzugänglich bleiben.

Alfred Döblin? Italo Svevo oder Italo Calvino? Jean Cocteau? Konstantin Wecker? Gerhard Henschel? Georg Hensel? Oder stammt das letzten Endes gar von mir selbst? So oder so kommt es irgendwie aus meiner Richtung geweht. Einer muß es gewesen sein. (Verlagsangehörige des S. Fischer Verlags sind von der Teilnahme ausgeschlossen, desgleichen die Cocteau-Übersetzer Axmann, Schmidt und Kemp.)

Ein etablierter Erzähler, seiner Mittel sicher; aber Gott sei Dank mehr als dies: einer, der nach Neuem Ausschau hält und schwer daran arbeitet.

Äußerte sich so Carl Améry über Siegfried Lenz? Ranicki über Gert Hofmann? Heinrich Vormweg über Milan Kundera bzw. Adolf Muschg? Hanns-Josef Ortheil bzw. Günter de Bruyn über Wolfgang Hilbig bzw. —? Gratuliere! Machen Sie weiter so! Endlich haben Sie es erfaßt! Die einzige Antwort kann immer wieder nur lauten: Mr. Verwechselbar äußert sich über Mr. Austauschbar!

Günter, mach weiter so, und zieh Dich trotz der Schelte nicht ins Schneckenhaus zurück.

Spricht Ulrich Wickert zu Günter Grass? Erich Loest zu Günter Grass? Björn Engholm zu Günter Grass? Günter Grass zu Günter Kunert? Günter Kunert zu Günter Grass? – Nun denn, gegen diese Beispiele ließe sich einwenden, das alles seien Literaten – warum sollen die nicht einen Kanon zu ihrer Verständigung ausbilden? Irritierend wird es erst beim folgenden Beispiel:

Der Samenerguß ist außer zur Zeugung neuen Lebens überhaupt nicht notwendig. Wir können ihn total vergessen.
Stammt das 1. von Oswalt Kolle? 2. Dieter Duhm? 3. Osho alias Bhagwan Shree Rajneesh? 4. Lilo Wanders? 5. Papst Paul VI.? Oder 6. von Lin Yutang? – Richtige Antwort: Vermutlich Thomas Gottschalk. Auflösung ohne Gewähr. – Wirklich beklemmend wird es erst angesichts der perfiden Unratbarkeit des nächsten Beispiels:

Der Fortschritt der Menschheit gleicht dem Aufstiege auf einer endlosen Leiter; man kommt eben nicht höher, ohne erst die unteren Stufen genommen zu haben.
Dalai Lama? Rita Süssmuth? Goethe zu Eckermann? Adolf Hitler? Charles Baudelaire? Hermann Hesse? Nicht, daß ich diese Köpfe auch nur im entferntesten vergleichbar fände, Hauptsache, diese Quizfrage stürzt jeden Teilnehmer in Gewissensskrupel. Wer Goethe rät, macht sich unmöglich, falls es auf einmal doch Hitler war. Kann Schirinowski Semikolonbenutzer sein? Immerhin stammt von Hitler der Ausspruch: *Reinster Idealismus deckt sich unbewußt mit tiefster Erkenntnis* – falls der nicht auch wieder vom Dalai Lama, Heidegger oder Octavio Paz stammt. Die Auffächerung der Menschheit in scheinbar ganz unterschiedliche Geister könnte auf optischer Täuschung beruhen.

Der Geheimtrick süßer Negation

Ständig gehen alle Kämpfe mit unverminderter Heftigkeit weiter. Wenn die mal nachläßt, wird nirgendwo von verminderter Härte berichtet. Musikwissenschaft redet nie von unverminderten Septimakkorden, immer nur von verminderten. Unerbittliche Kälte ... unbeschreibliche Schönheit – umsonst die unbegabte Warnung aller Schulfuchser vor der Verwendung unausbleiblicher Folgen, die im entscheidenden Augenblick dann doch ausbleiben, vor unerschöpflicher Phantasie, der irgendwann nichts mehr einfällt, und vor unaussprechlichen Geheimnissen, die auf einmal rausgebrüllt werden. Umsonst kommen in einer nachahmlichen Adornoformulierung widerstehliche Frauen vor. Umsonst bekennt Christine Brückners Donna Laura in ihren ungehaltenen Reden ungehaltener Frauen, sie sei sterblich verliebt in Petrarca. Umsonst kreiste Rilke um das Sägliche. Wo bleibt der gläubige Thomas und der weichgesottene Klotz?

Doch auch Worte ohne un werden oder bleiben vielfach nicht minder unerträglich. Dem erheblichen Unterschied und dem wahren Kern ziehe ich unerhebliche Unterschiede und unwahre Kerne entschieden vor. Der ungesunde Menschenverstand hat, im Gegensatz zum gesunden, noch Reserven. Nicht umsonst lautet ein Lieblingswort C.G. Jungs: uneigentlich, ein Lieblingswort Hegels: unursprünglich. Auf dem Bodensatz verbrauchter Adjektive erhebt sich halbwegs unverbraucht ein Buchtitel von Frau Dr. Dr. Ingrid Riedel: »Der unverbrauchte Gott«. Umsonst haben Mainzer Büttenredner aus »My fair Lady« »My unfair Lady« gemacht. Clemens Brentanos uneheliche Begeisterung überflügelt jeden ehelichen Trott.

Welches Ei wurde eigentlich eher gelegt: das Ei oder das Huhn? Welcher Columbus traf zuerst im Amerika der Zwölftontechnik ein sowie im Kolumbien der Evolutionstheorie? Zuerst das Empfindliche, dann das Unempfindliche – doch nein, phylogenetisch war zuerst das Negierte da, danach erst wurde das Unempfindliche immer weniger unempfindlich, um ungefähr gleichzeitig immer empfindlicher zu werden. Theismus und Atheismus, beide demselben Hühnerstall entschlüpfend, hocken dermaßen abwechselnd über- und untereinander, daß keine Lupe mehr rauskriegen kann, welches der beiden ausgeschlüpften Eier hier um eine Sekunde früher das andere legte.

Zuerst das Sexuelle, dann das Asexuelle – oder etwa andersherum? Zuerst Tonalität, dann Atonalität. Erst Adonis, dann – wer? Jedem Isaak seinen Esau! Nicht-Erkenntnis heißt auf Sanskrit *Avidya*, Erkenntnis heißt auf Sanskrit *Vidya*. Folglich schreit Adonis nach einem Ausbund an Unschönheit, der passenderweise Donis heißen müßte; doch weiß die Mythologie von keinem Donis. Sonnt sich der schöne Adonis auf negierter Häßlichkeit? Oder müßte der empirisch unglaublich unselten vorkommende Donis im Grunde Anti-Adonis heißen? Jedem Apollo seinen Pollo bzw. jedem Apollo siebenhundert Pollos!

Adorno, der unerbittliche Anwalt der Negation, hätte nicht passender heißen können. Würde er den Stummelnamen Dorno tragen, hätten in diesem Fall Nomen und Omen nicht zueinandergefunden. Selbst der positivste Bloch, von keinem Präfix gedämpft und bereichert, hat sich nicht am irdischen Topos berauscht, sondern an der exotischen Silbenspannung von U und topie. Von hier aus trägt der blochianisch ins Gelingen verliebte Unseld einen eher adornesken Namen: Gäbe es mitten im falschen Leben richtiges, müßte Unseld logischerweise Siegfried Seld heißen. Während A und Dorno so doppelschlächtig sich die Rücken zukehren wie beim A-Hörnchen das A und das Hörnchen, bilden Un und Seld mitsammen einen einheitlich vordialektischen, außerkünstlerischen, bloß positiven Block. Die Gesetze sprachlicher Nuancierung funktionieren immer wieder unverhofft – und verhofft! – unlogisch. Unsummen können kleiner sein als Summen, Mengen größer als Unmengen, Ungewitter lauter als Gewitter. Auch das Wirsch des Unwirsch kann einfach nicht allein sein, worauf bereits Heinrich Mann aufmerksam machte: »Da er Raat hieß, nannte die ganze Schule ihn Unrat.«

Es gibt nur einen Grund, einen Präfix wegzulassen, und auf den stützt sich – falls er vorher Adolf hieß – Dolf Sternberger, leider im Gegensatz zu Adolf Muschg, der gleichfalls längst Dolf – oder Undolf – Muschg heißen müßte.

In Liebesgedichten von Arno Holz blinkt Goldregen, duftet Flieder, geht traumhold, traumrot, traumgroß der Mond auf, lehntest du mit geschlossenen Augen unter den dunkelen Kastanien. Das alles ist bloß Lyrik und – falls man sich jetzt küssen würde – bloß Kitsch. Da aber kommt eine unglaublich andersartige, förmlich ein Loch in die Lyrik reißende, herausgehobene Zeile:

»Wir . . . küßten uns . . . nicht.«

Obwohl heute vieles negativer ist als früher, sind viele heutige Autoren in die Wonnen der Negation nicht sehr eingeweiht und drücken demgemäß selbst negative Zustände anders als Holz aus, nämlich viel zu positiv. Patrick Süskind sagt, wonach es stinkt, und nicht, wonach es nicht stinkt: »Es stanken die Straßen nach Mist, es stanken die Hinterhöfe nach Urin, es stanken die Treppenhäuser nach fauligem Holz und nach Rattendreck, die Küchen nach verdorbenem Kohl und Hammelfett; die ungelüfteten Stuben stanken nach muffigem Staub, die Schlafzimmer nach fettigen Laken, nach feuchten Federbetten und nach dem stechend süßen Duft der Nachttöpfe.« Achtzig Jahre früher wurden solche Zustände viel indirekter ausgedrückt, und zwar bei Maria Rilke: »Und aus diesen blau, grün und gelb gewesenen Wänden, die eingerahmt waren von den Bruchbahnen der zerstörten Zwischenmauern, stand die Luft dieser Leben heraus, die zähe, träge, stockige Luft, die kein Wind noch zerstreut hatte.«

Wohlgemerkt: Kein Wind! Mit Wind wäre alles nur halb so schlimm. »Da standen die Mittage und die Krankheiten und das Ausgeatmete und der jahrealte Rauch und der Schweiß –« Das Ausgeatmete stinkt natürlich nicht so positiv drauflos wie die entsprechende Stelle bei Süskind: »– aus dem Mund stanken sie nach verrotteten Zähnen«. Doch entfaltet das Ausgeatmete im nachhinein eine perfidere Ekligkeit, ein die Atemluft geradezu Abdrehendes, als die sture Aufzählung der Geruchsquellen. Rilke beschwört das Schwüle aus den Betten mannbarer Knaben. Süskind würde das so sagen: »Es stank aus den Betten junger Männer.« Doch der direkte, stärkere Ausdruck kommt auch hier nicht an gegen den indirekteren, scheinbar schwächeren Ausdruck.

Immerhin kommt auch Süskind nicht ganz ohne den Geheimtrick süßer Negation aus. Er schreibt »ungelüftete Stuben« und »ungewaschene Kleider«, baut also in die Vorherrschaft des Positiven zarte Negationen ein, Abschwächungen, die aber gepfefferter wirken, als wenn mit »verpesteten Stuben« und »dreckigen Kleidern« geworfen würde. So geht Süskind ins Rilkische über. Umgekehrt steigt bei Rilke aus den Umschreibungen auch positiv Genanntes hervor, der schwere, glatte Gestank von alterndem Schmalze, sowie der süße, lange Geruch von vernachlässigten Säuglingen – so geht Rilke ins Süskindische über.

Nicht minder positiv als P. Süskind funktioniert P. Sloterdijk: »Seit einem Jahrhundert liegt die Philosophie im Sterben und kann es nicht, weil ihre Aufgabe nicht erfüllt ist.« Adorno, der unerbittliche Anwalt der Negation, hätte das ganz anders ausgedrückt: »Philosophie, die einmal überholt schien, erhält sich am Leben, weil der Augenblick ihrer Verwirklichung versäumt ward.« Welcher Philosophie geht es schlechter, einer, die im Sterben liegt, oder einer, die sich am Leben erhält? Sloterdijk versuchte Adornos Befund logisch vorwärtszutreiben, erreichte aber wider Willen den gegenteiligen Effekt: Denn wer im Sterben liegt, lebt. Das Tote aber, das sich am Leben erhält, lebt nicht mehr, sondern fuchtelt als Zombie herum.

Auch an Wolf Schneider geht die Wollust der Negation vorbei; er verbessert den Jean-Paul-Satz »Je länger aber ein Wort, desto unanschaulicher« so narkotisiert wie möglich: »Je kürzer aber ein Wort, desto anschaulicher.«

Der letzte Schliff

Der letzte Schliff ging drüber, doch das Non plus ultra guckt mich immer noch so unverbesserlich an, mich, der ich ihm nicht mehr helfen kann. Mein Opus hat die Tür hinter sich zugeschlagen, obwohl es nach Überarbeitung schreit.

Und das alles nur, weil Gott tot ist. Denn weder Gott beim Schöpfungsakt noch Johannes auf Patmos, als ihm Gott in die Binse diktierte, mußte sich mit Zweit- und Drittfassungen herumquälen. Das wäre ein fragwürdiger Zauberer, der sowohl am Kaninchen wie am Zylinder anschließend noch basteln müßte. Einzig Wolfgang Hohlbein, der in den letzten zehn Jahren hundert Romane schrieb, darf auch fürderhin mozartisch im goldenen Zeitalter leben, allwo Vorfassung, Nullte Symphonie, Erstfassung, Variantenapparat, aufschlußreicher Ausschuß, Schlußfassung und Letztfassung noch nicht grausam auseinanderklafften, das Gesäß der Welt noch keinen Spalt besaß. Alle andern sitzen musilisch in unerreichlicher Gottesferne, popeln an sklerotischer Knetmasse.

Die Gefahr beim Nachbessern ist halt nur, daß die letzte Fassung nicht viel besser klingt als Zweitfassung und vorletzter Schliff. Dem ekelhaft unsterblichen Wilhelm-Busch-Vers, »Sei, Teufel, doch nicht so wie Brei, / und schaff einen neuen Schmuck herbei!« würde kein letzter Schliff der Welt beispringen können. Dichterfürsten sind eben auch nur Dichter.

Hätte Edward Albee bei »Exorcism« bleiben sollen, statt sich für »Who's afraid of Virginia Woolf?« zu entscheiden? Klingt »Hundejahre« wirklich besser als »Kartoffelschalen«? An »Lila oder Ich bin blind« hätten sich die Leser von »Mein Name sei Gantenbein« gleichfalls gewöhnen können. Am 12. Mai 1955 schrieb Arno Schmidt: »Sein Gesicht wurde sofort brutal.« Am 19. Juni 1962 guckte er sich das nochmal an. Der Satz genügte ihm nicht mehr; er verbesserte ihn: »Sein ohnedies brutales Gesicht verstellte sich noch mehr.« Das ist zwar nicht mehr so kurz und griffig wie vorher, doch hat der Autor zum Ausgleich

entweder seinen Kulturpessimismus löblich gesteigert oder ganz
einfach genauer hingeguckt, jedenfalls die allzu naheliegende
Erstfassung neu durchgeknetet und wirklich verfeinert, wenn
auch das ohnedies brutale Gesicht definitiv brutalisiert (obwohl es
bestimmt nicht schlimmer aussah als alle Gesichter, die man
innerhalb von zwanzig Sekunden in der Fußgängerzone von Duis-
burg sieht). Einigen wir uns: Diese Verbesserung bleibt ein Zwei-
felsfall.

Zwischendurch soll ab und zu eine Verbesserung vorkommen.
Erste Fassung: »Der Wind fauchte wie ein böses Tier im Klaff und
suchte im Stroh.« Letzte Fassung: »Wind fauchte wie ein böses
Tier im Klaff und suchte im Stroh.« Eindeutig eine Verbesserung!
Denn der Wind kommt derart ohne Vorwarnung dahergefegt, daß
er den eigenen, im Weg stehenden Artikel »der« einfach umbläst,
und dies ab 1947 für immer; denn späteren Wind-Sätzen von
Schmidt läuft dem Wind am Anfang des Satzes nie wieder ein
Artikel voraus.

Eine Grundregel mag lauten: Verbesserungen, die Präzisierung
bringen, sind grundsätzlich immer Verbesserungen: wenn aus der
Soldatenecke »wiederholt« ein kleiner frecher Schrei kommt, ist
das nicht so gut, als wenn aus der Soldatenecke »zweimal« ein
kleiner frecher Schrei kommt.

Doch oft müht sich das Verbessern vergebens. Und das alles nur
wegen Kant, der der eudämonistischen Vorstellungsart hinsichtlich irgendwelcher Verbesserungen überaus skeptisch gegenüber-
stand; denn: » – wie sollte sich dieses Quantum des Guten in der
Anlage vermehren lassen, da es durch die Freiheit des Subjekts
geschehen müßte, wozu dieses aber wiederum eines größeren
Fonds des Guten bedürfen würde, als es einmal hat«. Der Verbesserung sind also enge Grenzen gesetzt; vor weitführenden Verschlechterungen hingegen ist niemand gefeit, sogar Schmidt nicht.
Nachdem er notiert hatte: »Hab mir am Bahnhof Hände und
Fratze gewaschen«, strich er »Fratze«, schrieb »Gesicht« an den
Rand, strich »Gesicht« durch, schrieb »Augen« daneben – ich

gäb was drum, wenn er die spontan genau richtig sitzende Fratze gelassen hätte! Statt verbessert wurde normalisiert. Umgekehrt kann auch Normalisierung verbessern. Thelens »Insel des zweiten Gesichts« hieß zunächst: »Das Tal der Entohnigungen«.

Am eklatantesten und himmelschreiendsten kam ausgerechnet das chef d'œuvre des größten Dichters der Deutschen aus dem Verschlimmbessern und Verbessermasseln nicht mehr heraus; auf dem Weg vom Urfaust zu Faust I kommen auf zwanzig Verschlechterungen exakt null Verbesserungen, und das nur, weil der Dichter sich vernagelterweise vorgenommen hatte, seine Sturm-und-Drang-Prosa in Knüttelreime authentisch umzuformen. Hier die Beweise:

URFAUST-GRETCHEN (*spontan*): Sieh das Kind! Muß ich's doch tränken. Da hatt ich's eben! Da! Ich hab's getränkt! Sie nahmen mir's, und sagen, ich hab es umgebracht.

MARGARETE (*steif und offiziell*): Ich bin nun ganz in deiner Macht. / Laß mich nur erst das Kind noch tränken. / Ich herzt es diese ganze Nacht; / Sie nahmen mir's, um mich zu kränken, / Und sagen nun, ich hätt es umgebracht.

Auch dem Heinrich tat der Reimzwang nicht gut. Im Urfaust stammelt er einfach nur: »Meine Liebe! Meine Liebe!«, um sich später an dieser Stelle repräsentativ vertonbar aufzublasen: »Ein Liebender liegt dir zu Füßen, / Die Jammerknechtschaft aufzuschließen.«

Um an Reime ranzukommen, wurden die dreieinhalb Seiten der Urfaust-Kerkerszene auf sechseinhalb Seiten zerdehnt. Im Urfaust genügte: »Weh! Deine Lippen sind kalt! Tot! Antworten nicht!« Mr. Reimzwang muß noch was dranhängen: »O weh! deine Lippen sind kalt, / Sind stumm. / Wo ist dein Lieben / Geblieben? / Wer brachte mich drum?«

Im Urfaust genügte: »Mein Kind hab ich ertränkt.« Mr. Reimzwang muß noch was dranhängen: »War es nicht dir und mir geschenkt?«

Und in diesem fatalen Tenor geht es amplifizierend weiter. Die getilgte Fassung = gedrängt, büchnerisch konzise und expressiv; die offiziöse Endfassung = irreparabel aufgemöbelt, allzu ewigkeitsträchtig, dadurch korrumpiert.

URGRETCHEN: Sie lauern auf mich an der Straße am Wald.

MARGARETE: Was hilft es fliehn? Sie lauern doch mir auf. / Es ist so elend, betteln zu müssen, / Und noch dazu mit bösem Gewissen! / Es ist so elend, in der Fremde schweifen, / Und sie werden mich doch ergreifen!

URGRETCHEN: Mein Kränzchen! − Wir sehn uns wieder!

MARGARETE: Weh meinem Kranze! / Es ist eben geschehn! / Wir werden uns wiedersehn; / Aber nicht beim Tanze.

URGRETCHEN: Hörst du, die Bürger schlürpfen nur über die Gassen! Hörst du? Kein lautes Wort.

MARGARETE: Die Menge drängt sich, man hört sie nicht. / Der Platz, die Gassen / Können sie nicht fassen.

Zum Stichwort Verbesserungsschlamassel schrieb Goethe: »Wir werden doch, wenn wir genug geklommen, / Zur rechten Zeit dem Ziele näherkommen.« Wann aber wird diese rechte Zeit eintreffen? An den Ausgaben letzter Hand läßt sich von außen nicht mehr rütteln. Es wird doch wohl nicht im Elysium, wo man längst jenseits von Erst- und Letztfassung schwebt, der ganze verewigte Mißwuchs nochmal hervorgekramt werden, aufgelöst, flüssig gemacht und neu dran gebosselt? Wer will das wem zumuten?

Buchkritiker loben bloß von außen das Innere, das man von außen nicht sieht − statt es zu verbessern, und rügen es − statt es zu verschlechtern; Literaturkritiker hingegen müßten ins Innere einzugreifen imstande sein, mitzudichten, zu verwandeln. Er muß im Innern des Autors als ein Dritter aktiviert werden, um die Zweitfassung in die Drittfassung überhaupt überführen zu können. Die verbessernde Instanz ist also immer eine andere als die, die den Murks zunächst hinschrieb; denn wäre sie sofort anwesend gewesen, hätte man sich die vielen Vorfassungen sparen können. Es wird also nur derjenige immer imposanter verbessern können, der seine Persönlichkeitsspaltung nicht heilt, sondern zuspitzt. Doch Vorsicht, das geht irgendwann in einen Wildwuchs endloser Patmos-Fassungen über, und dann in Selbstzerfleischung. Denn wer sich dauernd einredet, daß weniger mehr sei, und noch weniger noch mehr, und kaum was noch x-mal mehr, und gar nichts am allermeisten, der hat das Verbessern durch Kürzen zu weit getrieben.

Jeder abgesägte Ast am Pflaumenbaum tut mir im unbeschnittenen Teil meiner tiefsten Seele weh; pro Kürzung gebe ich schweratmend einen Fingernagel, einen Zahn, einen Finger in den Müll. Auf daß ich mir nicht selber auf dem Fuß rumsteh, sehe ich mich genötigt, selbst durchaus gelungene Kapitel ersatzlos fortzulassen, wunderbare Kapitel über Beipackzettel, Verwechslungskomödien, über das unaufgeforderte Manuskript, über das Ich im Essay, ferner Kapitel des Titels: »Voll da«, »Es stellt sich die dringende Frage«, »Gott ist nicht tot − er hat nur keinen Parkplatz gefunden«, »Er saß in einem leeren Zimmer in einem leeren Haus«, »Nie wieder Lyrik!«, »Der Mensch ist ein definierendes Lebewesen«, »Damit kann ich nichts anfangen«, »Das Verschweigen von Andeutungen«, »Zur Verbesserung des Überdurchschnittlichen«, »Zur Verarztung hinkender Gleichnisse«, »Januskopf Lesesog«, »Nie wieder Humor!« Übrigens: Die Erstfassung des »letzten Schliffes« hat wochenlang »Vorher − hinterher« geheißen − auf einmal kehrt mir der gestrichene Titel erneut seine Vorteile hervor, er biegt sich kokett, steht nicht als Triumphbogen da, des Namens »Der letzte Schliff«. Das hört sich ja fast schon so mustergültig bis bombensicher an wie »Das Prinzip Hoffnung«, das gleichfalls zunächst viel bunter und lebendiger hätte heißen sollen: »Enzyklopädie der Hoffnungen«. Nun denn, der Zug ist mal wieder abgefahren; es ist zu spät . . . vorerst . . .

Wenn es wenigstens »der vorletzte Schliff« hieße! Der dann aber auch wieder in die Hose gehen kann. So ist das Leben. Und das will Kunst sein. So schleift der Wüstenwind die Felsennase

immer scharfkantiger zu. Und die Hobelspäne bilden den Grundstock des nächsten Sandsturms. So murkst die Evolution am
Wombat und am Homo sapiens herum. Wenn Gott die Zähne
etwas weiter auseinander geschaffen hätte, käme man mit der
Zahnbürste besser dazwischen.

Doch dank der verheerenden Fortschritte in Medizin und
Humanität ist der Selektionsdruck von der Menschheit abgefal-
len; nicht der Stärkste oder Cleverste überlebt, sondern zeitweise
überlebt jeder, sogar jede Verballhornung, die sich an Infrastruk-
tur und Bruttosozialprodukt vorbeimogelt, z. B. ich, der mich niemand zwingen kann, intelligent zu sein, um biomäßig zu überleben. Das Zeitalter des Verbesserns mündet zurück ins visionäre
Zeitalter − Visionen lassen sich nicht verbessern, und englische
Gärten nicht rasieren, ohne daß ein französischer oder ein Frau-
Laabs-Schrebergarten draus würde. Ständig schaffen Demokratie
und Surrealismus hier die Stasi ab, dort die Kontrolle beim automatischen Niederschreiben automatischer Niederschriften, mit
der Mao-Parole: Laßt tausend Unkräuter wuchern!

Von keinem neuen Anlauf der Natur, speziell mich − mit ein-
greifend verbesserter Struktur! − nochmal hinzuklecksen, kann
ich grundlegend weggewischt werden. Irgendwo im LZG wurde
die Sicherheitskopie meiner nullten Auflage abgespeichert, ich
will löschen, ich will verbessern, aber dauernd kommt die längst
abgehakte Fehlgeburt wieder hochgetaucht, aus dem Festspeicher,
in Schönschrift, voller Hoffnung, doch noch ins Himmelreich der
Aufrufbarkeit einzugehen.

Was ist Weltliteratur?

Die Anna Wimschneider bleibt zu sehr im Dorf, um Weltliteratur
zu sein. Und Peter Rühmkorf kann noch so sehr mit dem Scheitel
allerlei Raum-Zeit-Kontinua tangieren, Lyrik läßt sich kaum ins

Schwedische übersetzen (erst schrieb ich: »schwer ins Schwedische«, erinnerte mich dann aber an meine Allergie gegen Stabreime) und muß deshalb noch mehr daheim bleiben als die Wimschneider, die immerhin in Spanien, Italien und Holland erfolgreich zirkuliert. Buddhismus wurde Weltreligion, indem er auswanderte, zum Schluß in die USA und nach Wien, Fleischmarkt 16, Tel. 0222/5123719, und zunächst nach China, wo das Nirwana einfühlsam zu Wu Feng verzerrt wurde. Wenn sich das Abendmahl weigern würde, als *last supper* zu figurieren, wäre die Bibel keine Weltliteratur. Vorm Goethehaus im Hirschgraben schütten täglich vier, fünf Busse ihre Japaner aus (seit dem letzten Erdbeben in Kobe kommen mehr Koreaner); Dante und Goethe firmieren in Tokio und Kobe als Tan-ti und Ko-ti, und aus Uganda flog neulich ein Brief nach Germany: »Dear Mr. Riemenschneider!«

Irgendwo zwischen Weltmeisterschaft und Weltwährungskonferenz produzieren die Hitler und Goethe dieser Welt Weltkriege und Weltliteratur, um auf dem Weg zu immer vollmundigeren Oberbegriffen extraterrestrisch überflogen zu werden von Perry Rhodan, dem Erben des Universums − Kriege, die sich nicht in andere Welten übersetzen lassen, bleiben local conflicts. Der Dreißigjährige war − trotz mitkämpfender Schweden − nur aus technischen Gründen noch kein Weltkrieg; Weltliteratur gehört in ein Jahrhundert, wo Steffi Graf in jedem japanischen Supermarkt erkannt wird und eine halbe Milliarde Chinesen Derrick und Harry kennen − da können Tan-ti und Ko-ti einpacken.

Auf der Suche nach Weltliteratur blätterte ich Band 1 von Kindlers Weltliteratur A bis Ap an: Der Roman »Atesten (unter dem ş ein Kringel, leider unauffindbar zwischen meinen Sonderzeichen) Gömlek und Vurun Kahbeye« von Halide Edib Adivar spielen in der Zeit irgendeines Freiheitskampfes. Die Handlung des äthiopischen Romans »Lebb Wälläd Tarik«, geschrieben in amharischer Sprache von Gäbrä Iyäsus Afäwärq, spielt in einem nicht genannten Land, hinter dem sich jedoch Äthiopien verbirgt. »Der Autor, ein Vertreter der sogenannten Dorfprosa, wählt zumeist seine sibi-

239

rische Heimat als Handlungsort für seine Erzählungen und Romane«, heißt es über »Na Bolotach« von Vasilij Egorovic (ein kleines v auf dem c) Afonin. Elenuta (Häkchen unterm t) Rodeabu empfindet tiefe Zuneigung für Vasile Murasanu (ein u überm a, Häkchen untern s), da er anders ist als die lauten und vergnügungssüchtigen Söhne der reichen Dorfbewohner, die sie vergebens umwerben, und zwar in »Arhanghelii«, einem Roman von Ion Agarbiceanu, weder zu verwechseln mit »Ardinghello« noch mit »Romeo und Julia auf dem Dorfe«. Prinz Vacagan (v aufs c) verliebt sich auf der Jagd in das Dorfmädchen Anahit, das jedoch seine Werbung zunächst abweist, weil er kein Handwerk gelernt hat, und zwar in »Anahit« von Gazaros (Punkt auf dem G) Agayan (Punkt auf dem g) − man muß also nirgendwo in der Welt sonderlich mondän auftreten, um als Weltliteratur durchzukommen. Von Hinterposemuckel aus gesehen, gehört alles zum Duft der großen weiten Welt, alles außer Hinterposemuckel. In einer sibirischen Schneekugel kann noch so wenig drin sein, sie darf immer gleich Welt heißen, und Biotop-Folklore − technisch verstärkt und mit modernstem Verteilersystem unter die Leute gebracht − immer gleich Weltliteratur. Eine singalesische Wimschneider wäre sofort Weltliteratur; Gäbrä Iyäsus Afäwärq, genau wie all die andern mit A, bettet auch nur seine hautnahen troubles in seine unmittelbare Umgebung ein.

Was ist Welt? Die Gesamtheit aller seienden Dinge. Der Inbegriff all der abzählbaren Kinkerlitzchen, die in einer Körperzelle enthalten sind, allen voran das unvergeßliche endoplasmatische Retikulum, mit all seinen Ribosomen, da sitzt es in seiner Welt, neben dem Golgi-Apparat, alles in allem eine Welt für sich, kaum welthaltiger als Heimatkunst, in seiner Armut verwandt mit Nada-Brahma-Weltmusik, international verständlichem Drauflosimprovisieren, wo everybody − mit und ohne Flöte − unbesehen mittrommeln und mitzappeln kann. Hauptsache, im Tröpfchen ist der Ozean, dem das Tröpfchen entstammt, irgendwie enthalten, am besten exemplarisch, und auf einem Minimum an Formniveau, aber bitte nur einem Minimum! Sonst krankt das Zeug sofort an Unübersetzbarkeit und stößt als Internum nicht zur Welt vor.

Wer also Weltliteratur produzieren will, wird es zwar kaum repräsentativ hinkriegen, als Rabindranath Tagore dazusitzen, doch gibt es für die nördliche Halbkugel ein paar Grundregeln: Man sei ca. 62 Jahre alt, setze ein mindestens so männliches Gesicht auf wie Nizon oder Nooteboom, schiebe die Sonnenbrille auf die Stirn, lasse Wind im Resthaar spielen und die Marlboro nicht fehlen: erst der Stiernacken, dann die allerdings unverzichtbare Sensibilität. Man schreibe Romane mit autobiographischem Bezug plus zeitgeschichtlichem Hintergrund, stramme Qualität, zwei Ebenen, Rückblenden, als Überdurchschnitt verkaufter Durchschnitt, und schon bleibt Weltliteratur nachvollziehbar. Und immer ins Dänische u. ä. übersetzbar bleiben! Wer sich breitgebaut zum Erzähler von europäischem Rang raufboxen konnte, hat den Olymp, samt Welt, schon in der Tasche.

Und bitte einerseits nicht im Dorf bleiben, wenn man aus einer Industrienation stammt: »Was ist schon New York – ich kenne Darmstadt«, sowas hört man in Oslo nicht gern.

Und andererseits begnüge man sich mit der Lupe, unter die man sein bißchen Heimat nimmt. Bitte keinesfalls eine Weitwinkelkamera benutzen und – zwischen Dublin und Danzig – über den Tellerrand seiner kleinen, vergrößerten Welt hinausgucken, zugunsten zusätzlicher Welten; nicht Dante und Goethe spielen wollen, die es sich noch erlauben durften, in ihrer Weltliteratur mehr als eine Welt aufzutischen: Himmel, Welt und Hölle. Selbstbeschränkung! Dümmer sein, als man ist! Realismus! Sonst fällt Weltliteratur hinter ihren Begriff zurück und bleibt Science-fiction oder Anthroposophie.

Krieg der Betthupferl

Nachts brauch ich zum Einschlafen ein Betthupferl in Buchform, doch finde ich nie das richtige. Da meine linke Hirnhälfte stets ein völlig anderes Betthupferl braucht als meine rechte, komme ich vor Tauzieherei kaum zum Lesen und Einschlafen.

Betthupferl aus dem Hause Cioran sind mir zu schwarz, Lutscher der DGL zu farblos. Pralinen von Lyrikerinnen – parfümiert; Drops von Romanciers – Achselschweiß und Alkohol. Für Qualitätsschund von Botho Handke, mit oder ohne Ahornsirup, fehlt mir der passende Speichel. Einerseits möcht ich vom Lesesog fortgeschwemmt werden wie damals in Siena, als auf einmal der Massenrausch des historischen Pferderennens auch mich restlos eingemeindete, andererseits will ich teilnahmslos bleiben und mich jederzeit abwenden können, falls mein kaltes göttliches Vonobenherab mich zu langweilen beginnt. Die einen sind mir zu weit weg – was soll ich dem Gekräusel am Horizont hinterherjagen; die andern kommen so dicht ran an mich, daß sie mich, der ich ihnen in die Poren gucken kann, in ihr Odol hüllen, was ich aber nicht aushalten mag.

Wenn sich nach Mitternacht mein Juckreiz steigert, zieh ich die Lupe über Kleinod und Minilapsus fort und guck vom Sirius aus – obwohl ich leicht schwindlig werde – mit Fernglas auf Literaturbetriebsamkeit – und schon hageln – gegen meinen Willen! – unangenehm übergeordnete Thesen nieder, auf mich, der ich eigentlich den Thesenpaketen dieser Welt skeptisch gegenüberstehe:

1. Wem gute Bücher plump vorkommen, findet plumpe Bücher gut.

2. Wer als Buchkritiker plumperweise ein gutes Buch gut findet, oder ein plumpes plump, degradiert a) sich selbst zum Tautologo-Anhängsel, b) das Buch zum Dumpfi, der nicht für sich selbst tönen kann, c) die Abonnenten zum Haufen, dem alles erst gesagt werden muß.

3. Keiner ahnt, daß es nirgendwo gute und schlechte Bücher

gibt, sondern: Die Qualitäten eines Buches werden determiniert von den Qualitäten vorangegangener Lektüre, also von der zufälligen Reihenfolge, in der Bücher gelesen werden.

Das kann ich bestätigen: Wer irgendwann aufatmen möchte, muß zunächst viel Muckefuck lesen. Und wer von Anfang an nur erste Sahne liest, wird vorzeitig verdorben für alle bloß überdurchschnittlichen Bücher. Die mitreißendsten Bücher − sobald ich mich von noch mitreißenderen mitreißen lasse − erschlaffen sofort. Und schon rutscht mir das Pauschal-Fernglas aus der erschlaffenden Hand − wie gern ließe ich auch die Detail-Lupe sinken; doch habe ich leider, aufgrund der aufdringlichen Polarität dieser Welt, keine Wahl.

Will ich mich dauerhaft an Lenz berauschen, darf ich keinesfalls zwischendurch Mann lesen. »Joseph und seine Brüder« zwingen rückwirkend sogar das AT, wortarm zu sein, vorsintflutlich, humorlos, monochrom. So verschlechtern Großväter sowohl ihre Nachfahren wie ihre Urahnen. Und umgekehrt: Die Bibel nötigt Joseph, unursprünglich, weitschweifig, intellekt- und zivilisationsgeschädigt zu sein. Beckett und Büchner verurteilen Mann, behaglich, betulich, konziliant, rückständig zu sein. Mann weiß sich zu revanchieren und verurteilt Beckett, unpolyphon und rudimentös zu sein. Beckett verurteilt jeden Beckettenkel, Beckettfigur zu sein.

Sekundäre Literatur verurteilt Goethe, Primärliteratur zu sein, die umgekehrt ihre Doktoranden und deren Doktorväter und Doktormütter zum Verblassen zwänge, wenn diese nicht von vornherein ununterbietbar blaß blieben.

Harmlos steh ich in bunter Reihe, doch sobald jemand mich liest, schubs ich − ob ich will oder nicht − arglose Mitstreiter, die auf einmal nur noch halb so brillant sind, inhuman aus dem Nest, aus dem wiederum ich geschubst werde, sobald meine Unterbieter verächtlich zu mir heraufsehen und genialer gefunden werden als ich.

Wer zuerst Elfriede Jelineks »Lust« liest, dem kommt Eva Hellers »Beim nächsten Mann wird alles anders« flach vor, banal, wortarm; wer aber die Heller und dann die Jelinek liest, dem kommt »Lust« so gespreizt vor, gekünstelt, gewollt, übertrieben, penetrant.

Einem Mitglied der GASL* wird bei der Lektüre von Dürrenmatts »Panne« die darin enthaltene Beschreibung des Mondes unrettbar dünn und unpoetisch vorkommen, arg schematisch und also ungenügend; andererseits wird jeder Dürrenmattianer sich bei Schmidt wundern, wieso sich einer damit begnügen kann, in abgelegenen Formulierungen über bestimmte Mond- und Wolkenzustände zu ersaufen, ohne daß irgendwo unterwegs die Präzision eines verwickelten Ablaufs mit Knotenschürzung und Plot-Dichte sich zusammenbrauen mag.

Wer zuerst Jean Paul liest, und direkt im Anschluß »Dichter und ihre Gesellen«, dem kommt Eichendorff auf einmal so trivial, so unintelligent, so hausbacken, so eva-heller-haft, so armselig, so dämlich vor; wer aber zuerst den Taugenichts liest, dem erscheint alsbald Jean Paul teigig verquollen, überbunt, übersüßt, jinelekös, verdreht, für immer unverständlich.

Am hirnverdrehendsten töten Adalbert Stifter und Dostojewski einander, wenn man sie direkt aufeinander liest: Wer sich ansprechbar im Rosenduft des Nachsommers ergeht, dem gereichen anschließend die Brüder Karamasow zum Erstickungsmatt im schwarzen Kerker giftig quasselnd aufeinander losgelassener Fieslinge, ohne Licht und Luft, ohne tröstliches Pflanzengrün und Ausblick in atmende Landschaft. Doch wer zuerst »Verbrechen und Strafe« liest, dem wandeln Stifters Gärtner und Dorfpfarrer auf einmal ohne Psyche durch zwanghaft ausziselierte Alibi-Flora, ausgesparte Zombies ihrer selbst, rezitierend statt redend, neben Mikrophonen, die halb gewaltsam, halb behutsam weggebogen werden von allem, was wirklich gesagt wurde.

Wem solche Wechselbäder nicht genügen, wem inkompatible Dichter noch zu nah beieinander sind, der könnte Dichtung,

---

* Gesellschaft der Arno-Schmidt-Leser

indem er Denker liest, nötigen, bildersüchtig zu erscheinen; der könnte Denker, indem er Dichtung liest, verdammen, kopflastig zu sein. So oder so: Denker sind mir nicht bildhaft genug; Dichter denken zu wenig, ja, ich bin wählerisch. Es bleiben also unsereinem für nächtliche Exzesse nur Dichterphilosophen übrig, die aber die Mankos der Dichter und Denker nicht ausgleichen, sondern inkompatible Funktionen vermanschen. Und kaum lese ich Umwelt-Report, Sexual-Lexikon und »Wie funktioniert das?«, schon bleibt den Schöngeistern nichts übrig, als unsachlich daherzudichten und draufloszudenken, überkandidelt, elitär, weltfremd. In summa: Für jedes Buch findet sich ein Gegengift in Gestalt eines anderen Buches, so lange, bis ich den Baum vor lauter abgesägten Ästen nicht mehr in den Blick bekomme.

Krieg der Betthupferl, Krieg der Gehirne, Gerangel wimmelnder Mitanwärter — alles Schattengefechte mit gefesselten Pfoten. Nichts tut wirklich weh, niemand wird ausgerottet, sondern bloß atmosphärisch umgesiedelt, entfärbt, lahmgelegt. Echtes Theaterblut ist nicht vonnöten; gentlemanlike und in aller Stille geschieht, was geschehen muß, jenseits jeder Tagesschau.

Tips

Faust + May = Kohl

Zuerst ist man bloß zu zweit. Das genügt auf Dauer keinem von beiden. Man sehnt sich nach etwas Drittem. Ein neuer Partner würde aber nur die Stelle des alten einnehmen, wäre also wieder nur ein Zweites. Man möchte eine neue Stufe haben. Man möchte nicht mehr versprengt in der Welt herumirren, sondern irgendwie in ein Delta zusammenfließen (mehr oder minder maßlos). Zumindest erinnert man sich an Kernsprüche wie: »Aus zwei mach eins!« Oder: »These plus Zusatzthese gleich Synthese.« Bisher ist man nur eine offene Rechnung; kaum aber schmilzt man seine jeweilige Gen-Mitgift in einen gemeinsamen Pool, kommt es zu oft wundersam unverhofften Gleichungen.

Beispielsweise zu dieser hier: **Kafka + Hesse = Henscheid**. Das Rezept geht so: Man nehme ein Zitat aus Kafkas Text »Erstes Leid« aus dem Jahre 1920, und zwar dieses: » – im Eisenbahnzug war ein ganzes Kupee bestellt, in welchem der Trapezkünstler, zwar in kläglichem, aber doch irgendeinem Ersatz seiner sonstigen Lebensweise die Fahrt oben im Gepäcknetz zubrachte«. Dieses war der erste Schritt. – Nun addiere man zu diesem Zitat jenes sieben Jahre später entstandene Steppenwolf-Zitat, welches da lautet: »Die Frau mit den merkwürdig tiefbraunen Augen unter flachshellem Haar war da, neben der ich einst eine Viertelstunde am Fenster im Gang eines Schnellzugs gestanden, und die später mehrmals in meinen Träumen erschienen war, – sie sprach kein Wort, aber sie lehrte mich ungeahnte, erschreckende, tödliche Liebeskünste.« – Man schüttele und rühre nun diese beiden Zutaten gut durch, und sehe sich kurz danach die Synthese an, die lange gären mußte, nämlich erst 1987 ihre Formulierung fand, und zwar in den »Sudelblättern« Eckhard Henscheids: »Jede Frau, die in Hannover in den IC zusteigt und in Göttingen, nachdem sie dreimal ihre Blicke in uns versenkt, wieder aus, ist wie ein kleiner Tod, wie eine petite mort . . . ah . . . nachdem wir uns ums Arschlecken nicht getraut haben, sie anzuquatschen, sie ungesäumt an die Titten zu grabschen, sie im kunststofforangenen Gepäcknetz zu pimpern . . . ah . . .«

Solche Gleichungen finden sich für den, der aufmerksam auf sie wurde, immer öfter. Man kann sie auch a tergo durchrechnen: Man nehme ein beliebiges Zitat aus »Falsche Jahre« von Wilhelm Genazino: »Es war schön, im Schlafanzug, ein wenig verschwitzt, aber doch warm am Fenster zu sitzen.« Dieser Satz sieht ein wenig ärmlich aus, so gar nicht nach Synthese; dennoch läßt er sich bei genauerer Analyse in zwei vorangegangene Zitate zerlegen, nämlich 1. in den schwerblütigen Trakl-Vers: »In den einsamen Stunden des Geistes / ist es schön, in der Sonne zu gehn.« Und 2. in die entscheidende Stelle aus der »kaiserlichen Botschaft« wiederum von Kafka: »Niemand dringt hier durch und gar mit der Botschaft eines Toten. – Du aber sitzt an Deinem Fenster und erträumst sie Dir, wenn der Abend kommt.« – Hier zeigt sich, daß eine Synthese sogar reicher sein kann als die in ihr aufgegangenen Thesen, denen sowohl der Schlafanzug wie das Verschwitzte mangelt. Zum Ausgleich gingen der Synthese zwei, drei Nuancen verloren, die einsame Stunde des Geistes und die erträumte Botschaft, samt bevorstehendem Abend. **Trakl + Kafka = Genazino**: hier beginnt das Gleichheitszeichen zu wackeln, vermag aber an meiner Berechtigung, Gleichungen aufzustellen, nicht zu rütteln.

Und jetzt wieder eine Richtigherum-Gleichung: **Döblin + Henscheid = Allemann.** Man nehme drei, vier Zeilen aus Alfred Döblins »Memorien des Blasierten« aus dem Jahre 1910: »Manchmal, wenn ich solchem säugenden Wurm in die unbeweglichen blinden Kinderaugen sah, stieg ein dunkles Grauen in mir auf, welche

Gewalt hier schlummerte, und in meinen Fingern zuckte es, eine entsetzensschwangere Zukunft im Keime zu ersticken. (...) Ich saß in meinem Winkel mit dem Waschmädchen und schändete all die Schlafenden.« – Man verheirate diesen Passus erneut mit einem Zitat aus Henscheids »Sudelblättern«, am besten dem hier: »Man kann ununterbrochen, unerschrocken, unrüttelbar, unglaublich und unbarmherzig die ganzen Feiertage durchficken – ficken, ficken und nochmals ficken. Was herausgeht, was hineingeht. Ficken, ficken, nochmals ficken. Klar, zuerst muß man sich ausziehen, dann hinlegen – dann ficken.« – Und schon steigt aus dieser Mixtur der berühmte Babyficker Urs Allemann hervor: »Greif ich ins Gewimmel. Fisch mir eins. Ficks. Werfs zu den andern zurück. Alle nackt. Alle da. Keine Namen. Nachts wird geschlafen. Ich. Die Babys. Linda. Alles schläft. Am Tag werden Babys gefickt.«

Und nun zur Titel-Gleichung: **Faust + May = Kohl**. Man nehme eine Zeile aus Faust I: »Zu neuen Ufern lockt ein neuer Tag«, addiere sie mit jener Blutsbrüder-Stelle aus Karl May, wo Intschu tschuna den Unterarm Winnetous entblößt – und schon erhält man ein geflügeltes Wort von Kanzler Kohl: »Lassen Sie uns zu großen neuen Ufern aufbrechen, wenn wir die Ärmel hochkrempeln, dann packen wir das.«

Anleitung zu besserem Plagiieren

Ich brauche nur irgendein Opus aufzuschlagen, schon machen alle Plagiate, denen ich meine Geigerzähler unter die geklaute Nase halte, vor Schreck in die geklaute Hose. Mein innerer Fiesling erwacht und guckt selbst dem letzten Mitglied aus dem Chorus jener Plagiate, die angeblich auf eigenen Wegen zu sich selber kamen, ins schuldbewußt bibbernde Herzchen: sie haben die

Quelle vergessen, an der sie soffen, ziehen ihre Lust aus blassenden Reminiszenzen, hängen willenlos am Reservoir ihrer Zeit, spenden aus, was auch ohne sie in jeder Luft liegt – das ist die Falle, in die jedes inspirierbare Original begierig reinläuft: von oben wird poetisch eingetrichtert... man glüht ingeniös auf, plappert bestenfalls drei Sekunden fixer als die drei schnellsten Kollegen nach, was dreihundert weitere Rivalen kaum anders sagen, weder beim ersten noch beim dritten Mal, und bestempelt die Beute mit »Copyright« und »Fälschungssicher!«* Hauptsache, auch der vermeintliche Nicht-Plagiator kommt an meiner AB (Agentur der Belesenheit) so schnell nicht vorbei: da wird jeder Geniestreich in Sekundenschnelle als Diebsgut identifiziert, mit Tatort-Kartographie, Quellenangabe und aufschlußreichen Zusatzkommentaren – ja, ich kann grausam sein! Und das geht so:

Ich brauche nur einen Roman von Alban Nikolai Herbst aufzuschlagen, von ineinanderschiebendem Sommer zu lesen, Herbst, Winter, Windsbräuten, Stürzen zäher, tiefer Wolkenmasse, Jütland, afrikanischen Wüsten, Cornwall, sich ins Meer stürzenden Herden – »Sie schwammen gegen Frankreich, ertranken.« – meldet mein Apparat prompt: »Berge, Meere und Giganten!« Mit dem Zusatzkommentar: »Hier liegt ein Fall besonders inniger Karpose vor, die sogenannte Parokie: in ihr hält sich das jeweilige Viech sehr in der Nähe des anderen auf, ohne dessen Wohnung zu teilen.«

Ich brauch nur Gerhard Henschel zu lesen: »Bei Männern, das erfuhr ich neulich aus dem Nudelmagazin der FAZ, schätztest Du, Pastor Schorlemmer, in Sonderheit die Eigenschaften *Offenheit* und *Mannes-Mut*, während Dich bei Frauen am fickrigsten die

---

* Wobei nicht jedes Plagiat gleich ein Plagiat sein muß. Manche Situationen erzwingen ähnliche Worte, ohne daß es zwischen denen, die sie zu wählen scheinen, sonderliche Gemeinsamkeiten geben müßte. Thomas Mann 1945: »Meine Damen und Herren, wie ich hier vor Ihnen stehe, habe ich das Gefühl, daß das Leben aus dem Stoff ist, aus dem die Träume gemacht sind. Alles ist so seltsam, so wenig glaubhaft, so unerwartet.« – Dieter Wellershoff 1988: »Nicht ohne ein leise mitklingendes Erstaunen erlebe ich diese festliche Stunde. Obwohl ich viel Zeit hatte, mich darauf vorzubereiten, bin ich schlecht dafür gerüstet.«

Eigenschaften *Besonnenheit* und *Sanft-Mut* aufstacheln und höllisch pfeffrig überprickeln – und überhaupt wärest Du, Schorle, am liebsten wer oder was mit Karacho?«, meldet meine innere Robotstimme sofort: »Eckhard Henscheid!« Zusatzkommentar: »Hier steigert sich die Parokie und heißt dann Synökie: Aufenthalt in der Wohnung eines anderen Viechs bei dessen Anwesenheit und mit dessen Einverständnis. Fußnote: Vergl. den Titel von Ferdinand Goethe, 1965: ›Weißfische als Trabanten des Höckerschwans‹.«

Das tückischste Verwechslungs-Quiz bringt meine AB nicht aus dem Gleichmaß ihres Info-Stroms. Ich stoße auf den doch wohl eindeutig von Eichendorff stammenden Satz: »Während die Kutsche mit langsamer Fahrt in den von Sonnenglanz umwobenen Hochwald einlenkte, klang vom Dorfe her noch ein letzter Glockenton, als möchte das im Tal versinkende Treiben der Menschen Abschied von –« Doch meine AB meldet: »Ludwig Ganghofer: ›Das Schweigen im Walde‹, 1899. Ende der Durchsage.«

Ich verschärfe den Schwierigkeitsgrad, summe ein Eichendorfflied, vertont von Schumann, und probiere scheinheilig folgende Verse an ihr aus: »Die schönen weißen Wolken ziehn dahin / Durchs tiefe Blau, wie schöne stille Träume; / Mir ist, als ob ich längst gestorben bin / Und ziehe selig mit durch ew'ge Räume.« Und bekomme unbestechlich gemeldet: »Hermann Allmers, vertont von Johannes Brahms (1877)«.

Die Meßgeräte meiner AB reagieren derart hypersensitiv, daß sie bereits beim Sonett-Band »Gift & Gülle« von Ernst-Jürgen Dreyer vorschnell aufjaulen: »Arno Schmidt läßt grüßen!« Mit dem Zusatzkommentar: »Freßneid.« Schmidts »&« wiederum stammt aus der Abkürzepraxis der Manuskriptschreiber Edgar Allan Poe, Ludwig Tieck u. v. a. So funktioniert die Fortpflanzung der Autoren: einer kriecht mit vollen Backen aus dem vorhergehenden hervor – jetzt aber erstmal halt!

Denn mir wird nicht wohl dabei, mich als Plagiatsenthüller aufzupumpen. Als technisch überaus ausgerüsteter Mensch und

Autor sei es insgesamt ferne von mir, einem Kollegen die Schultern, auf denen schließlich jeder irgendwo steht, unter den Sohlen wegzuziehen. Lieber ein unbrauchbares Buch zuviel als ein gar nicht so übles zuwenig, zumal ich Trompetenfische, die regelmäßig auf Papageifischen reiten, sehenswert finde. Um meine Versündigung am Mysterium der Inspiration wiedergutzumachen, gebe ich nun ein paar Tips für jede Art von Plagiatoren, kleptomanische, somnambule, Fortgeschrittene, Gelegenheitsplagiatoren, Selbstverleugner, suchtkranke Aussteiger u. v. a.

Tip Nr. 1: Weniger lesen. Je weniger Sie lesen, desto weniger sind Sie in Gefahr zu plagiieren.*

Tip Nr. 2: Versuchen Sie gar nicht erst, niemanden und nichts zu plagiieren. Das kann sowieso nie gelingen. Jedes Wort, das einer verwendet, ist bereits durch x Münder gelaufen, also eigentlich so unverwendbar wie ein Gummifilz, an dem x Sterbende gelutscht haben. Wer partout null Krümelchen plagiieren wollte, müßte ausschließlich in Geheimsprachen aus Neologismen reden. Plagiate sind das Plankton der Luft. Wer ihm den Rücken zeigt, um den eigenen Stil zu pflegen, hat halt den Einlauf hinten. Eher sollten Sie face to face das betreffende Zeug einfangen und so lange intensiv angucken, bis keiner mehr fremdelt.

Tip Nr. 3: Adoptierte Kinder päppeln, ist keine Schande, sondern ein Verdienst. Stehen Sie zu Ihren Schützlingen! Hoppereiter! Kuckuck – da! Ohne Sie würden diese allerliebsten Fundstücke in ihren unbekannt gewordenen Quellen dahindämmern! Hier wurde nicht plagiiert, sondern wachgeküßt! Wehren Sie sich

---

* Vermutlich kein besonders weitreichender Tip. Meine AB merkt nämlich nicht nur jedem Autor an, was für Vorgänger er in welcher Reihenfolge gelesen haben muß, sondern genauso, was er alles nicht gelesen haben kann, ansonsten er anders hätte schreiben müssen: Sloterdijk kann keinesfalls Tucholskys Polemik gegen substantivierte Infinitive gelesen haben, ansonsten er nicht guten Gewissens das Zurweltkommen, das Anfangenkönnen, das Aufderbühnesein, das Nicht-immer-wach-in-der-Welt-sein-Können pflegen könnte, und keinesfalls die wahnwitzige Superlativ-Verarschung des Arno Holz. Theo Stemmler kann keinesfalls meine Polemik gegen schlecht gefütterte Erfüllungsfelder hinter Doppelpunkten gelesen haben, sonst hätte er nicht schreiben können: »Ein derartiger Schachtelsatz ist zwar nicht sehr leserfreundlich, doch durchschaubar: also akzeptabel.« Fazit: Wer zuwenig Tucholsky liest, plagiiert – statt Tucholsky – die substantivierten Infinitive der Opfer Tucholskys.

gegen die Diffamierung dessen, der immer nur dargestellt wird als einer, der seinen Mitplagiatoren den Kauhappen aus dem Maul reißt.

Tip Nr. 4: Allerdings sollten Sie weder Tan-ti noch Kafka adoptieren; sonst sind Sie bloß kafkaesk und dantesk. Geben Sie Eduard Zimmermann Rätsel auf! Wurde hier Ariosto oder Racine beerbt? Clara Viebig oder Inge Meyer-Dietrich? Doch auch Paul Gurk zu plagiieren, braucht kein Allheilmittel zu sein; in meine fast allwissende AB ist Gurk zwar noch nicht restlos eingespeist, doch irgendwo hockt jemand, der kennt alles von Gurk und klingelt sofort los, wenn er Sie als Gurkverwurster erwischt.

Tip Nr. 5: Nutzen Sie die Methode des Brutraubs. Der angehende Plagiator entnimmt einem Nest im Abseits eine unbenutzte Keimzelle, transplantiert sie auf den eigenen Mist, auf dem sie fortan wächst, und wird staunen, was dabei rauskommt, nämlich voraussichtlich was ganz Eigenes, der Kürbis der Unverwechselbarkeit! An dieser Stelle möchte ich mir ein Beispiel sparen − ich kann nicht ständig dem Leser alle Arbeit restlos abnehmen, vor allem dann nicht, wenn mir just keins einfällt.

Bei entsprechendem Knopfdruck fällt mir doch eins ein, ja sogar zwei. 1. Stanislaw Lem ist in Franz Werfels »Stern der Ungeborenen« enthalten wie ein Geißlein im Wolf, und Lem und Werfel wiederum stecken bereits schon überaus erkennbar im »Mikromegas« des Voltaire. 2. Sodann behauptet meine gute AB, daß der komplette Ror Wolf bereits im »Jim Knopf« in nuce drin sei, wie das Ei im Fisch; jedenfalls spuckt sie soeben ein Blatt aus, auf dem es von Ror Wolfs legendärem »Mann« heißt: »Herr Ärmel ging meistens mit einem steifen Hut auf dem Kopf und einem zusammengeklappten Regenschirm unter dem Arm spazieren. Er wohnte in dem ganz gewöhnlichen Haus und hatte keinen bestimmten Beruf. Er ging nur spazieren und war eben da. Er war hauptsächlich Untertan und wurde regiert. Manchmal klappte er den Schirm auch auf, meistens wenn es regnete. Mehr ist von Herrn Ärmel nicht zu erzählen.« In der Tat, besonders der

Schlußsatz stammt eindeutig von Ror Wolf, obwohl er von Michael Ende stammt, und letzten oder vorletzten Endes weder von Ende noch Wolf, sondern von Daniel Charms, der es wiederum wem wegnahm? Hier meldet meine AB bloß ein: »BITTE WARTEN...« Und dann kommt lange nichts.

Doch die Recherchen laufen, und zwar zielsicher in Richtung prä-defoescher Robinsonaden bzw. Schubert-Stellen bei Beethoven (z. B. im opus 132, 1. Satz), oder Mahler-Stellen in Bruckners Siebenter, nicht zu verwechseln mit Bruckner-Stellen in Mahlers Neunter und Beethoven-Flair in Mendelssohn-Bartholdy-Quartetten*. Denn im neo-neuro-chemo-techno Cyberspace oder im Humus tropischen Regenwalds gehen Roboter, Computer und Bioformen gnadenlose Symbiosen ein; und keiner blickt mehr durch, wer füttert und wer gefüttert wird, wer Wurzel ist und wer Parasit, wer Hehler, Dealer oder Absahner der zirkulierenden Nährstoffe, oder Mäzen, also auf Sekretabgabe basierender Symbiont, oder Symbiose-Vortäuscher – da klingelt ganz besonders bösartig meine AB auf... ich erröte, jawohl, ich geb es ja zu, ich habe diesen Passus über tropischen Cyberspace, Abzocker, Hacker, Hehler und Dealer, weitgehend bei Micky Remann abgesahnt, fast wörtlich, das kommt in den besten Familien vor, sorry – was nun? Im vorigen Leben werde ich alles zurückerstatten, um mir im übernächsten die eigentlich von Habermas stammende Neue Unübersichtlichkeit zum Vorzugspreis abzukaufen, nebenbei dran denken, daß es im schönen Plagiatanistan, wo auch Micky und ich keinen Moment rausgucken dürfen aus omnipräsenter Biologie, unklar bleibt, ob Freßkunde Henschel den meuchlings abfärbenden Wirt Henscheid als abmelkbaren Steinbruch mißbraucht, sich hierbei überaß, vorher vielleicht sogar anders hieß, oder ob der

---

* »Wieder so eine von Hirnkoliken zerrüttete Nacht« – stammt das von Cioran? Nein, von Ciorans Epizoon Ulrich Horstmann. – »Jeder von uns verdankt sein Denkvermögen – wie seine Existenz überhaupt – einer Gedankenlosigkeit.« Stammt das von Nietzsche? Nein, von Ulrich Horstmann. »Ein Werk existiert nur, wenn es im Verborgenen mit jener Aufmerksamkeit vorbereitet wird, mit welcher der Mörder seine Tat plant. In beiden Fällen ist die Hauptsache: der Wille zu *treffen*.« Stammt das von Nietzsche? Nein, von Cioran.

Henscheid den Henschel als ausgelagertes Gebiß benutzt, allwo verschobene, angedaute Schmuggelware, die der Meister aus Zeitgründen nicht selber schlachten oder nochmal schlachten kann, ruminieren, verdauen und nochmal schlachten läßt – stehen Sie zu Ihrer Naturverbundenheit! Borgen Sie vom erkorenen Wirt nicht nur das Essen (= Lieblingsworte und Schlüsselbegriffe, z. B. fickrig oder Luise Rinser); saugen Sie ihm sogar dessen Speichel (= die Verarbeitungsmethode) ab! »Entöke Organismen halten sich in nach außen offenen Körperhälften anderer Organismen auf«, blökt mein Roboter dazwischen.

Schier geht im Huckepack-Dschungel der Dreierpack-Beteiligten* und den ebenfalls anthroposophisch dreigegliederten Beispielen für Symphorismus multivagante** Tip Nr. 6 unter: Schämen Sie sich nicht Ihrer Ernährungsbedürftigkeit. Zwar sieht es immer wieder unangemessen aus, wenn eine junge Familie zusammen mit den Eßwaren, die sie innerhalb von drei Monaten wegißt, abgebildet wird, die Normalgesichter mannshoch umstapelt von Getränkekisten, Eierkisten, zwischen reihenweise baumelnden Würsten. Sagen Sie sich: Das ist halt die Biologie, und die beruht auf dem Phänomen der Nahrungsketten, stoßweise wachsendem Bambus, Vertikal-Staffellauf und Vertikal-Lichterketten, im Lebensmittel-

---

* 1. Jean Baudrillard: »Mehr und mehr sind es die Maschinen, die Lampenfieber haben, nicht die Menschen. Die Menschen haben Lampenfieber nur, wenn sie sich bemühen, wie Maschinen auszusehen.« 2. Erich Fromm hat's bereits vorher gewußt: »In unserer Gesellschaft tendieren die Maschinen dazu, sich wie Menschen zu verhalten und die Menschen, wie Maschinen zu gehorchen.« 3. Heinrich Heine über England: »Nimmermehr nach diesem schnöden Land, wo die Maschinen sich wie Menschen und die Menschen wie Maschinen gebehrden. Das schnurrt und schweigt so beängstigend.«
** »Verglichen mit unserem Maschinenkult und dem Evangelium der Apparate muß sich noch die religiöse Inbrunst des Mittelalters als Spielart jenes Skeptizismus ausnehmen, dem bei der Versuchung die letzten drei Buchstaben lesbar geblieben sind und der Verblendungen partout nicht dem Aufgabenbereich des Industriedesigns zuschlagen will.« Stammt das von Günther Anders? Nein, von Ulrich Horstmann. – »Die Treibgasfüllung von Spraydosen zersetzt die lebenswichtige Ozon-Schicht der Erdatmosphäre, die uns vor der kosmischen Strahlung schützt.« Stammt das aus der Info-Broschüre des Bundesumweltministeriums »Aktuell: FCKW sind out«, Stand: November 93? Nein, von Ulrich Horstmann (»Infernodrom«, 1994). – »Entlang der leicht ausgeweiteten Kondensstreifen laufen die Sprünge durchs Eis, dazwischen hängt als Luftblase ein eingefrorener Mittagsmond.« Stammt das von Handke? Nein, gleichfalls von Ciorans Epizoon Ulrich Horstmann, das flatterhaft sich nie auf der Oberfläche des Wirtstiers, das er von Aphorismus zu Aphorismus wechseln kann, festlutscht, unabhängig von der Aktivität der Unterlage. (Cioran hingegen betätigt sich eher als Epiphyth, wächst treulich auf Nietzsche fest.)

laden des Lebens, Vertikal-Reigen, Freß-Reigen, auf übergreifenden Verdausystemen – oder je nach Betrachtungsweise auf Stapel-Seepocken, von denen sich immer eine vagil heranschwimmende auf eine festsitzende setzt, und zwar exakt auf deren Scharnier-Penis, sich dort mit der Rückseite aufklebend, solange, bis jene Eistüte mit dreißig Kugeln entsteht, die von Goofy tropfend durch seine Welt balanciert wird, oder als Endlos-Fax-Fahne, mit der Aufschrift: 1. Peter Rühmkorf: »– da war Houghindouble mit seinem Elfentreiben doch nur ein schimmliger Fleck auf der Landkarte.« – 2. Douglas Adams: »Weit draußen in den unerforschten Einöden eines total aus der Mode gekommenen Ausläufers des westlichen Spiralarms der Galaxis leuchtet unbeachtet eine kleine gelbe Sonne. Um sie kreist in einer Entfernung von ungefähr achtundneunzig Millionen Meilen ein absolut unbedeutender, kleiner blaugrüner Planet, dessen vom Affen stammende Bioformen so erstaunlich primitiv sind, daß sie Digitaluhren noch immer für eine unwahrscheinlich tolle Erfindung halten.« – 3. Walter Serner: »Um einen Feuerball rast eine Kotkugel, auf der Damenseidenstrümpfe verkauft und Gauguins besprochen werden.« – 4. Friedrich Nietzsche: »In irgendeinem abgelegenen Winkel des in zahllosen Sonnensystemen flimmernd ausgegossenen Weltalls gab es einmal ein Gestirn, auf dem kluge Tiere das Erkennen erfanden. Es war die hochmütigste und verlogenste Minute der ›Weltgeschichte‹: aber doch nur eine Minute. Nach wenigen Atemzügen der Natur erstarrte das Gestirn, und die klugen Tiere mußten sterben.« – 5. Arthur Schopenhauer: »Im unendlichen Raum zahllose leuchtende Kugeln, um jede von welchen etwa ein Dutzend kleinerer, beleuchteter sich wälzt, die inwendig heiß, mit erstarrter kalter Rinde überzogen sind, auf der ein Schimmelüberzug lebende und erkennende Wesen erzeugt hat – dies ist die empirische Wahrheit, das Reale, die Welt.« – 6. Georg Christoph Lichtenberg: »Die Welt, die so schön mit Bäumen und Kraut bewachsen ist, hält ein höheres Wesen als wir vielleicht eben deswegen für verschimmelt.« In summa: Betten Sie die

Rede vom Plagiieren definitiv zur Ruhe und sprechen Sie nur noch von Leitmotiven, Befruchtung, Tradition, Genealogie, von lebendiger Wirkungsgeschichte!

Tip Nr. 7: Geborgen im Fahrwasser der Tradition können Sie nach Herzenslust so für sich hin plagiieren, Hauptsache, Sie achten nebenbei drauf, daß die vorgefundene Materie unter Ihrer Obhut nicht zu sehr verwässert und verschimmelt, wie dies leicht geschieht, wenn man sich allzu streng an Tip Nr. 4 hält. (Es geht einem dann wie Hildesheimer, der in seinem Mozartbuch einen Nebengedanken Ernst Blochs zum Thema Donna Anna zu einem ganzen Kapitel ausrollt.)

Tip Nr. 8: Wer mir nicht glaubt und weiterhin alles dransetzt, den innigen Kontakt und kleinen Tauschverkehr zwischen Welt und Welt zu verweigern und keinesfalls zu plagiieren, sollte einen humanen Kompromiß eingehen und wenigstens paraphrasieren. Am besten wie in dem folgenden netten Modellfall: Alfred Döblin hatte eine Vision: »– das Bild: Gustav Adolf mit zahllosen Schiffen von Schweden über die Ostsee setzend. Es wogte um mich, über das große grasgrüne Wasser kamen Schiffe; durch die Bäume sah ich sie aus Glas fahren, die Luft war Wasser. Dies bezwingende, völlig zusammenhanglose Bild verließ mich nicht.« Diese Vision kehrt in Joseph von Westphalens Apotheose des Trampelboots als lächerlich unpathetische Paraphrase wieder: »Die Vorstellung, daß Hunderte von Tretbooten übervoll mit Trauben von albanischen und ex-jugoslawischen Schutzsuchenden besetzt auf der Adria schaukeln und sich trotz weitgehender Manövrierunfähigkeit langsam in Richtung italienische Küste bewegen, ist zwar befremdlich, aber nicht inhuman. Vielleicht läßt sich dem tödlichen Ernst der Geschichte nur so entkommen. Tretboat-People – das wäre ein schlechter Witz.« Wobei das leider keine bewußte Döblin-Paraphrase war, sondern bloß Zufallsparallele.

Tip Nr. 9: Vermeiden Sie es, Geister zu plagiieren, mit denen Sie sich geistesverwandt fühlen. Statt Geist von meinem Geist heimzuholen, bringt man dann oft nur einen viel zu großen Hut mit

nach Hause. Es sei denn, man wäre wirklich zutiefst geistesverwandt. Dann können die Betreffenden von vierhundert dazwi-
schenliegenden Jahren nicht getrennt werden. Dann gelangt man
zu vergleichbaren Formulierungen und Erkenntnissen, auch wenn
keiner plagiierte: Klaus Modick 1991: »Die Zeit, die im Moment
anwesend war, verschwand in ihrer Anwesenheit in einem imagi-
nären Punkt, und selbst dieser Punkt endete, ehe sich noch über
ihn sagen ließ, er sei.« Julia – die aus »Romeo und Julia« –
1594: »Es ist zu rasch, zu unbedacht, zu plötzlich, gleicht allzu
sehr dem Blitz, der nicht mehr ist, noch eh' man sagen kann: es
blitzt.«

Tip Nr. 10: Plagiieren Sie lieber Geister, die Ihnen fremd sind;
dann kommt's wenigstens zu unerprobten Effekten. Was wäre
damit getan, wenn Peter Strauß sich ein Herz nähme und schamlos den Botho Handke plagiierte und Gernhardt Tucholsky, und
umgekehrt? Wenig bis nichts. Schön würde es erst dort, wo ein
Treibhaus-Softie – geboren, Rilke zu plagiieren – einen echten
Vollblut-Macho wie Hemingway plagiieren täte.

Der Haupttip – Nr. 11 – aber lautet: plagiiere nicht, paraphra-
siere nicht, maskiere nicht, ruminiere nicht, wärme nicht auf, sondern formuliere um. Umformulierung – so und nicht anders
heißt das Zauberwort! Doch kriegt das kaum einer hin. Man formuliert rote Knetmasse um und hat am Schluß immer noch rote
Knetmasse in der Hand. Man wird karmisch umformuliert, aber
steht in der nächsten Inkarnation so ungeläutert herum als wie
zuvor. Man kaut nicht lang genug – und schon hat man plagiiert.
Kaum umformuliert: Wer andern das Plagiieren vorwirft, ist zu
oft in seiner Kindheit gescholten worden, daß er schlecht kaue.

Dabei wäre es so einfach, ein Neutöner zu sein, statt Plagiator.
Der nimmt von Arno Schmidt immer nur die orthographischen
Mätzchen, und von mir immer nur meine Heidegger-Zitate*, statt

---

* Henscheid klaute z. B. mein schönstes Adornozitat. Es wanderte von S. 89 des von mir »belauschten
Lärms« auf S. 108 des Buches: »Welche Tiere und warum das Himmelreich erlangen können«. (Hiermit
sei das Zitatplagiat behutsam angeprangert und spätestens in derselben Sekunde alles verziehen.)

mich selbst, und von Döblin immer nur die kommalosen Aufzäh-
lungen, oder die Massenszenen, oder das Expressionistische, oder
die kurzen Sätze, und läßt das Beste unbenutzt, Döblins somnam-
bules sich Vorwärtstreibenlassen, sein unnachahmliches Auseinanderdriften aller Dialoge — hier sind nirgendwo Bißspuren pla-
giierender Kollektive zu finden, hier grase ich solo, und Döblin
feuert mich noch an: Warum so zaghaft? Nimm mehr! Beiß
fester!

Hiermit sei es gestanden: Ich plagiiere nicht nur punktuell und
grobstofflich Micky Remann, und in meiner Anleitung zu besserem Plagiieren vielleicht sogar Eckhard Henscheids Tips für Pop-
freunde: »Wie man eine Brahmshörerin pimpert«, und mit meinem Tip Nr. 12, dem tröstlichsten aller Argumente, welches da
lautet: »Plage dich nicht mit deinen Plagiaten, denn sowieso
schreiben alle Autoren dasselbe Buch« meine eigene Auswalzung
dieses Themas in meinem Fortpflanzungsroman »Warum zeugst
du mich nicht?« Sondern obendrein und viel systematischer plagiiere ich meinen Guru Alfred Döblin, Walter Verlag, Taschenbü-
cher bei dtv, doch hab ich da prima Sicherheitsrelais eingebaut:
keiner merkt das; niemand wird mir das je nachweisen können.
Alle Verbindungslinien schneid ich raffiniert hinter mir ab. Ich
pumpe zwar fleißig Aura und Speichel ab, doch hab ich private
Enzyme, mit denen ich den Speichel aufknacke und in eine unverkennbar eigene Soße — umformuliere! Nichts leichter als das, für
den, der das Rezept meiner mystischsten Pepsi Cola kennt. Absolut fälschungssicher, derart, daß ich mir sogar den Copyright-
Stempel sparen kann.

Tip Nr. 12: Verhüllen auch Sie den Ort Ihrer Plünderungen und
Entnahmen! Und perfektionieren Sie dieses Verhüllen! Machen
Sie die Zusammenhänge unkenntlich, so daß Ihr Plagiat durchkommen kann als selbständige, zeitgemäße Umformulierung alter
erprobter Weisheit. Hier ein idiotensicherer Modellfall: Eines
Tages wollte Ernst Jünger Hölderlin plagiieren, und zwar dessen
unsterbliche Gedichtzeile: »Ich verstand die Stille des Äthers, /

Der Menschen Worte verstand ich nie.« Er transportierte die Lyrik auf das Gebiet der Prosa, tauschte die Bilder des antithetisch gesetzten Brüderpaars Natur/Mensch und deren Reihenfolge aus, und schon war das höchst eigenständige Resultat mit und ohne verbundene Augen kaum noch wiederzuerkennen, trotz Hölderlins Schlußwort »nie«, das Jünger stehenließ: »Bruder Mensch hat uns schon oft verlassen, Bruder Baum nie.«

Besinnlicher Ausklang – wenn alle Fäden reißen: Niemand, aber auch nicht einer, kann was für seine Plagiate. Wann wurde Ihnen zum letzten Mal vorgeworfen, Sie hätten die Nase Ihrer Mutter plagiiert? So ein Unding, allen Menschen als Kind einheitliche Sitten und Gebräuche einzubleuen, z. B. das Pensum des Abschreibens, um kurz danach den Volljährigen anzulasten, sie hätten sich diese Sitten und Gebräuche beim Vordermann abgeguckt!

Vitaminstoß für Reimschmiede

Bereits 1912 wurde – im Versepos »Mephisto's Denkwürdigkeiten« von Theobald Rehbaum – Daimler-Benz auf Konkurrenz gereimt. Heine reimte Romantik auf »Uhland, Tieck«, Johann Christian Günther Psalm auf Qualm, Gryphius Schmer auf Gewehr. Wenn hingegen heutige Dichter – schamlos unbeeinflußt von Rühmkorfs Reimpaar Glotze/Vierfarbenfotze – so für sich hinreimen, sagt ihnen keiner, daß man auch mal etwas unerprobtere Pärchen aufnanderlegen könnt als der Peter-Huchel-Preisträger Wulf Kirsten – trotz Platz 3 der SWF-Bestenliste – ganz problemlos aufeinanderlegt, dunstendes licht auf durchgrüntes auengesicht, Anton Söllner Angesicht auf Gesicht, Werner Söllner Pflicht auf verzeih mir nicht, Anton Söllner Hand auf Land, ja, sogar das bereits von Eichendorff restlos zu Tode gerittene Pärchen Baum auf Traum. Unbeirrt reimt Hans-Ulrich Treichel Traum auf kaum, Stirn auf Hirn, leer auf mehr, Werner Söllner leer auf Meer, Anton Söllner Meere auf Ehre, Peter Huchel schwer auf Meer, in summa: Alle diese Dichter verwenden ausschließlich Reime, die der Reihe nach im Reclam-Reimlexikon stehn / und um Nichtverwendung flehn.

Hirn und Stirn sind sich viel zu nah! Die kleben doch sowieso aneinander! Wozu dann nochmal als Reim? Das geht ja schier in den seit Gero von Wilpert und Martin Opitz von jeder Versschule verpönten rührenden Reim über, unaushaltbarer als wenn C-Dur mit C-Dur sich paart, Unding mit Hunding, Karl Marx mit Carl Barks, Proleten mit Poeten. Selbst Dali und Bali sind mir noch zu verwandt, als daß sie bei mir durchs Sieb dürften. Wann werdet ihr endlich mitkriegen, daß Inhalt und am besten auch Schreibweise von klanglich Koinzidierendem nach Möglichkeit deutlich auseinanderdriften möchten? Also stets Otto Dix auf Augenblicks! Nie aber Asterix auf Kruzifix!

Kühnstenfalls reimt Wulf Kirsten — statt Wollgras auf Vollgas, statt Morgentau auf Super-GAU — »wachtelschlag feldeinwärts hallt« auf Buchenwald, also beinahe ginka (steinwachs) auf Treblinka, meist aber erholungsuchend »grasmücke feiert« auf laubverschleiert, obwohl dergleichen naturbelassene Undelikatesse prophylaktisch verulkt wurde, von Detlev von Liliencron, der verschleiern auf Lord Byron reimte! Und obwohl bereits der frühe Hitler origineller reimte: Edelsinn auf Wöchnerin (1915)! Und dies alles, obwohl man seit Dachau eigentlich keine Wachtelschlaggedichte schreiben dürfte, geschweige denn so unschuldig drauflosstoßen wie Ernst Lissauer: »Jeder Schuß ein Russ', jeder Stoß ein Franzos', jeder Tritt ein Brit'!«

Im vereinten Europa stiften Rilke und Rühmkorf seit Jahrzehnten polyglott Völkerverbindung, reimen »ihrem Ohre« auf San Giorgio Maggiore, »sie war« auf Fragonard, robespierresche auf Ärsche, acht Körner auf William Turner, ja theatrum mundi auf Burundi, und Jakob van Hoddis Brahma auf Familiendrama; Wulf Kirsten & Company reimen reinrassig deutsch.

Man muß ja nicht gleich so aparte Reime finden wie Robert Gernhardt, der Kleingeld auf Unseld reimt, oder »ob jemand im Lokal is'« auf Novalis, oder wie Peter Alexanders Badewannen-Tango: Caruso auf »ich tu so«, oder wie nochmal Jakob van Hoddis: große Neese auf Synthese, oder wie Nabokov, den ich — wäre ich nur Rühmkorfianer! — auf Wasserstoff reimen würde, und der Carmen auf Barman reimte. Von den Kursteilnehmerinnen meiner Lyrik-Seminare verlange ich nicht einmal, daß sie sich aufschwingen in die Höhen des Puschkin-Übersetzers Ulrich Busch, der immerhin Vers auf Epiker des Mittelmeers reimte, bzw. Byron-Übersetzer Otto Gildemeister, der immerhin See auf Moschee reimte. Doch sollte sich jede, die das Reimen nicht lassen kann, wenigstens auf Augenhöhe oder auch Gürtellinie jener literarisch ganz unambitionierten Pilzfibeln halten, in denen — beim Stichwort »Gedrungener Wulstling« (*Amanita spissa*) — so einmalige Reime mitlaufen wie dieser:

>»Schlimmstenfalls ist 'was im Darm los',
>doch sonst ist der Wulstling harmlos.«

Nirgendwo ein Petrarca-Preis-Anwärter, der je in die Niederungen von »Mainz wie es singt und lacht« hinabstiege und von dort so salonfähige Reime mit raufbrächte wie Abstraktes auf zwei Kilo Gehacktes, die ganze Familie auf Peter und Silie, Heia Heia auf Prost Neujah, Starwelt auf Bargeld, Frau Holle auf Oswalt Kolle, Nitrat auf Zölibat und nicht zuletzt Stalin auf Gemahlin, brutal auf Ural — hier hält zum Glück Enzensbergers Stabreim »Uran im Urin« vollbürtig mit.

Mein schlechtes Gewissen, daß ich meinen lyrischen Genius zur Zeit sträflich vernachlässige, treibt mich, Früchte meiner privaten Vorarbeit auf ein baldig Nimmerwiedersehn allerlei begabten Lyrikerinnen auszuleihen, mein Füllhorn spendabel auszuschütten — unsortiert... kostenlos! —, mit der allerdings nicht ganz wasserdichten Garantie, daß meine Blüten noch bei keinem Dichter vorkamen. Denn neulich reimte ich ganz arglos Adorno auf

Porno, da meldete mir der Sonettist Klaus M. Rarisch, daß er bereits Magen-Porno zart auf Zunge nach Adorno-Art gereimt habe. Jedenfalls ich für meinen Teil mach keinerlei Copyright geltend hinsichtlich der folgenden Reim-Bauteile, von denen sicher nicht alle bereits irgendwo vorkommen. Greift zu, Freunde, schnappt euch plagiierend meine Skelettbröckchen, laßt euch etwas Fleisch drumrum einfallen, etwas (auf Comeback reimbaren) Speck, diverse Milieus auf porös, Empedokles auf Dixieland-Jazz, weniger auf NDS, Aschenputtel auf Kuddelmuddel, »verzerr die« auf Monteverdi bzw. Verdi, Strawinsky auf Leo da Vinci, Debussy auf BBC, Mohnzopf auf Tonkopf, Quälzwerg auf Zählwerk.

Doch ich ahne... alles umsonst. Wulf Kirsten wird weiterhin »versteckt« ganz unverhüllt auf ausgerechnet »laubverdeckt« reimen, statt Gustav Mahler auf noch normaler und Monster auf noch umsonster. Nobody hat Lust, Nooteboom auf die Silbe Om, very foolish auf Harry Mulisch, Riksha-Kuli auf Multatuli zu reimen, verkleckerte Menschheit auf Eckhard Henscheid, Frivolsein und Symbolschwein auf Holbein, Knaus-Ogino auf den Lyricus Klaus Corino, Focus auf Rohguß und opus, beruflos auf UFOs, Niveau-Kuß auf sowieso Schluß.

PS für alle Fälle: Auch für Enjambement-Reimer hab ich was Schönes da: hinunter/kunter- (bunt) oder Heraklit/Lit-(faßsäule). Selbst unsaubere Reime, Binnenreime und Assonanzen stehen zu sofortigem Verzehr jedem zur Verfügung, der aus solchem Zutaten-Allerlei eine Strophe wasserdichter Lyrik machen kann: Natascha auf Maharadscha, Jochens Achsel auf Axels Knochen, Lurche auf Lerchen, Lokomotiven auf Leitmotive, Manuel de Falla auf Hans Fallada, et cetera.

Stabreim nicht oder ich stech dich!

Werbetexter und andere Politiker, die sich als Poeten betätigen, nämlich weiterhin mit Wolfgang Schäuble und Ajax-Essigreiniger für »gesunde Sauberkeit« und »friedliches und freundliches« Miteinander von Ausländern und Ossies votieren, und für das Beste von Bahlsen, geht es wie Lyrikerinnen, die das Reimen, also das Bekenntnis zum Romanischen und Europäischen – willst du viel, spül mit Pril! – zwar feinfühlig überwunden haben, doch weiterhin an der altdeutschtümelnden Unsitte des Standard-Stabreimes hängen – was naht dort schummrig im Schatten? Dort naht naschhaft und frohgemut die Frontalversuchung, allem assoziativen Alliterieren und Assonieren keinesfalls mit Distanz und Distinktion auszuweichen. Und schon blühen dem Druck des Dringlichen blödsinnig die Büsche der Böschung auf, um mit solchem Klingelquark am Klima des Klassischen schmiegsam zu schmarotzen, bis hinauf zu bothoförmig geleckten Erlesenheiten wie der Last der Verluste – aus solch brillant schädelbrummen-auslösendem Brimborium findet kein neuer Nibelungennachfahr je wieder heraus, im traditionell gezähmten Bayreuth-Gezücht zwischen zwickenden Zwergen und knausernden Knickern, befreiten Brüdern, bräutlichen Schwestern und brünstigen Brünnhilden. Schier fällt es schwerer, sich den allerorten klebrig herumklimpernden Cliché-Klangkleister geklauten Klamottenklassizismusses standhaft zu verkneifen, als die ohnedies indiskret, penetrant und omnipräsent stabreimgeschwängerten Lüfte mit zusätzlichen Creationen anzureichern.

Schade, daß eine Zeile wie »Schön, dich zu spüren!« nicht mehr nach den entgleitenden Vergleichen und reinen Rosen Rainer Rilkes riecht, sondern von cosmétiques SANS SOUCI geschluckt wurde. Taub bis in die kommendablen Fingerspitzen merkt kein lyrischer Landesmeister und Götterliebling, daß seine souveränsten Morgenrot-Verse vom erworbenen Reklamefluidum des Stabreims gefärbt werden und daß Titel wie »Falten und Fälle« bereits genauso attraktiv drauflosködern wie die Sicherheitsgarantie von Rei ultra für »Farben und Fasern«, was im nachhinein schier einen bescheuerten Schatten über Rainer Rilkes »flache Falten« wirft.

Das findet seine Synthese in Nachwuchslyrikbandwaschzetteln, die sich immerhin auf ihren Werbeauftrag rausreden und behaupten dürfen, daß dieses und jenes Morgenrot-Grünhorn »auf den Spuren unserer Verletzungen und Verluste« sei, »Wort-Welt und Sprach-Wirklichkeit« spiegele und »trotzige Träume« träume. Wobei solche Stellen allzu stabil in der Tradition Hölderlins stehen, gegen dessen Stabreime ich doch wohl hoffentlich nichts sagen werde, und heiße es bei ihm noch so sehr: » – und niemand / Kann von der Stirne mir nehmen den traurigen Traum«. Außerdem kommt bereits in der Bibel der Tod im Topf vor, und es tröstet mich eben nicht nur sein Stecken, sondern Stecken und Stab. Selbst Filmtitel à la »Vom Winde verweht« verhalten sich da unaufdringlicher. So werden immer wieder Hochplateaus und tiefes, tiefes Tal eins, dürftige Dichtung und verdorbene Notdurft.

Solln uns die Prahler länger noch prellen? O ihr Tröpfe! Ihr träumenden Trantüten und hirnschwachen Hornochsen! Leute bei Lippert! Will keiner die von mir emphatisch empfohlenen Fingerspitzenhandschuhe – die da lauten: Dauer-Askese! Zur Not Vollnarkose! – schuldbewußt überstreifen? Will keiner sein hinkend Resthirn stärken? Keiner voll da sein mit VOLTAX? Sonst büßet den Frevel, ihr frechen Freier! Mit einem Griff zergreif ich den Quark!

PS: Allenfalls betont unauffällige Stabreime bleiben halbwegs aushaltbar, also etwa Chinesen und Skifahrer, dies aber nur, wenn sie nicht gut sichtbar nebeneinanderstehn. Ein Beispiel, wie sich ein Stabreim durch organische Einbettung in den Satzbau legitimieren kann, lieferte Lutz Kroth im März 94: »Wir haben uns gedacht, wenn eine/r an unserem 25. Geburtstag schuld ist, dann sind das Sie, unsere treuen Zweitausendeins-Kund/inn/en, die uns durch dick und dünn, Boom und Baisse, Trend und Gegentrend die Treue gehalten haben.« Solche Tricks, die planlos plumpe Zweiteiligkeit des Stabreimpärchens zu vermeiden, stammen bereits von Richard Wagner, der wenigstens einen Teil seiner Stabreime satztechnisch auseinanderschob: »− wärmte mit Kleidern den kleinen Wurm«. Ein indezenterer Stabreimer hätte da − getreu Rilkes »kleinem Kleid« − gestabreimt: »− bekleidete mit kleinen Kleidern den warmen Wurm«, welchselbiger in seiner wurmigen Wärme und kleinkarierten Bekleidung nicht minder als lästig sich erwiese denn die verwaltete Welt, in der kaukasische Katzen Whiskas kaufen würden.

Schlußlicht

Hier ein Überblick, wo und wann ungültige Vorfassungen der in diesem Buch versammelten Sprachlupen bereits hier und da erschienen sind, die meisten zwischen 1992 und 96 als die ZEIT-Kolumne »Ulrich Holbeins Sprachlupe«, oft unter anderen Titeln als den derzeitigen. Die folgende Tabelle zeigt, wie spätere Fassungen die vorangegangene Version zu übertrumpfen versuchen, wodurch sie sich lesen läßt als ein Nachtrag zum Kapitel »Der letzte Schliff«.

Romanze in Buchtiteln, alias: *Buchtitel fragen − Buchtitel antworten,* in: Claassen-Vorschau, Das literarische Programm, Herbst 93
Zwischenstationen eines Buchtitels, alias: *Vormittag, Nachmittag,* in: DIE ZEIT, 3.2.95
Laudatio auf den Klappentext, auf: HR 2, 4.3.96
Was ist der Unterschied zwischen Punkt und Komma? unveröffentlicht
Welches ist das weiblichste Satzzeichen? in: Freibeuter, Juni 96
Wieviel Nahrung braucht ein Doppelpunkt? unter demselben Titel in: DIE ZEIT, 10.9.92
Semikolons Doppelmord, alias: *Semikolon-Osmose,* in: DIE ZEIT, 27. 10.95

Der Gedankenstrich – keiner trennt subtiler, alias: *Der Gedankenstrich – ein Mysterium für sich,* in: DIE ZEIT, 23.10.92

Strichjunge Bindestrich, in: DIE ZEIT, 5.5.95

In (und außerhalb von) Klammern, in: DIE ZEIT, 6.10.95

Mein Lieblingsbuchstabe, in: DIE ZEIT, 5.7.96

Vertippt, alias: *Die vertippten Bartkartoffeln aus Primasens,* in: AKTIV-Wirtschaftszeitung, 17.9.94, alias: *Vertippt,* in: DIE ZEIT, 6.5.94

Mein Home Computer hält sich für eine Hose, alias: *Statt Marx: Mary,* in: DIE ZEIT, 18.8.95

Vom Ursprung der Worte, in: DIE ZEIT, 17.5.96

Im Paradies der falschen Adjektive, alias: *Doppelmoppel,* in: Zeitspiegel. Eine Sammlung aktueller Zeitschriftenbeiträge für den Deutschunterricht, Editions Apess A.S.B.L. Luxembourg, Herbst 94, alias: *Doppelmoppel. Kleiner Ausflug ins Land der überflüssigen oder ungelüfteten Adjektive,* in: DIE ZEIT, 1.5.92

Wir, alias: *Macht und Masse: Das Wir-Gefühl,* in: FAZ-Magazin, 8.3.91, kombiniert mit: *Wer sind wir?* in: DIE ZEIT, 12.92, sowie *Wir, ja wir,* in: Basler Zeitung, 31.8.93

Rettet den Verwürfling! unveröffentlicht

Knackpunkt, alias: *Der Knackpunkt, ein Charakterbild,* in: DIE ZEIT, 4.2.94

Vom Unterschied zwischen geigen und fiedeln, alias: *Geigendes Pferd und fiedelnde Eselin,* unveröffentlicht

Von Müller zu Molitor zu Müller, alias: *Jeder sollte anders heißen dürfen,* in: Merkur, März 93, alias: *Von der Sehnsucht, anders zu heißen,* im ORF, Oktober 90, alias: *Was Müller von Meier unterscheidet: Die Last des Namens,* in: FAZ-Magazin, 23.3.90, kombiniert mit: *Doppelt hält besser,* in: DIE ZEIT, 5.2.93, sowie: *Sekunden sparen durch Einsilbigkeit,* in: DIE ZEIT, 3.12.93

Wie zu zeigen sein wird, unveröffentlicht

Wo ist der Ort für Hartmann und Holz? in: DIE ZEIT, 18.3.1983

Wie kein und kaum ein anderer, in: DIE ZEIT, 10.12.93

Und wenn das doch ein Zufall wär? in: DIE ZEIT, 27.11.92

Wie interessant ist das Interessante wirklich? in: DIE ZEIT, 12.11.93

Die vielleicht unreflektiertesten Superlative der Welt, alias: *Superlative mit »vielleicht«,* in: DIE ZEIT, 1.10.93

Die Gürtelrose der Genitivmetaphern, alias: *Im Garten der Genitivmetaphern,* in: NZZ Folio, Oktober 94, Themenheft: Sprache

Unerlaubtes Angeln ist strengstens verboten! alias: *Folglich,* in: DIE ZEIT, 13.1.95, kombiniert mit: *Beißt sich in den Schwanz,* in: DIE ZEIT, 12.92

Die Geduld der Bundesrepublik ist nicht unerschöpflich, alias: *Unabstreifbare Kinderstube,* in: DIE ZEIT, 9.7.93

Ist hier noch frei? in: FR, 29.12.95

Personen und Handlung sind frei erfunden, in: DIE ZEIT, 8.4.94

Er ist nur halb zu sehen, alias: *Breit oder dünn? Voll oder halb?* in: DIE ZEIT, 22.7.94

Walter sah rauchend auf die Uhr, alias: *Harry schälte eine Mandarine,* in: DIE ZEIT, 18.8.94, und: *Walter sah rauchend auf die Uhr* (Auswahl), in: Taschen-kalender für Soldaten, herausgegeben für vom Katholischen Militärbischof für die Deutsche Bundeswehr, Bonn, Oktober 93, und: *Walter sah rauchend auf die Uhr. Ein Tageslauf,* in: DIE ZEIT, 13.3.92

Wer es kennt, nimmt Kukident, alias: *Wer seine Sätze mit Wer anfängen läßt,* in: DIE ZEIT, 25.11.93

Kurze Sätze sind mir zu kurz, alias: *Nieder mit der Kunst der Fuge!* Kurzfassung in: Basler Zeitung, 10.2.96

Gestocher in der Wunde des Romans, in: DIE ZEIT, 24.3.95

Aphoristanien, Land der Zufallstreffer, unveröffentlicht

Hymne und Standpauke, unveröffentlicht

Die elenden Stilistiken, unveröffentlicht

Mittels Satire geißeln sich ihre Opfer, alias: *Über Satire,* auf Bayern 2, Kultur-journal, 23.1.94, 18 Uhr 5 – 19 Uhr 30, alias: *Der Satiriker ähnelt seinen Opfern. Ein Thesenpaket,* in: Rowohlt Literatur Magazin 29, Themenheft: Verkehrte Welten, März 92, und in: FR, 4.4.92

Das Mahabharata strandet an seiner Uferlosigkeit, in: Rowohlt Literatur Maga-zin 30, Themenheft: Scheitern – Signatur der Moderne? September 92

Wie gut sind diese Verse? alias: *Ungewißheit,* in: DIE ZEIT, 29.10.93

Von wem stammt dieses Zitat? in: DIE ZEIT, 22.10.93

Der Geheimtrick süßer Negation, unveröffentlicht

Der letzte Schliff, in: Merkur, Juni 96

Was ist Weltliteratur? unveröffentlicht

Krieg der Betthupferl, alias: *Krieg der Qualitäten,* in: DIE ZEIT, 10.9.93, seit 1986 ein ausgeschiedenes Kapitel aus »Samthase und Odradek«

Faust + May = Kohl, in: DIE ZEIT, 13.8.93

Anleitung zu besserem Plagiieren, unveröffentlicht

Vitaminstoß für Reimschmiede, in: DIE ZEIT, 13.4.95

Stabreim nicht oder ich stech dich! in: DIE ZEIT, 16.12.94

Schlußlicht, unveröffentlicht

Vorhang. Unscharf werden die Schönheitswarzen des Lebens – befreit vom Vergrößerungsglas, das an den Horizont rückt. Meine Lästerzunge wird eingerollt, nein anders: Der Prophet nimmt seinen Berg unter den Arm und geht heim. Auf zu wichtigeren Dingen! (Einweihungsroman »Isis entschleiert«! Briefroman »Moloch«! Philosophenroman »Hirnwichser«! Kurzroman »Glatze«! Tao-Projekt!)

267

Rückblick und Fazit: An mir schieden sich mal wieder die Ungeister. Mehr als ein Protestkündiger warf der ZEIT vor, daß ich der unseriöseste Fleck dieser ansonsten so löblichen Wochenzeitung sei, zum Ausgleich für drei, vier Unverbesserliche, die ausschließlich mich rausschnitten, in Klarsichthüllen unterbrachten, um signierte Fotokopien baten, wenn nicht gar um Haarproben, Apotheker, die depressiv ins Wochenende gingen, wenn sie mich im Feuilleton nicht fanden, verzweifelt gar Dossier und Themen der Zeit durchpflügten, und die nun ihr Abo kündigen werden, im Gegenzug zu allen, die ab heut aufatmen und erneut abonnieren können, um mir nie wieder vorzuwerfen, ich hätte klägliche Erfüllungsfelder hinterm Doppelpunkt angeprangert, und gegen Autoritäten wie Tan-ti und Ko-ti, die schon den gleichen Tugenden frönten wie Canetti und Ranicki, würde ich doch wohl hoffentlich nichts einzuwenden haben. Jugendfreunde namens Reiner Müller haben mich bis heute nicht in der ZEIT entdeckt (Wirtschaftsteil-Fixierung?); informierte Kreise beteuern nach wie vor, daß ich jede Woche drin sei.

Begeisterbare Chefköche erblickten in mir einen Duden-Ersatz, der bei privater Genitivverwendung beraten kann, wehrhafte Studienräte einen unversöhnbaren Beckmesser, eine Art Gegenpapst zu Wolf Schneider, dessen Bekämpfung durch mich mir und ihm nicht weiterhilft. Umweltschützerinnen fragten nach genaueren Angaben über den von mir erwähnten Einkaufsroller »Shoppy Mobil« als ökologisch sinnvolles Fortbewegungsmittel für den Innenstadtbereich; Frauenärzte sandten mir, sobald ich die hochkarätigste Huchelpreisträgerlyrik der Welt niederknüppelt (»Vitaminstoß für Reimschmiede«), die Druckkostenzuschußlyrik ihres Ruhestand-Großonkels Heinz, mit der Bitte um kritische Äußerung über Verse wie: »Vollmond, Vollmond, du mußt ziehen / mit dem Gold, das dir geliehen.«

Ja, so ziehe nun auch ich von hinnen, überkrächzt vom Raben Nevermore.

Neunzig Prozent begannen ihre Post wie auf Verabredung: »Mit großem Vergnügen las ich –« Achtzig Prozent litten an gestörter Beziehung zum Apostroph beim Genitiv-S; wer an Holbeins schreibt, kennt keine Holbein-Bücher. Dann wieder hielt man mich für einen, den man regelmäßig nach 23 Uhr anrufen kann, um ihm 3 x pro Anruf mitzuteilen, daß man 62 sei, mit mir auf einer Wellenlänge schwimme und daß auch ich Kontakt bräuchte, wenn ich mal älter werde – älter würde? älter werden würde? (Ich kenn mich da auch nicht so aus.)

Auch meldeten sich Freifrauen, ehemalige Sprachkolumnisten, VIPs von Wolfgang Hilbig, F.W. Bernstein, Prof. Ivan Nagel, Enzensberger (jedenfalls Christian), Manfred Sack, Paul Jandl oder auch Ex-General Gerd Stücklen, der beim Lesen der vorerst ersatzlos gestrichenen Sprachlupe »Wer oder was hätten Sie sein mögen?« Mitfluggäste mit Salven verunsicherte. Echte Lyrikerinnen aus Brackwede meldeten sich für meine fiktiven Lyrik-Seminare auf Famagusta an. Birma-Experten rügten meine burmesische Aussprache, das Max-Planck-Institut für Radioastronomie meine Matthias-Claudius-Exegese.

Zwar geht die Legende, daß ein prominenter Prof – aufgeschreckt von meiner Doppelmoppel-Lupe – ein bereits fertiges MS qualvoll nach alten Opas und weiblichen Eizellen abgraste; zwar wurden die Sprachlupen Pflichtlektüre für Lektoren im Haffmans-Verlag, Abi-Thema in Kleinkackedefuja und innerhalb der Magisterarbeiten von im Ruhrpott studierender Linguistinnen in Sätze eingebettet, aus denen viel »semantische Funktionalität« und »pragmatische Adäquanz« hervorstach: »Diese ›Entdeckung des kritischen Sprachbewußtseins‹ kann zwar – wie im vorigen Kapitel deutlich wurde – im Rahmen einer ästhetischen Konzeption geschehen, bei Holbein scheint jedoch beides, die ästhetische Bewertung und die Sensibilisierung seiner Leser, nur einen Teil seiner eigentlichen Motivation auszumachen.«

Doch schien meine Wirkung ansonsten gering zu bleiben. Obwohl ich ausdrücklich »Deutsch für Genies« lehre, lassen diese – statt um 3 mm genialer zu schreiben – immer neuen Murks

269

raus; Tendenz steigend. Nobody will mit mir an den Geist des Bandwurmsatzes glauben. Allenfalls hat Gerhard Konzelmann – zwei Tage nach »Wie wir uns beim Wir-Benutzen verstricken« – bei seinem Talkshow-Partner Bassam Tibi, als dieser »wir« sagte, detektivisch nachgehakt, wen er mit diesem Wir meine. An jedem Neuling und Altmeister läßt sich genau ablesen, welche Lupen er übersah. Die von mir abgemurksten Tugenden häuften sich verläßlich, wenn ich innerhalb derselben ZEIT umblätterte: Gammelkeime, die phoenixoid der Säuberungswelle entstiegen. Einzig Ulrich Greiner hat seit meiner Glosse über »kaum einen anderen« nie wieder behauptet, daß der und jener wie kaum ein anderer dies und jenes verkörpere, im Gegensatz zur ungelehrigen FAZ, in der es nach wie vor heißt: »Wie kaum ein anderer verkörpert Strauß die Sehnsucht, die rein diesseitige Welt des Westens zu überschreiten.«

Kaum ein Schwein merkte, daß ich Perlen produzierte, indem ich Schweine würgte. Mir soll's recht sein. Greisinnen aus Tel Aviv baten um Züchtigung hochspezieller Stilblüten – eigentlich bin ich KDV, könnte nie und nimmer Schweine würgen und Tugenden abmurksen, als Kaktus auf dem Felde, der sich nicht dauernd auf die Zunge beißen will, und eigentlich viel zu hochsensibel zum Stechen, und durchaus die Sehnsucht verkörpernd, nimmermehr mir Warzenbesprechung plus versöhnliche Rivalenschelte, ohne die eine Stilistik kaum auskommt, zuschulden kommen zu lassen. Hiermit sei es gelobt: nie wieder möchte ich die Depressionen von Frau M. aus D. vertiefen, indem es ihr so vorkommt, als zöge ich ihr beim Lesen meiner Lupen – von Lupe zu Lupe – Trittbrett um Trittbrett fort. »Stabilo boss« entflutscht meiner Hand (»Quotenschwächling Koschwitz flog raus«), zurück in die Pfote des Rudi Ment, den Quotenmann der Woche.

So oder so: Halte sich bloß keiner an meine Tips! Untergegangene Abendländer lassen sich mit süperberen Formulierungen kaum wieder raufziehn, zwischen Quotenbringer Wickert und Quotenqueen Pilcher, und all den von ihren Quotenpeitschen im

Quotenkampf um den Quotenhimmel raufbugsierten Quotenraketen und Quotengöttern. Wer sich alle Unvermeidlichkeiten, die ich anschnitt, akribisch verkneift, wird dennoch nicht als erste Sahne auftrumpfen können. (Geheimrezepte, die den Rahmen dieser Arbeit leider sprengen würden, behalt ich vorerst für mich.)

Doch nun kurz und schmerzlos: tschüssy. Ab sofort wird sich der Kot ungerügt glätten dürfen über meinem zweckfrei hineingeworfenen Opal. Der Rest ist Sprachlosigkeit und Resteverwertung. Dem berühmtesten Rest, dem Rest Hamlets − nicht zu verwechseln mit Ingmar Bergmans oder Ludwig Wittgensteins Schweigen − laufen weiterhin allerlei Überbleibsel und Hinterdreinhinkserl plauderfreudig nach. Denn Hamlet lebt. Was sich am verblüffend hohen Verkehrsaufkommen ablesen läßt, das auch diesen Rand des Verstummens verunziert, von: »Der Rest ist Zweifel.« (Fritz Mauthner) und »Die Welt der Kunst und Fantasie ist die wahre, the rest is a nightmare.« (Arno Schmidt) über »Täglich treibt Ophelia / an dir vorbei. / Ein Hamlet / nach dem anderen verblutet. / Der Rest ist schlimmer als Schweigen / weil Heuchelei« (Günter Kunert), und: »Das Dichterpack, der abgefeimte Pöbel, / das Schleimgeschmeiß, der Menschheitslititi, / ein Stuhlbein her, ein alter Abtrittsmöbel, / ein Schlag − der Rest ist Knochenchirurgie« (Gottfried Benn) bis hin zu: »Kurz vorm Big Bang / lag eine Stimmung im Universum / so eine gewisse dicke Luft / als ob gleich jemand was einfallen würde. − Und wirklich / es geschah / es fiel wem was ein! / Gott, mal wieder, und zwar: die Welt / dann tat es einen gewaltigen Schlag − / the rest is history.« (Micky Remann) In summa: »Es geht ihnen wie Faust, der von der griechischen Helena nur ein leeres Kleid in der Hand behält: der Rest ist Wolke.« (Egon Friedell) Bzw. »Für uns gibt es nur das Versuchen. Der Rest ist nicht unsere Sache.« (T.S. Eliot) Wobei prähamletische Reste bereits bei Aristoteles vorkommen: »Was ist der Mensch? Ein Denkmal der Schwäche, eine Beute des Augenblicks, ein Spiel des Zufalls; der Rest ist Schleim und Galle.« Wohin mit solchen Resten? Zeitschmecker Wolfram Siebeck weiß wohin:

»Immer in kleinen Mengen und immer wieder einkochen lassen, bis von der Sauce fast nichts mehr übrig ist, und die Gefahr besteht, daß der dicke Rest anbrennt.«

Es gibt sogar eine post-hamletische Resteverwertung, und zwar eine, die unter unbewußter Umgehung unbewußt an Aristoteles anknüpft, am schönsten und unbewußtesten in Meyers erklärter Medizin: »Wie funktioniert das?« Hier muß jede bewußt Hamlet postludierende Hommage kläglich abdanken – wo ist nur der Knopf für Schönschrift?

Das (als Winde oder Flatus) durch den Anus entweichende Gasgemisch enthält 60 % Stickstoff, 30 % Sumpfgas (Methan) und 1% Sauerstoff, der Rest ist Kohlensäure.

Namensverzeichnis

Aristokles 101
Aristoteles 101, 211, 271
Arkus 116
Arma 108
Ärmel, Herr 252
Artaud, Antonin 69
Aschenputtel 262
Asia 38, 105
Asola, Giovanni Matteo 217
Asterix 43, 260
Äthiopien 239
Ätna 158
Atréju 100
Austauschbar, Mr. 227
Axel 262
Axmann 227
Aziz 150, 151
Ärmel, Herr 252
Äthiopien 239
Ätna 158

Babs 103
Bach, Johann Sebastian 84, 104, 123
Bachmann, Ingeborg 104
Bacon, Francis 124
Badewannen-Tango 261
Bagnall, Brian 70
Bahlsen 263
Bakunin, Michail Alexandrowitsch 68
Baldus 102
Bali 105, 260
Ballhorn, Johann 183
Balu, der Bär 40
Bär 106
Bardot, Brigitte 36
Barks, Carl 104, 260
Bärlach, Kommissar 162
Barrault, Jean-Louis 66
Barth, Karl 104, 222
Barzel, Rainer Candidus 105
Baselitz, Georg 141
BASIC 41
Basualto, Neftale Reyes 122
Batz, Philipp 100

Baucis 90
Baudelaire, Charles 133, 149, 228
Baudrillard, Jean 62, 136, 254
Bauer, Berenice 105
Bauer, Jochen 111
Bauer, Nicole 105
Bauer, Wolfgang 124
Bauernfeind 95
Baum, Robert 122
Baumgart, Reinhard 54
Baumgartner, Alfred 124, 217, 219,
    220, 222
Bayazid al-Bistami 149
Bayer, Familie 111
Bayer, Thommie 167
Bayreuth 263
BBC 262
Beck, Ulrich 104
Becker, Boris 13, 125
Becker, Uli 33
Beckett, John 109
Beckett, Samuel 104, 150, 164, 207,
    243
Beckmann, Max 104
Beckmesser, Sixtus 183
Beck's Spitzen-Pilsener 63
Beelzebub 92
Beethoven, Ludwig van 111, 219, 253
Behrend, Leni 20
Belásková, Vlasta 92
Bello 92
Benjamin, Walter 22, 24, 136, 137,
    176, 187
Benn, Gottfried 64, 78, 132, 133, 223,
    271
Berendt, Joachim-Ernst 136
Bergenkorf, Lilo von 92
Bergman, Ingmar 271
Bergman, Ingrid 73
Berlin 43, 51, 109, 176
Berliner Morgenpost 99, 118
Bernd 103
Bernhard 115
Bernhard Markus Antoinette 99

275

292

293